인도차이나반도 남행

인도차이나반도 남행

펴낸날 초판 1쇄 2017년 8월 20일

지은이 전운성
펴낸이 서용순
펴낸곳 이지출판

출판등록 1997년 9월 10일 제300-2005-156호
주 소 03131 서울시 종로구 율곡로6길 36 월드오피스텔 903호
대표전화 02-743-7661 **팩스** 02-743-7621
이메일 easy7661@naver.com
디자인 박성현
인 쇄 (주)꽃피는청춘

ⓒ 2017 전운성

값 25,000원

ISBN 979-11-5555-072-4 03910

※ 잘못 만들어진 책은 바꿔 드립니다.

이 도서의 국립중앙도서관 출판예정두서목록(CIP)은 서지정보유통지원시스템 홈페이지(http://seoji.nl.go.kr)와 국가자료공동목록시스템(http://www.nl.go.kr/kolisnet)에서 이용하실 수 있습니다.(CIP제어번호: CIP2017020645)

전운성 교수의 세계농업문명 기행답사 **3**

인도차이나반도

중국 _ 미얀마 _ 싱가포르 _ 말레이시아 _ 태국 _ 캄보디아 _ 라오스 _ 베트남 _ 중국

남행

이지출판

개발협력 경험 위에 얹은 남행록

박 대 원

전 코이카 이사장, 알제리 대사, 현 가천대학교 석좌교수

우리가 원조를 받던 수원국에서 원조를 주는 공여국으로 탈바꿈한 모습을 보면 스스로 대견함과 긍지를 느끼게 된다. 이러한 우리 모습을, 아직도 가난을 벗어나지 못하고 있는 아시아, 아프리카, 중남미의 여러 나라들은 선망의 대상으로 바라보고 있다. 그리고 어떻게 그 가난을 극복했는가에 대하여 배우기를 갈망하고 있다.

특히 반세기 이상이나 서구 선진국의 원조를 받고 있는 아프리카 국가들에게 2009년 원조선진공여국 클럽인 OECD 산하 개발원조위원회인 DAC로 자리를 옮겨 앉는 우리 모습은 다름 아닌 그들의 꿈이자 미래상이다. '자기들보다 못 살던 한국도 하는데 우리는 왜 못하나, 우리도 할 수 있다'는 자신감과 희망을 심어 준 것은, 개도국의 국민은 물론 인류사에 미친 의미가 결코 작지 않다.

나는 30여 년 긴 세월을 외교관으로 보냈다. 그러다가 우리 정부의 무상 원조기관인 코이카에서 5년간 이사장으로 봉직하면서, 개발도상국의

빈곤퇴치를 위한 다양한 사업을 해 왔다. 그중에서도 농어촌 개발사업 분야의 개발 협력에 많은 관심을 가지고 지원을 아끼지 않았다.

이는 우리 경험으로 미루어 보아 식량자급은 산업발전의 밑거름이 되었으며, 농어민의 소득을 올려 주어 그들의 자녀가 고등교육을 받을 기회를 만들어 주었기 때문이다. 이렇게 고등교육을 받은 이들이 사회 각 분야에 진출하여 귀중한 인적자원의 역할을 다하여 오늘의 대한민국을 만들지 않았던가. 이러한 우리의 따끈따끈한 산경험을 개도국에 전파하여 그들이 보통교육을 넘어 고등교육을 받을 수 있도록 하는 개발협력이야말로 장기적인 미래를 내다보는 진정한 원조라고 생각한다.

이러한 때 전운성 교수의 세 번째 세계농업문명 기행답사기《인도차이나반도 남행》은 우리에게 많은 시사점을 던져 주고 있다. 그는 내가 외교관으로 활동할 때는 인도차이나반도 캄보디아와 라오스 등에서 농촌빈곤 퇴치를 위한 개발협력의 최전선에서 땀을 흘리며 혼신을 다하고 있었다. 그리고 그가 대학을 잠시 떠나 준정부기관인 농업기술실용화재단 초대 이사장으로 재직 중에는 우리 선진 농업기술을 개도국에 전수하여 개도국의 농촌빈곤 퇴치를 하는 데 상호 협력하기도 하였다. 당시 코이카 이사장이었던 나와 MOU를 체결하는 등 개발협력을 위한 동지이기도 했다.

이렇게 그가 인도차이나반도에서의 개발협력 경험 위에 편견 없이 배낭에 의지한 채 인도차이나반도를 순행하면서 기록한 이 책에서 실용학문인 농업경제학자로서의 면면을 느낄 수 있다. 왜냐하면 전 박사는 이전에 이미 동남아시아의 젖줄인 메콩강 유역 여러 나라에서 다년간 농업분야에 대한 자원봉사와 전문가 활동을 한 현장 전문가이기 때문이다. 동시에 우리의 성공 경험을 현장에서 그 나라 실정에 맞게 접목한 이론을 실천으로 옮기고 있었던 것이다.

이번에 출간한 《인도차이나반도 남행》은 그가 동남아를 중심으로 하는 아프리카와 중남미 그리고 남태평양의 섬나라 등에서 체득한 여러 경험들을 농업적인 관점으로, 때로는 역사문화적인 관점으로, 때로는 국제외교적인 비교 관점에서 날카롭게 꿰뚫어 본 아주 흥미로운 책이다. 예전에 상주하며 땀 흘렸던 인도차이나반도의 여러 지역을, 이번에는 남이 들으면 왜 그렇게 사서 고생하나 할 정도로 중고버스와 기차, 트럭 그리고 도보 등의 느린 움직임으로 농촌과 도시를 주유하고 있다. 그러면서 그 속의 역사와 문화, 산업 등 다양한 모습을 접하면서 마음을 비우고 거리낌이나 숨김이 없는 허심탄회한 자세로 다가가고 있음을 볼 수 있다. 이는 예전에 만나보았던 농촌개발전문가가 아닌 인류의 보편적인 가치와 삶을 추구하는 따뜻한 마음을 지닌 인간적인 학자의 모습을 보여 주고 있음이다.

아무튼 전운성 박사는 그간 성취한 개도국의 농촌개발을 위한 모든 절차를 잘 알고 있고 있다. 그리고 실전적인 활동을 통하여 우리의 성공 비법을 이번에 탐방한 동남아시아 개도국 등에 전수하는 등 개발협력 1세대로서의 역할을 다했다고 본다. 그래서 대한민국의 농업분야 개도국 협력은 하나하나 발전적으로 진화된 결실을 맺어가고 있다고 믿고 있다.

이제 그가 평생을 봉직한 교단을 떠난다니, 그와 인연을 맺은 개발협력 동지들이 지구촌 개도국 농업개발을 위해 대를 이어가기를 기대하는 마음이 크다. 끝으로 이번의 《인도차이나반도 남행》을 통해 귀중한 책자가 또 한 권 발간되었음에, 우리 모두의 소중한 기록으로 오래도록 남기를 비는 마음이다. 다시 한 번 이 책의 출간을 경하해 마지않는다.

2017년 8월

서문

인도차이나반도 속으로 들어가며

뒤돌아보면, 일본에서의 유학생활에서부터 농업을 중심으로 하는 해외 테마여행을 시작한 지 근 35년이란 긴 세월이 흘렀다. 그 사이 3대양 5대주 많은 나라의 농촌을 답사하면서 농업과 인류문명 발전과의 관계를 밝히기 위하여 나름대로 노력해 왔다. 이러한 여행 중에 잠시나마 농업을 바탕으로 하는 인류의 과거와 현재, 그리고 미래를 생각할 수 있었다는 것은 너무나 가슴 벅찬 일이었다.

길게는 1년 넘게, 짧게는 몇 주에서 몇 달간 경험한 것을 여러 사람들과 공유했으면 하는 마음을 갖게 되었다. 특히, 나는 비행기를 이용하거나 럭셔리한 호텔에 느긋함을 즐기는 여행이 아니었다. 직접 자동차를 몰거나, 일반인들이 이용하는 버스, 기차, 트럭 등을 타고 몸으로 직접 부딪치는 일이 대부분이어서 때로는 위험한 일도 감수해야 했다.

이미 인도차이나반도Indochina Peninsula 중심축의 하나인 메콩강 유역에 사는 사람들의 삶을 다룬 《메콩강, 가난하나 위대한 땅》을 펴낸 지 8년의 세월이 흘렀다. 그 이후 여러 학회 활동이나 개인적인 방문, 현지 촬영 방송 프로그램에 참여하면서 새롭게 인지한 변화된 사실들을 추가하는 일은 절실한 과제였다. 그러나 세계 여러 지역에 대한 관심으로 차일피일 미루고 있었다.

그러던 중 더 이상 늦출 수 없다는 생각과 기왕에 보완할 내용이라면 메콩강 유역을 넘어 인도차이나반도 전체를 새로 쓰기로 마음먹었다. 이리하여 남국 순행길에 올랐다. 즉 춘천에서 출발하여 인도차이나반도 남쪽 맨 끝인 싱가포르까지 비행기를 타지 않고 해로와 육로만을 이용하여 다녀오는 여정이었다.

이러한 여정을 통해 시시각각으로 변하는 인도차이나반도의 다양한 모습은 나홀로 여행에서 오는 적적함과 피로를 상쇄하고도 남았다. 하지만 다시 방문한 여러 나라들의 도시 확장과 인구 증가는 뚜렷한 듯하였으나, 농촌지역의 발전은 여전히 답보 상태였다. 따라서 20여 년의 시차를 두고 내용을 전개하는 과정에서 변화한 내용과 변화가 미미한 상황을 비교 설명하기 위하여 앞의 책 내용을 일부 인용하기도 했다.

인천항 국제여객선터미널을 떠나 배편으로 중국 천진天津에 도착하여 버스와 기차 등을 이용하여 남하하기 시작하였다. 즉 미얀마, 싱가포르까지 남하하여 거기서 다시 뒤로 돌아 북상하면서 말레이시아, 태국, 캄보디아, 라오스, 베트남을 거쳤다. 그리고 다시 중국으로 들어와 육로를 통하여 청도靑島에서 배를 타고 인천항으로 귀항하는 대략 13,000km, 3만2천 리가 넘는 만만치 않은 루트였다.

이러한 나의 남행 루트를 누구는 탈북자들이 한국으로 들어오기 위한 남하 루트라고 했다. 또 다른 이는 일본군이 제2차 세계대전 당시 중국 서해안 지역을 점령하고 난 뒤 싱가포르를 향해 진격하는 남침 코스라고 했다.

그리고 누구는 중국의 개혁개방을 이끌기 위한 등소평鄧小平의 남순 루트를 닮았다고도 했다. 이에 더하여 나는 신라 혜초 스님이 중국 장안을 출발하여 광주廣州와 말레이반도의 싱가포르를 거쳐 인도로 남진했던 구도求道의 길이라 생각했다.

이러한 역사적 인물들의 의미가 담긴 남쪽 지방 여행은 변화된 시공간을 관찰하는 남행이었다. 비행기가 아닌 육로로 기차나 버스, 트럭 그리고 오토바이 뒤에 매달려 가는 여정이야말로 그 지역에 사는 많은 사람들과의 만남을 통해 그들의 속을 들여다볼 수 있는 재미가 있다.

사실 이 지역은 초행길이 아니어서 눈으로만 보아도 이곳의 역사와 자연 그리고 문화를 읽을 수 있는 안목은 있었다. 다만, 인도차이나반도에서 조금 떨어진 섬나라로 아세안ASEAN의 구성원으로 경제블록을 이루고 있는 인도네시아, 필리핀, 브루나이 등의 얘기를 별도로 다루려고 생각한 점은 다소 아쉬운 면이 없지 않다. 이들 나라는 다음에 섬이 33,000개나 되는 동인도제도 편에서 다루려고 한다.

그리고 이 책에서는 인도차이나반도를 육로로 가기 위해 거쳐야 하는 중국의 일부 지역도 다루고 있다. 따라서 중국을 포함하는 인도차이나반도의 미얀마, 싱가포르, 말레이시아, 태국, 캄보디아, 라오스, 베트남 등 8개국의 이야기를 전하려 한다.

버스나 기차에서 내려 국경을 육로로 걸어 넘으면서 본 것은 우선 크고 화려한 공항 건물 속의 면세점 대신 현지 주민들의 악착같은 삶을 위해 형성된 전근대적인 시장이 눈에 띄었다. 그리고 인위적으로 그어진 국경선을 가르는 강과 다리, 산등성이와 이어지는 지형지물을 따라 세워진 출입국 검문소에서 입출국 절차를 밟는 일은 긴장감보다는 자못 야릇한 가벼운 흥분을 느끼게 하는 일이었다.

일단 국경을 넘으면 출입국 검문소 직원의 의복이 달라지고, 말과 글이 다르다. 민족의상의 차이도 크게 눈에 띄는 것은 물론이다. 그리고 문화와 전통, 심지어 얼굴색마저도 달라 다른 나라에 입국했음을 실감할 수 있다.

이러한 차이는 정치·경제체제와도 깊은 관련이 있다. 이 책에서 말하고자 하는 8개국 중 태국, 캄보디아, 말레이시아는 입헌군주국이자 자본주의 시장경제를 추구하고 있다. 그리고 중국, 라오스, 베트남은 사회주의 국가이다. 또한 독자적인 사회주의 군사독재에서 민주체제를 이룩한 미얀마가 있다. 그리고 자본주의 시장경제체제를 유지하면서도 독특한 사회체제를 이룩한 도시국가 싱가포르 등 국가정체와 체제를 달리하고 있다.

동시에 불교와 이슬람교, 힌두교 등 종교도 다르지만 이 지역은 한 지역 공동체의 번영을 통한 국가발전을 도모하는 하나의 아세안을 위하여 상호 노력하고 있다. 이들은 다양성을 넘어 그들이 추구하는 목표는 서로 다르지 않다는 것을 알았다.

이러한 내용을 담은 책을 펴내는데 혼자 힘으로는 불가능한 일이었다. 출발과정과 현지에서 만난 많은 사람들은 물론, 귀국하여 내용을 정리하고 책을 직접 만드는 마지막 손질에 이르기까지 많은 이들의 도움을 받았다. 그리고 이 책을 읽고 평가해 줄 독자들의 역할도 중요한 몫임을 잊지 않고 있다. 또한 2016년도 강원대학교 학술연구비관리번호: 520160122도 자료수집 등을 하는 데 보탬이 되었다.

특히, 척박한 출판계의 어려움에도 세계농업문명 기행답사기를 펴내 준 이지출판사 서용순 대표와 박성현 실장에게 감사의 뜻을 전하고 싶다.

그리고 추천의 글을 써주신 코이카 이사장을 지낸 박대원 가천대학교 석좌교수님께 감사드린다. 또한 강원대 농업자원경제학과 동료교수는 물론 강원대 아시아태평양&아프리카 직원들에게도 고마운 마음을 전한다. 또한 우리 가족의 격려가 큰 힘이 되었음을 잊지 않고 있다.

 끝으로 이 책을 읽을 많은 독자들에게도 감사의 뜻을 전하며, 진심어린 질책을 기다린다.

2017년 8월

맑고 깊은 춘천호변 우거에서

전 운 성

인도차이나반도 남행 차례

전생의 인연이 있어야 올 수 있다는 은자의 나라 미얀마

인도차이나반도의 미인 싱가포르

말레이시아의 꿈과 갈등

인도차이나반도의 십자로 태국

다시 찾은 앙코르와트의 나라 캄보디아

인도차이나반도 유일의 내륙국 라오스

사돈의 나라 베트남

중국 남방에서 북행

인도차이나반도 남행 루트

인도차이나반도를 생각한다

　인도차이나반도印度支那半島를 생각하면 왠지 이웃 같은 친근감이 느껴진다. 이는 우리나라 사람들이 가장 많이 왕래하는 지역으로 그만큼 역사문화적인 정서나 경제적으로 깊게 얽혀 있기 때문이다. 인도차이나반도는 아시아 남동쪽에 있는 동남아시아 반도이다. 인도차이나라는 말은 역사적 어원에서 알 수 있듯이 프랑스령 인도차이나Indochine에서 비롯된 것으로 인디아India와 차이나China 양 대륙국 사이에 끼어 있는 지역이라는 의미에서 붙여진 이름이다. 동시에 이는 역사적 산물의 하나로 양쪽 문화의 영향을 깊게 받았음을 알 수 있다.

　지정학적으로도 인도의 동쪽, 중국의 남쪽에 자리 잡고 있으며 남중국해와 통킹만 그리고 벵골만에 둘러싸여 있다. 그리고 태국을 제외한 라오스, 베트남, 캄보디아는 프랑스의 식민지로, 말레이시아와 싱가포르, 미얀마는 영국의 식민지였다가 1948년에서 1954년 사이에 독립했다. 한편 반도의 면적은 한반도의 10배가 넘는 약 230만km²에 이른다. 그리고 인도차이나반도와 호주 대륙 사이에 흩어져 있는 인도네시아와 필리핀, 브루나이 등을 포함한 33,000개의 섬을 합친 동남아 지역을 아세안ASEAN 국가라고 부르고 있다.

한편, 인도차이나반도 북쪽으로는 히말라야산맥이 자리 잡고 있어 인도양에서 발달한 비구름이 높은 산맥을 넘지 못하고 산맥 아래의 남부 아시아에 엄청난 비를 뿌려 세계적으로 강수량이 많은 지역에 속한다. 이러한 고온다습한 기후풍토는 벼농사에 적합하여 2모작 이상을 하며 우리나라와 같이 쌀을 주식으로 하고 있다. 이외에 석유, 주석, 고무, 목재 등과 같은 천연자원이 풍부하다.

19세기 중엽 프랑스는 인도를 둘러싼 영국과의 식민지 경쟁에서 패한 뒤 베트남으로 눈을 돌리고 있었다. 영국은 점차 미얀마와 말레이반도로 세력을 확장해 나갔다. 그러나 당시 프랑스는 미국 독립전쟁과 남북전쟁으로 인한 경제위기로 이 지역에 대한 식민지 정책을 본격화하지 못하고 소극적인 통상과 가톨릭 선교사 파견에 머물고 있었다.

그러다가 1802~1945년 사이 베트남의 마지막 왕조인 응우옌 왕조阮王朝의 로마 가톨릭 선교금지와 프랑스 선교사의 처형을 빌미로 인도차이나반도에 본격적으로 진출하기 시작하였다. 1843년 프랑스 외무장관 프랑수아 기조는 장바티스트 세실 제독과 레오나르 샤르네르 대령의 지휘 하에 베트남에 함대를 파병하여 베트남에 대한 개입을 시작하였다.

이에 프랑스는 자신의 식민지인 인도차이나에서 베트남 남부의 사이공을 중심으로 한 남부지역인 코친차이나Cochinchina를 할양받은 이후 차츰 식민지를 확대하여 1887년 베트남과 캄보디아, 라오스를 병합한 식민지 프랑스령 인도차이나를 설립한다. 이 프랑스령 인도차이나는 제2차 세계대전이 끝난 1945년까지 계속되었다.

프랑스 식민지였던 인도차이나반도는 제2차 세계대전 중 일본군에 의해 점령되었다. 이때 호찌민胡志明이 이끄는 공산주의 세력은 북부 베트남에서 베트남 독립연맹을 조직하고 일본군과 싸웠다. 그리고 대전이 끝나자

인도차이나반도 남행

1945년 9월 베트남의 독립을 선언하였다. 그러나 원래 인도차이나를 지배했던 프랑스가 이를 인정하지 않자 전쟁이 일어났다.

이 인도차이나전쟁은 8년간이나 계속되었지만 승부가 나지 않았다. 인도차이나 지역은 빽빽한 정글 지역이었고, 소련과 중공의 지원을 받고 있던 호찌민은 게릴라 전술로 프랑스군을 괴롭혔다. 디엔 비엔 푸Dien Bien Phu에서 패배한 프랑스군은 결국 항복하였고, 1954년 제네바회의에 따라 북위 17도선을 경계로 베트남은 남북으로 갈라졌다. 이때까지의 전쟁을 제1차 인도차이나전쟁이라 부른다.

그 결과 남쪽에는 자유 베트남인 월남이 세워지고, 북쪽에는 공산 베트남인 월맹이 들어섰다. 그러나 월남은 북쪽 월맹의 집요한 공격과 월남 내의 공산 게릴라인 베트콩의 공세적인 활동으로 결국 1975년 이들에게 멸망하고 만다. 이때까지를 제2차 인도차이나전쟁이라고 한다.

이렇게 1, 2차 인도차이나전쟁으로도 인도차이나반도에 평화가 찾아오지 않는다. 즉 베트남전쟁이 완전히 끝난 1978년부터 중국과 베트남 간의 국경분쟁이 끝나는 1992년까지 약 15년간 소위 제3차 인도차이나전쟁이 일어난다. 1970년대 베트남전쟁이 한창 중에 중국과 소련의 사이가 나빠지면서 베트남과 라오스가 소련을 지지한다.

이에 중국과 미국, 태국은 북베트남에 반발하는 공산당 세력을 지원하는 등 이 지역에서의 전쟁 양상은 복잡해진다. 이에 맞불을 놓기 위하여 베트남은 태국과 말레이시아 공산당을 지원하는 등 국제관계는 앞을 내다볼 수 없게 되었다. 즉 제3차 인도차이나전쟁은 베트남전쟁이 확대된 양상이라고도 할 수 있다.

이렇듯 지속적으로 일어난 1차, 2차, 3차 인도차이나전쟁은 그 이전의 일본군 침공과의 관계에 있어서도 무관하지 않다. 일본은 중일전쟁이 격화되면서 베트남에서 중국 국민당에게 보내는 물자수송로를 차단하기 위하여 프랑스령 인도차이나 북부에 진주할 필요성을 느낀다. 동시에 이곳에서 생산되는 천연고무와 석탄, 쌀과 식물성 유지 등은 전쟁 수행을 위해서도 필요한 물적자원이었다. 이에 제2차 세계대전 초기 독일의 프랑스 침공 성공으로 수립된 비시 정권의 프랑스 정부 통치하에 있던 인도차이나반도를 공격하여 점령한다.

그러나 베트남에서 일본군은 독일과 맺은 동맹 때문에 마음대로 할 수 없었다. 일본은 독일이 연합군에 항복할 때까지는 베트남을 독일의 허수아비 정권인 프랑스의 비시 정권과 이중 지배체제를 구축해야 했다. 문제는 이러한 일본의 침공을 물리치기 위한 공산당에 대한 연합군의 지원으로 항일 공동전선을 펼친 데 있었다. 이는 결국 제2차 세계대전 이후 공산군의 힘을 키워 준 결과로 나타난다.

이러한 변화무쌍한 인도차이나반도와 나와의 인연은 메콩강 유역 국가인 베트남으로부터 시작되었다. 내가 1960년대 후반인 중학교에 다니던 때로 베트남전쟁이 날로 격화되고 있을 무렵이었다. 당시 베트남 정부의 요청과 미국의 지원으로 우리 국군은 1965년부터 이 전쟁에 참전한다.

그때 내가 살던 춘천에서 20km 정도 떨어진 화천군 오음리 분지에서 월남 파병 훈련을 마친 군인들이 춘천역과 부산항을 통해 베트남으로 출전하고 있었다. 춘천역에서 출발하는 장병들을 위해 환송하는 일은 춘천 소재 학교의 주요 행사 중의 하나였다. 그러니 자연스레 베트남에 관심을 갖게 되었다. 그후 대학을 졸업하고 진해 해군사관학교 사관후보생대OCS에 입교하여, 월남에서 귀국한 살기등등한 해병대 선배장교로부터 혹독한 훈련을 받던 1975년 5월, 월남 사이공이 공산 월맹군에 의해 함락되었다.

이러한 상황 변화는 북한 인민군이 여기에 편승하여 우리를 공격할지도 모른다는 우려에 최전선의 소대장으로 나가 싸울 마음의 준비를 단단히 해

두어야 했다. 사태는 더욱 진전되어 그 해 베트남은 물론 캄보디아, 라오스, 미얀마 등이 사회주의 노선을 걷는다. 한마디로 도미노 현상으로 인도차이나반도는 물론 한반도에 위기감이 극도로 높아지는 등, 그야말로 격동의 시간을 보냈다. 이후 3년간의 군생활은 긴장의 연속이었다.

그리고 유학 생활을 마치고 강원대에 부임하여 첫 연구를 수행한 것이 베트남을 방문하여 도이모이 이후의 토지제도 변화에 따른 식량제도에 관한 연구였다. 이때 베트남은 아직 짙은 전쟁의 아픔이 남아 있었다. 만성적이고 뿌리깊은 빈곤을 벗어나기 위하여 사회주의 경제체제로부터 시장경제체제로 전환하고 있었다. 참으로 대담하고 놀랄만한 획기적인 경제개혁의 첫 단계를 내딛고 있던 시기였다.

이후 변화무쌍하게 다양한 모습으로 시시각각 변하는 메콩강을 베트남의 델타 하구에서 시작하여 캄보디아, 라오스, 태국, 미얀마와 중국 국경까지 약 2,000km의 강줄기를 오르내렸다. 이들 유역 국가의 산악지대는 물론 평야지대의 평지 및 오지 농촌현장을 답사하면서, 수많은 사람들이 극심한 가난에 시달리고 있음에 희망보다는 암담함이 더 컸다. 한마디로 메콩강은 실로 위대하였으나 가난하였다. 메콩강 유역에만 미국 인구와 맞먹는 3억여 명이 거주하고 있으며, 풍부한 자연과 자원의 보고였다. 그러나 이러한 풍부함에도 21세기에 들어와서도 약 6천만 명 가까운 사람들이 절대빈곤에 허덕이고 있었다.

메콩강 유역 국가들은 높은 농촌인구를 안고 있다. 최근까지만 해도 메콩강이 지나는 각국의 농촌인구는 중국 운남성, 라오스, 미얀마, 캄보디아, 베트남 모두 약 60% 내외의 높은 비율을 보이고 있다. 그런데 문제는 이들 농촌지역 거주인구의 대부분은 태국 등의 일부지역을 제외하고는 국제빈곤선 이하의 어려운 생활을 하고 있는 것이다.

라오스는 1996년 빈곤퇴치를 위한 새로운 경제정책을 착수하면서 "솔직히 우리의 현재 경제사정은 그 옛날의 수렵 채취 경제 상태임을 인정하자"
라고까지 말할 정도였다. 우선 절대빈곤에서 이미 벗어난 싱가포르와 말
레이시아 그리고 메콩강 상류지역인 중국을 제외한 베트남, 캄보디아, 미
얀마, 라오스, 태국 등 메콩강 유역 주민의 삶을 잘 알고 있는 나로서는 나
름대로 가난을 벗어나지 못하는 이유를 파악하려고 하였다. 그러나 당시
인도차이나반도 남쪽의 말레이시아와 싱가포르에 대한 직접 방문은 나중
으로 미루고 있었다.

 답사를 통해 가난과 풍요의 결과는 단순한 우연적인 역사적 사건이나
결과가 아니라는 것을 알았다. 이는 어떤 제도와 체제를 선택했는가와 밀
접한 관련이 있음을 이 지역의 사례를 통해서 잘 알 수 있었기 때문이다.
그런데 이 지역에서의 빈곤을 퇴치하기 위하여 선진 각국은 마치 경쟁이
라도 하듯 최근 경제원조 각축장이 되어 버렸다. 특히 중국의 대 인도차이
나 지역에 대한 인적 · 물적 지원은 퍼붓고 있다는 느낌마저 들 정도이다.
여기에 일본과 EU, 미국 등의 개발협력도 만만치 않게 대응하고 있다.

 따라서 메콩강 유역의 피원조국들은 이러한 선진국의 역학관계를 잘 이
용하면 보다 빠른 빈곤퇴치는 물론 경제발전을 달성하리라고 본다. 이렇
게 역사가 흘러가면 머지않아 이곳도 가난한 강이 아닌 번영과 풍요로운
인도차이나반도로 바뀌는 경제 기적이 일어날 것으로 믿고 있다.

황해를 건너 중국 남순

사드 보복 속의 황해를 건너

메콩강 유역이라는 지역적 한계를 넘어 인도차이나반도 전역을 살펴보기 위해 해로와 육로만을 이용하여 인도차이나반도 최남단인 싱가포르까지 왕복하는 여정에 올랐다. 그런데 정치적 불안과 일부 국지적 분쟁이 이어지고 있는 지역은 육로 통과가 거부되어 공로空路를 이용해야만 했다. 이러한 여정을 달성하기 위해서는 중국을 지나지 않을 수 없었다. 여기서 말하는 중국은 나중에 다루고자 하는 중국편과는 별도의 이야기다.

이런 생각을 가지고 춘천에서 인도차이나반도 최남단인 싱가포르까지 해로와 육로를 이용하여 중국 대륙을 남하해 인도차이나반도를 왕복하는 남행을 작정하고 2016년 7월 19일 '천년의 사고를 가져오자'라는 생각을 품고 대략 1개월간의 여행길에 올랐다.

이때 집을 나서면서 문득 생각난 것은, 모택동의 죽의 장막을 걷어내고 개혁과 개방을 바탕으로 하는 시장경제 도입에 대한 확고한 의지의 표명인 등소평의 남순강화南巡講和였다. 그는 1984년 2월 북경을 떠나 무창武昌,

심천深川, 주해珠海, 상해上海 등을 방문하는 제1차 남순과 88세의 고령인 그가 딸의 부축을 받으며 1992년 1월 18일부터 2월 21일까지 제2차 남순을 통해 개혁과 개방을 다그치는 모습이 떠올랐다.

인천 제2국제여객터미널 출국장은 매우 한산했다. 카페리 여객선인 천인호天仁號는 정원 800명에 승용차 72대와 컨테이너 다수를 동시에 실어 나를 수 있는 대형 선박이다. 그런데 막상 올라가 보니 승객이라고는 겨우 14명, 선원 130명보다도 훨씬 적었다. 4인실을 혼자 쓰는 편안함과 쓸쓸함을 동시에 느껴야 했다.

우리말을 하는 승무원에게 왜 이렇게 손님이 적으냐고 묻자, 중국인 승객이 갑자기 없어져서 그렇다고 했다. 이는 사드THAAD 배치에 대한 중국의 보복 정책임이 분명했다. 그런데 중국의 반발은 관광에만 머무르지 않고 무역, 문화예술 등 전 분야에 걸쳐 온갖 수단을 동원하고 있다.

아무튼 승객이 적어 선내 식당, 선물코너 등 모두 문을 잠가 버려 비상식량으로 가져온 건빵, 황태포, 소세지 등을 꺼내야 했다.

배는 서서히 인천 갑문식 도크를 빠져 나와 서해바다 한가운데를 미끄러지고 있었다. 바다는 폭풍우라도 몰아치려는지 짙은 안개로 자욱했다.

중앙 로비로 나오니 몇 안 되는 승객들이 서로 인사를 나누고 있었다. 전주에서 왔다는 유씨는 중국을 밥 먹듯이 들락거리지만 이렇게 손님이 없는 건 처음이라고 하고, 우리말이 능숙한 중국인은 북한과 무역거래를 해오다가 핵 때문에 포기했다면서, 북한 사람들을 이해하기 힘들다고 했다.

인천에서 출항하여 천진까지 26시간이나 걸리는데, 이 바쁜 세상에 누가 바다 한가운데 장시간 떠 있으려고 할까 자문해 보았다. 하지만 가끔 울리는 뱃고동 소리와 불빛 하나 보이지 않는 고요한 바다를 항해하는 맛을 또 누가 알랴. 뱃전에 부딪치는 파도소리를 들으며 따끈한 물에 몸을 담근 기분은 색다른 경험이었다.

❶ 사드 보복으로 텅 빈 인천국제여객터미널 출국장
❷ 천인호의 상갑판

태풍으로 천진항 외항에서 하룻밤 대기하다

밤이 되면서 세찬 바람과 함께 굵은 비가 쏟아졌다. 새벽에 중국에 가까워지면서 파도는 더욱 거세어져 2만 톤이 넘는 큰 배가 좌우로 크게 흔들렸다. 창밖으로 상선 한 척이 조용히 다가오더니 해무 속으로 유령선처럼 멀어져 갔다. 곁을 지나는 큰 유조선에 부딪친 파도가 갑판 위를 덮쳤다. 몇 되지 않는 승객들은 불안한 나머지 중앙 로비로 모여들었다.

우리말을 잘하는 중국인 네 명과 한국인들이 이야기를 나누기 시작했다. 70세라는 어른은 1990년경 북경에 대한무역진흥공사가 개소할 때부터 한국과 거래하기 위해 80여 회 이상 한국을 찾았다며 한국경제의 발전단계를 나름대로 주장하였다. 요는 박정희 대통령이 없었다면 오늘의 한국은 없을 거라며 오늘날의 중국을 있게 한 등소평과 같은 존재라고 했다.

또한 한중 문제의 핵심인 사드 배치, 북핵, 남중국해 영토분쟁, 김정은의 폭정, 동북아를 둘러싼 중국과 미국의 역학관계 등을 논하는 그들은 단순한 상인이 아니라 정치·경제학자들 같았다. 그들은 오랫동안 한국과 무역거래를 한 한국통들이었다. 하지만 한결같이 중국 정부의 입장을 되풀이하고 있었다.

강한 폭풍우로 육지 천진 시내의 도로 등이 막혔다고 한다. 특히 배가 접안할 부두를 폐쇄하여 대형 선박 수십 척이 외항에 닻을 내린 채 흔들리고 있었다. 이 폭풍우로 항구에서 떨어진 바다에서 하룻밤을 더 보내야 한다는 말에 저절로 한숨이 나왔다. 외항에서 하루 더 묶이는 바람에 일정을 모두 변경해야 했다. 교통편 취소와 새로 예약을 해야 했기 때문에 손해를 감수할 수밖에 없었다.

배에서 이틀을 보내고 무사히 천진항 부두에 닿았다. 그런데 이곳 출입국관리국 관리들이 출근할 때까지 선내에서 꼼짝없이 더 기다려야 했다.

천진항의 이민국과 세관이 있는 국제여객터미널

그 사이 화물은 하역을 마치고 다시 한국으로 들어갈 컨테이너들을 싣고
있었다. 드디어 세계 10대 항구의 하나라는 천진항에 상륙했다. 이민국과
세관 등이 있는 건물은 배 모양으로 100년을 내다본 듯한 거대한 모습이
었다. 배에서 알게 된 중국인 등과 함께 천진시를 향하여 갔다. 시내로 들
어가는 길은 물범벅이 되어 모든 차들은 조심스럽게 운행하고 있었다.

뼈아픈 역사의 현장, 천진시

혼잡한 항구지역을 벗어나 시내로 들어온 우리 일행은 '녹색정원'이라
는 한식식당에서 전주비빔밥에 계란탕을 먹고 각자 갈 길을 향해 헤어졌
다. 그중 틈만 나면 중국을 방문한다는 전주에서 온 유씨의 도움으로 남경

까지 가는 고속열차표를 예매할 수 있었다. 기차가 떠나기까지 남은 서너 시간 동안 천진 시내 명소 몇 군데를 돌아보기로 했다.

천진시는 북경, 상해, 중경과 더불어 중국의 4대 직할시이다. 매년 10% 이상의 인구증가율을 보여 1,500만 명을 상회하고 있다. 특히 2010년에는 전년도 대비 인구가 무려 31%나 급증하였다고 하니 기네스북에 오를 만한 기록이다. 또 1인당 GDP도 매년 평균 10% 이상 높은 성장률을 보이며, 중국에서도 소득수준이 가장 높아 우리와 큰 차이를 보이지 않는다. 이는 황해 발해만에 위치한 임해도시의 이점이 작용하고 있음은 물론이다.

13세기 이후 북경이 중국의 중심지가 되면서 작은 마을에 불과하던 이곳은 북경의 외항으로 오늘날 군사적·경제적으로 중국의 거점도시로서 성장하는 계기가 되었다. 특히 1858년 영국·프랑스 연합군의 무력에 굴복하여 처음으로 천진에서 영국·프랑스·러시아·미국 4개국과 불평등 조약을 맺으면서 세계에 얼굴을 내밀었다.

이후 독일과 포르투갈 등의 유럽 국가들과 이곳에서 조약을 맺더니, 1884년 조선의 갑신정변이 청의 개입으로 실패하고 조선에서 청일 양국 간 무력충돌의 위험이 커졌다는 일본측의 강압으로 이등박문과 이홍장이 1885년 4월 천진조약을 체결하였다.

이러한 역사적 상처와 영광을 안은 천진시를 걸으며 과거를 음미하고 미래를 생각해 본다는 것은 감회로운 일이었다. 우선 천진시의 명물로 청나라 시대를 재현해 놓은 고문화거리古文化街를 찾았다. 1991년에 세워진 높이 415.2m나 되는 천탑天塔이라 불리는 천진텔레비전 송신탑 앞에 섰다. 천진의 개혁개방을 상징하는 탑의 위용이 대단했다.

억수같이 내리는 소낙비를 피하면서 고문화거리의 골동품, 문방사우, 고서적, 전통의상 등을 진열해 놓은 가게들을 기웃거렸다. 고문화거리는 자연스러운 고풍을 느끼게 하는 대신 왠지 급작스럽게 꾸며 놓은 것과 같은 어색한 느낌이 들었다.

 본래의 청나라 문화를 살린 고문화거리를 걷는다는 고즈넉한 느낌보다 돈만을 노리는 상인들의 얼굴만 보일 뿐 흥미를 잃었다. 이렇듯 상혼이 판치는 듯한 거리 한가운데 기울어가는 나라를 바로잡고자 애를 썼던 복건성 출신의 엄복嚴復 조각상이 거리를 지키고 있지 않았더라면 매우 실망스러웠을 것이다. 그리고 청나라 전통복식과 변발 모양의 거리 모델과 함께 사진을 찍으려고 값을 흥정하는 관광객들의 모습만이 이채로울 뿐이었다.

 천진 시내를 관통하는 위진로衛津路를 따라 가며 천진대학天津大學과 남개대학南開大學을 들여다보기로 했다. 그 큰 대학을 속속들이 알아본다는 것은 불가능한 일일지라도 대학 외관과 오가는 학생들의 표정만 보아도 그 대학의 수준과 미래를 점칠 수 있다고 믿기 때문이다. 그리고 대학이 인류문명 발전에 얼마나 크게 기여했는가를 생각하면서, 한 나라나 좁게는 한 지역의 미래발전의 척도임에 틀림없기 때문이다.

 근대화의 물결 속에 창학 1세기가 넘는 두 대학은 정문 앞을 흐르는 수로를 끼고 나란히 어깨를 맞대고 있었다. 역사와 전통을 공유하는 명문 쌍벽인 두 대학 모두 25,000여 명의 학생이 다니는 중국의 몇 개 안 되는 중점대학이다. 이들 대학은 학부생과 대학원생이 거의 반씩 나누어져 연구중심 쪽으로 비중이 기울어져 있다. 이는 우리 대학을 포함하는 선진국 대학들이 추구하는 방향이기도 하다.

 1895년 중국 근대사상 최초의 대학인 천진대학의 모토 – 사실에서 진리를 구한다는 실사구시實事求是, Seeking Truth from Facts라고 새긴 비석을 보면서, 공리공담에서 벗어난 실용주의 사상을 강조하는 강원대학교의 교훈과 같아 건학 당시에 처한 근대화의 물결에 대응하려는 두 나라의 몸부림과 우리의 실학정신을 음미할 수 있었다.

 천진대학보다 늦은 1919년에 개교한 남개대학은 두 명의 총리를 배출했

❶ 천진 고문화거리 입구에 선 필자
❷ 천탑이라 불리는 천진텔레비전 송신탑
❸ 고문화거리 한가운데 자리한 중국 청말 민국 초기
   의 사상가 엄복嚴復(1853년~1921년) 조각상
❹ 고문화거리 입구에서 청나라 전통복장의 모델과
   흥정하는 관광객

다는 것을 자랑으로 삼고 있다. 초대 총리인 주은래周恩來와 온가보溫家寶, 1957년 노벨물리학상 수상자 양진영楊振寧, 아시아 최초 울프상을 받은 수학자 진성신陳省身 등이 이 대학 출신이다. 그중에서 노벨상을 받은 양진영 교수는 82세 나이에 28세의 광동외국어무역대학 대학원생과 재혼하여, 나이의 거울대칭성을 극복하고 약한 상호작용 힘의 경우 대칭성이 깨져 있다는 자신의 이론을 몸소 실천했다며 주위의 화제가 된 일이 있다.

한편 김대중 전 대통령과 헨리 키신저 전 미국무장관이 이 대학의 명예 교수가 되기도 했다. 당시 김대중이 걸었던 캠퍼스 길을 그의 이름을 딴 대중로大中路로 명명했다.

남경행 고속열차와 신실크로드

시내에서 짧은 시간을 보내고 남경행 고속열차를 타기 위해 시내 중심지에서 멀리 떨어진 고속열차 전용역인 천진남역으로 갔다. 새로 지은 웅장한 역사 앞에는 많은 승객들로 붐비고 있었다. 대개의 중국 고속열차는 공항과 마찬가지로 시 외곽에 설치되어 있는 것을 볼 수 있다.

북경올림픽이 열리기 직전인 2008년 8월, 북경과 천진을 잇는 순간 최대 시속 350km나 되는 초고속열차가 탄생한 이래 지금은 사통팔달의 4종從 4횡橫의 철도망을 건설하여 중국 대륙 끝에서 끝까지 갈 수 있는 고속시대가 열렸다. 이러한 고속열차 외에도 내륙 깊숙한 곳까지 연결하는 고속도로도 갖추어 효율적인 국가통치 수단이 되고 있다. 나는 이러한 고속열차나 고속도로를 이용하여 만주, 티베트, 신장위구르, 내몽골과 양자강 상류의 사천지방 그리고 광서장족자치구 등을 다녀온 적이 있어 거대한 중국이 하나의 대륙으로 나아가고 있음을 피부로 느끼고 있었다.

뿐만 아니라 중국은 과거 당나라의 치세를 말하는 대당성세大唐盛世를 구현한다는 의미로 실크로드를 확대 재현하려는 신실크로드라고 불리는 일대일로一帶一路, One Belt And One Road라는 구상을 실천하고 있다. 하나의 지역, 하나의 길로 번역되는 일대일로는 중국 미개발 지역인 서부 내륙으로의 진출을 위한 국가전략이다. 나아가 중국 대륙을 넘어 동남아시아, 중앙아시아, 북아프리카, 유럽을 도로, 철도, 해로 등으로 연결하는 교통, 무역, 금융, 문화 교류를 위한 거대한 경제벨트로, 관련된 나라만 해도 62개국에 150년이나 걸리는 대구상이다. 이는 습근평習近平 국가주석이 2013년 8월 카자흐스탄에서 최초로 실크로드 경제벨트에 대한 제안을 하면서 주목을 받았다.

신실크로드는 중국 국경을 넘어 키르기스스탄, 카자흐스탄, 우즈베키스탄, 이란, 터키, 그리스, 독일로 이어지는 육상 실크로드와 말레이시아, 태국, 미얀마, 방글라데시, 인도, 스리랑카, 몰디브, 파키스탄, 예멘, 케냐, 탄자니아, 그리스, 이탈리아를 잇는 해상 실크로드를 나누어 말할 수 있다. 이러한 구상은 지구상 인구의 63%에 이르는 44억 명을 대상으로 하고 있다. GDP는 전세계 GDP의 29%인 21조 달러에 달한다고 하니, 그들의 꿈이 얼마나 원대한지 알 수 있다.

문제는 위대한 것처럼 보이는 이 사업이 중국 정부가 일방적으로 주도하는 사업으로 중국 패권주의로 이용될 수 있다는 주변국의 견제로 쉽게 달성되기 힘든 면이 있다. 이러한 신실크로드 상에 있는 나라들이 중국에 종속될 것이라는 우려와 동시에 해상실크로드 노선 중 남중국해는 7개국간 영토분쟁 지역이며, 인도양의 해적 등의 활동이 멈추지 않고 있기 때문이다. 이러한 구상은 21세기 중국의 팽창을 위한 디딤돌 확보라는 점에서 주변국의 의혹이 높아지고 있다.

이러한 우려에도 불구하고 세계의 기회를 중국의 기회로 바꾸고, 중국의 기회를 세계의 기회로 바꾼다는 중국 외교의 키워드는 중국이 미래의 세계 역사 흐름을 주도하려는 것으로 여겨진다. 2017년 5월 중국이 주도한 일대일로 국제협력 정상포럼이 29개 나라 정상급 인사들과 130개국 대표단, 70여 개 국제기구 관계자들이 참석한 가운데 14~15일 이틀간 북경에서 열릴 정도였다. 여기서 습근평 국가주석은 수천 년간 수만 리에 달하는 고대 실크로드의 정신을 살려 협력과 공영을 중심으로 하는 새로운 형태의 국제관계를 구축해야 한다고 주장했다. 동시에 모든 형태의 보호주의를 반대한다는 공동성명을 채택하고, 2년마다 포럼을 정례화한다고도 했다.

이러한 중국의 움직임을 보면서 기차에 올라 웅대한 꿈과 계획을 가지고 있는 것 자체가 지닌 위압감이자 부러움임을 동시에 느꼈다. 그런데 중국의 신구상보다 앞서 아시아를 하나로 만들기 위한 아시안하이웨이AH 계획은 이 신실크로드 개념을 확실하게 해준 것이라는 생각이 들었다. 아시안하이웨이는 러시아를 포함하는 아시아 32개국을 횡종단하는 총길이 14만km에 이르는 간선도로이기 때문이다.

이는 북미 알래스카에서 남미 칠레와 아르헨티나를 잇는 총연장 3만km에 이르는 범미주하이웨이와 1947년부터 구상된 중앙아시아와 유럽을 종횡무진 연결하는 유럽하이웨이 등에 대응하는 것으로 아시아 지역의 국제 육상 교통개발을 촉진시켜 상호발전을 꾀하기 위해 1959년 유엔에서 시작하였다. 그리고 국가와 부족 간의 전쟁과 갈등으로 매우 더디게 진행되고 있지만, 아프리카의 무역증진과 빈곤퇴치를 위한 약 57,000km의 아프리카를 동서남북의 끝에서 끝을 연결하는 아프리카횡단하이웨이도 주목할 필요가 있다.

아무튼 아시안하이웨이는 동서냉전 등의 정치적인 이유로 추진이 미진했으나, 1980년 후반 동서냉전 구조가 무너지고 시장경제원리가 일반화되면서 아시아 경제발전의 상징으로 자리 잡았다. 여러 우여곡절을 겪으면서

❶ 고속철도 천진남역
❷ 중국 고속철도 화해호

도 2003년 11월 아시안하이웨이 연결에 관한 정부 간 협정이 채택되었다. 이 아시안하이웨이는 지금까지 아시아 발전의 상징으로 간주되고 있다.

그러나 유감스럽게도 북한의 불참으로 북한을 통해 대륙으로 나가는 길이 막혀 우리나라에서 외국으로 나가려면 해로나 공로를 이용해야 하는 섬 아닌 섬나라가 된 것이 우리나라의 실정이다.

아시안하이웨이는 주로 기존 도로망을 활용해 현대판 실크로드 건설을 목표로 하고 있다. 외교 등 여러 국제문제가 얽혀 있어 실제 연결까지는 적지 않은 시간이 걸릴 것으로 예상된다. 노선은 간선도로로 8개 구간인 AH1~AH8 하이웨이가 마련되어 있으며, 수많은 지선으로 연결되어 총 노선 수는 55개나 되어 아시아 전체를 커버하고 있다.

이 중 우리나라를 통과하는 아시안하이웨이 1호선은 동경을 출발해 우리나라와 중국, 동남아시아, 중앙아시아를 거쳐 불가리아 국경까지 약 25,000km나 되며, 다시 거기서부터 유럽의 E–80호선과 연결되어 유럽 끝까지 갈 수 있다. 동시에 유라시아 철도는 중국, 카자흐스탄, 러시아, 폴란드, 독일, 네덜란드 등을 경유하는 총연장 18,000km의 세계 최장 철도로, 유라시아 대륙을 건너 태평양과 대서양을 연결하는 획기적인 일이 될 것이다. 이러한 구상들이 완성되면 전 지구의 모든 나라를 유기적으로 결합, 국가 간 경제·문화 교류와 친선 도모를 꾀할 수 있는 만큼 인류문화 발전의 정점에 이를 것으로 예상할 수 있다.

한편 우리나라를 지나는 아시안하이웨이 6호선은 부산을 기점으로 함흥, 블라디보스토크, 하얼빈, 이르쿠츠크, 옴스크, 모스크바를 거쳐 러시아와 벨라루스 국경까지 이어지는 노선이다. 종종 경부고속도로와 동해안 도로를 주행할 때 보이는 AH1 또는 AH6라는 교통안내판을 보면서, 북한을 넘어 대륙으로 가고 싶은 마음이 솟구치는 것을 억누르기 쉽지 않았다.

전후 이러한 각 대륙별 국가 간의 정치경제적·역사문화적 소통을 위하

❶ 아시안하이웨이 1호선AH1의 시발점인 일본 동경의 일본교
❷ 우리나라 동해안을 통과하는 아시안하이웨이 AH6 안내판

여 도로 연계망을 추진하는 것을 볼 때, 중국의 떠들썩한 습근평의 신실크
로드 구상은 현대에 이르러 유엔에 의해 구체화된 각 대륙의 도로연계망
의 하나로 자국화한 것이라 볼 수 있다. 즉 신실크로드는 창조적인 구상이
아닌 옛것에 새로움을 가미한 확대된 복원의 길임을 알 수 있다.

이렇게 볼 때, 세계의 정치는 옛 실크로드를 밑그림으로 삼아 유엔을 통
해 하나의 도로 연결로 급속히 지구촌화되어 가고 있음을 느끼고 있다. 이
아시안하이웨이의 8개 루트는 사실 실크로드와 연관지어 생각할 수 있다.
AH4와 AH5는 이슬람권으로서 이슬람교를 전파하는 종교의 길로 8세기
의 실크로드와 겹쳐 있음을 알 수 있다. 또한 예부터 AH1은 이동 코스로
보아 불교가 전파된 길과 오버랩되어 있음도 볼 수 있다.

인도차이나반도 남행

지금의 서안인 당시 장안은 실크로드의 아시아 출발점이라고는 하나, 더 동쪽인 경주나 부산을 뱃길로 넘어 일본 동경까지 이어지고 있었다. 이것이 오늘날 AH1의 출발점이 동경이 된 것이 아닐까 한다.

이렇게 거대한 신실크로드나 아시안하이웨이를 떠올리면서 올라탄 초고속열차 안은 만석이었다. 이래서 열차표 구하기가 힘들었음을 알았다. 중국 대륙을 달리는 모든 고속열차에 이름붙인 화해호和諧號는 전 국가주석 호금도胡錦濤가 정치구호로 내세운 것으로, 글자 그대로 갈등과 불협화음을 넘어 국민적 화합을 요구하는 의미를 담고 있다.

열차의 보통칸은 통로를 중심으로 오른쪽에 3명, 왼쪽에 2명이 앉는 구조이다. 맨 끝줄 3명이 앉는 통로 쪽에 자리 잡은 나는 창밖으로 끝없이 전개되는 대평원을 바라보며 15억이나 되는 인구를 포용하고 있는 대지의 위대함에 탄성이 저절로 나왔다. 열차가 달리는 속도를 알리는 디지털 속도계는 시속 300km를 오르내린다. 고속도로 주변의 농촌 풍경을 찍으려고 해도 워낙 고속으로 달려 초점 잡기가 어려웠다.

열차는 천진을 떠나 제남, 태안, 등주, 서주 등을 거쳐 약 1,000km를 4시간 정도 걸려 남경남역에 도착했다. 옆자리에 앉아 게임에 빠져 있던 두 청년은 가을학기부터 남경대학 대학생이 된다고 자랑을 늘어놓으며 유창한 영어로 시내로 들어가는 노선을 알려 주었다. 어쩐지 닮았다고 했더니 두 청년은 쌍둥이였다.

그들이 알려 준 대로 전철을 타고 시내 한가운데 내렸다. 이미 자정이 다 된 시간이라 호텔 잡기가 만만치 않았다. 어떤 호텔은 내국인만 받는다고 하고, 또 다른 호텔은 숙박료가 너무 비싸 몇 군데를 돌아다니다 친절하게 대해 주는 작은 호텔에 여장을 푸니, 새벽 두 시가 다 되었다. 그러나 시내 중심가여서 그런지 오가는 사람들로 번잡하기는 낮과 다르지 않았다.

일본군남경대도살기념관과 풍신수길의 꿈

7월 22일 무더운 여름. 아침부터 강한 햇볕이 내리쬐어 등에서 땀이 흘러내린다. 몇 해 전 찾아갔다가 공사중이어서 사진책만 사가지고 돌아서야 했던 일본군남경대도살기념관日本軍南京大屠殺紀念館으로 향하였다. 수십만 명이 이유 없이 죽어간 장소를 간다는 것은 유쾌한 일은 아니었다.

지하철역부터 늘어난 사람들로 입구에는 이미 많은 사람들이 차례를 기다리고 있었다. '일본군남경대도살기념관'이란 현판부터 중국인의 마음을 읽게 해 준다. 학살도 아닌 도살이란 표현 자체가 강한 메시지였다. 두 용어 모두 잔인하고 참혹하게 마구 죽였다는 의미에서는 같다. 그러나 학살은 사람이 사람을 대상으로 개인이 아닌 집단에 의해 수행되는 것으로 대량 처형과는 구분된다. 그런데 도살屠殺이란 말을 사용함으로써 사람의 생존권이나 인격의 가치는 아예 무시하고 가축의 숨을 끊듯이 마구 사람을 죽였다는 도축屠畜의 의미를 강하게 지니고 있다.

입구에서 보이는 당시 희생자 수를 나타내는 300,000이란 숫자가 뇌에 박힌다. 우리가 잘 알고 있는 것처럼, 서구의 해양세력이 아시아로 손을 뻗치면서 섬나라 일본은 아시아에서 가장 먼저 근대화에 나섰다. 이후 그들은 한반도를 대륙 진출을 위한 발판으로 삼아, 청일전쟁과 러일전쟁을 승리로 이끌며 점차 야욕을 불태웠다.

한반도를 손에 넣은 일본은 1930년을 전후한 세계경제 대공황을 타개하기 위해 1931년 9월 관동군이 저지른 봉천 교외의 남만주 철도 폭파를 중국군의 소행이라 뒤집어씌운 뒤 만주사변을 일으켜 순식간에 만주를 장악한다. 여기에 그치지 않고 만주사변과 같은 수법으로 1937년 7월 북경 근교인 노구교사건盧溝橋事件을 조작하여 중국 대륙의 침략 구실로 삼는다. 이후 8년간에 걸친 전면전인 중일전쟁이 시작된다. 서양에서는 이를 청일

전쟁에 이어 제2차 중일전쟁이라 부르는데, 이는 20세기 아시아 최대 규모의 전쟁이라 할 수 있다.

중일전쟁 개전 당시 일본군은 근대화된 경제력을 바탕으로 현대식 장비와 조직을 갖춘 훈련이 잘 된 30만 명 이상의 정규군과 일본군 장교가 지휘하는 만주국 및 내몽골인으로 편성된 최소 15만 명과 수백만 명의 예비군과 더불어 당시 세계 3위의 강력한 해군력과 육군항공대와 해군항공대가 있었다. 반면, 중국 국민당의 병력은 400만 명이 넘었으나 현대식 무기와 조직을 갖춘 부대는 10만여 명의 장개석蔣介石 직속부대뿐이었다. 나머지는 지방군벌 세력으로 대부분 부패하고 무능했으며 장비조차 허술하였다. 더구나 국민당군은 해군력도 변변치 않은 데다 항공력 역시 거의 전무한 상태였다.

이렇게 우수한 군사력을 바탕으로 일본군은 화북에서 화남으로 남진함과 동시에 상해에 상륙하여 속전속결로 전쟁을 끝내려고 했다. 그러나 독일식 훈련을 받은 장개석군의 정예군대와의 싸움에서 피해를 많이 본다. 이때부터 일본군은 소위 '다 죽여라'는 살광殺光, '다 태워라'는 소광燒光, '다 뺏어라'는 창광搶光을 의미하는 삼광작전三光作戰이라는 이름 아래 대살륙작전을 시작한다. 광光의 의미 속에는 빛나다는 뜻도 있지만, 하나도 남기지 않고 없어지다라는 뜻도 있으니, 그 잔인함에 차라리 미칠 광狂자가 더 어울리는 말이다.

일본군은 악전고투 끝에 후속군의 지원으로 겨우 상해를 점령하고 중화민국의 수도 남경으로 진격하여 1937년 12월 13일에 입성한다. 그러자 국민당은 내륙 깊숙한 곳인 중경으로 수도를 옮긴다. 이미 국민당 주요관리와 부유층들은 재빨리 도시를 빠져나갔고, 남경은 아수라장으로 변한다.

참으로 남의 일 같지 않고 마음이 아픈 것은, 남경을 방어하던 군대가 약 15만 명이나 되는데 제대로 저항도 하지 못한 것이었다. 그 원인이 중국군의 흐트러진 군기와 지휘관들의 부재, 무능함으로 혼란 속에서 도망가기에 급급했다는 점이다. 특히 함락되기 전날까지 결사항전을 외치던 중국군 사령관 당생지唐生智는 자기 부대와 고립된 민간인들을 버리고 양자강을 건너 가장 먼저 도망쳤다는 것이다.

이렇게 남경을 점령한 일본군은 1938년 말까지 중국의 주요 해안도시들을 장악한다. 그러나 각지에서 중국군의 게릴라 활동으로 일본군은 해안봉쇄를 이용하여 중국의 보급로를 차단하는 전술로 바꾸었다. 그러나 넓고 깊은 대륙에 산개한 중국군과 중국인들의 끈질긴 저항으로 전쟁은 장기화되고, 전선은 고착화되어 갔다.

당시 일본군은 남경 공략을 위하여 화중방면군사령부를 중심으로 무려 10만 명이 넘는 9개 사단과 5개 항공대, 1개 비행단을 비롯하여 해군과 각종 지원부대를 구성해 남경을 침공한다. 이에 맞선 중국도 앞서 말한 대로 12개 사단 약 15만 병력으로 수비를 하고 있었다. 그러나 일부 강력한 저항이 있긴 있었지만 무참히 함락당하고 말았다.

이러한 상세 전투 내용과 함께 일본군남경대도살기념관은 남경 점령 이후인 1937년 12월부터 1월까지 6주간 남경에서 자행한 만행을 폭로하고 있다. 일본군은 건물 파괴뿐 아니라 2만 건에 이르는 강간과 윤간, 폭행, 방화, 약탈 등을 저지르며 30만여 명의 희생자를 냈다.

이 사태의 심각성을 감안한 나머지 이를 재판하기 위해 전후 동경 극동국제군사재판과 더불어 특별히 남경전범재판 법정이 열릴 정도였다. 그런데 경악스러운 것은 동경일일신문에 실린 기사와 사진 속 일본군 장교의 모습이었다. 일본군 소위 두 명이 중국군 포로와 일반시민을 대상으로 참수 경쟁을 벌여 각각 106명과 105명의 목을 자른다. 여기에 머무르지 않고 이들은 누가 먼저 150명을 죽일 것인가 하는 살인경쟁을 벌이며 자랑스럽게 포즈를 취한 것이다.

❶ 남경대학살 30만인 기념비

❷ 남경대학살록 속의 일본 동경일일신문 1937년 12월 14일자에 보도된 사진. 이 두 일본군 소위들
이 중국인을 각각 106명과 105명을 죽여 초기록을 세웠으며, 누가 먼저 150명을 죽이나 하는 참살
경쟁 연장전에 들어섰다는 내용

이러한 참혹한 현장에 1,000여 명의 독일 유태인을 구한 쉰들러와 같은 사람이 있었다는 것은 참으로 사막 속의 오아시스였다. 즉, 1937년 11월 중순 일본군이 남경에 가까이 접근하자 남경에 머무르고 있던 독일 지멘스회사의 기업인이었던 존 라베John Rabe를 중심으로 하는 외국인은 남경 시민의 안전을 위하여 상해난민구의 전례에 따라, 폭격 등의 긴급시 난민들에게 피난장소를 제공할 수 있는 남경안전구국제위원회南京安全區國際委員會라는 국제구호기관을 설립한다. 이곳에 가장 많이 수용되었을 때는 25만 명이 수용되어 보호를 받았다. 이렇게 중국인 난민을 도운 미국, 영국, 독일 등의 외교관 저택과 미국인이 경영하는 병원, 학교, 교회 등도 약탈당하였다.

그런데 이렇듯 생생하고 명백한 증거가 있음에도 역사 왜곡이라며 대학살을 부인하는 당사자나 일본 지도자들이 상당수 존재한다는 점이다. 당시 남경대학살에 사병으로 참전했던 동사랑東史郎, 그는 1987년《동사랑 일기》라는 책에 당시의 학살과 강간을 기록하여 폭로했다.

동사랑과 같은 소속부대였던 그의 전우는 자기 이름이 책에 실렸다 하여 1993년 저자를 명예훼손으로 고발했다. 이는 일본 우익단체들이 지원한 소송으로 8년간 일본 최고재판소까지 이어진다. 그러나 최고재판소는 2001년 동사랑에게 패소 판결을 내린다. 다시 말해 국가의 범죄를 부인한 것이다. 그러나 수차례 남경의 희생자 추모관을 방문하여 무릎을 꿇었던 동사랑은 2006년 1월 3일 세상을 떠났다.

그러면 왜 그들은 이렇듯 끔찍한 만행을 부인하거나 침묵을 지키고 있을까? 내 생각은 이렇다. 1592년 일본 전국시대를 통일한 풍신수길豊臣秀吉은 조선에 "명나라를 치려 하니 길을 빌려 달라"는 소위 정명가도征明假道를 내세우며 대군을 부산으로 보냈다. 부산에 상륙한 왜군은 당시 신무기인 조총을 가지고 파죽지세로 한반도를 피로 물들인다. 이순신 장군의 용전과 명나라의 참전 등으로 7년 간의 전쟁이 막을 내린다.

일본의 침략은 이때부터 시작된 것이 아니라, 이미 왜구라고 불리던 일본 해적들은 삼국시대부터 우리를 괴롭혀 오고 있었다. 이는 바다 속의 대왕암에 묻혀 용이 되어 왜구를 막으려는 신라 문무대왕의 뜻을 보아도 알 수 있다. 이 왜구는 고려 말부터 더 큰 규모로 우리나라와 중국 대륙을 포함하여 동아시아를 중심으로 노략질을 일삼기 시작하였다. 이러한 맛을 본 일본은 대규모 정규군을 동원하여 본격적으로 침략했던 임진왜란의 실패에도 불구하고 기회만 되면 다시 대륙 진출을 위한 기회를 엿보고 있었다. 이것이 풍신수길의 꿈이 아니었을까?

　일본은 우리보다 앞서 받아들인 근대화로 임진왜란 이후 약 400년간 대륙 진출의 꿈을 품고 있던 칼을 뽑아들면서, 중국 대륙과 인도차이나반도를 넘어 미국을 대상으로 태평양 전역에서 침략을 감행했다. 말하자면 아시아 대륙 동쪽의 섬을 벗어나 대륙을 향한 풍신수길의 꿈을 이루기 위해 침략 DNA가 본격적으로 작용하기 시작한 것이다.

　그간 나는 남태평양의 전쟁터였던 뉴기니, 솔로몬제도, 버마 등 동남아의 여러 곳에서 그들이 남긴 악행은 물론 전투 흔적을 찾았었다. 풍신수길이 욕망했던 것 이상으로 영토 확장의 범위는 장대했다. 이는 그의 후손들조차 놀랄 만한 일이었다. 종국에 일본제국은 패망했으나, 마치 풍신수길의 꿈을 더듬어 확인이나 하려는 듯, 그의 후손들은 지금 관광객의 이름으로 일제가 지배했던 중국 대륙의 상당부분과 태평양안의 전적지를 탐방하고 있다.

　풍신수길의 꿈이었던 대륙 진출을 이루었다고 믿고 있는 듯한 현 일본 지도자들의 입에서 스스로 과거의 만행을 진심으로 사과할 것이라는 생각은 접어야 한다. 왜냐하면, 사과를 했으면 벌써 했었거니와 오히려 제2의 풍신수길을 자처하며 꿈을 확대하는 일본 지도자들의 모습에 과거의 잔상이 유령처럼 살아나고 있기 때문이다.

남경대도살기념관을 보면서, 주로 유태인을 학살하기 위한 폴란드에 있는 아우슈비츠 강제수용소 등 지구 곳곳에서 벌어진 인간 대학살의 현장이 머리를 스치고 지나간다. 그렇다면 역사적으로 대제국을 건설해 본 적이 없는 우리의 꿈은 과연 무엇일까? 개인적인 소망으로는 아태지역 사람들을 포함하여 유럽인, 중남미인, 아프리카인 등 세계인으로부터 사랑과 존경받는 민족과 국가가 되는 것이다. 이것이 우리 모두의 꿈이 되었으면 하는 바람이며, 그 뜻이 이루어지기를 소망한다.

　그리고 남경지역을 점령한 일본군은 프랑스의 비시 정권과 같은, 일본군의 괴뢰정부인 남경국민정부라 불리는 왕정위 정권汪精衛政權을 만든다. 최근 이러한 역사적 사건을 망각할 리 없는 중국 정부는 2014년부터 12월 13일을 남경대학살에 따른 국가애도일로 정하여 추모행사를 열고 있다.

　한편, 유네스코는 2016년 10월 일본의 반대에도 불구하고 남경대학살 관련 자료들을 중국의 신청에 따라 세계기록유산으로 등재했다. 그런데 이러한 등재를 허용한 유네스코에 불만을 품은 일본은 평소에 잘 내던 유네스코 분담금을 내지 않겠다고 버티고 있다.

　이러한 참혹한 역사적 사실을 고발하는 '아! 남경! 남경!'이라는 영화가 있다. 이 영화는 유럽 최고권위의 영화제인 2009년 산세바스티안 영화제에서 대상을 차지했다. 이 영화는 극악한 폭력이란 압도적인 물리력에서 오는 것이 아니라, 극단적인 공포심에서 온다는 점을 병사들의 살상 과정을 통해 명확히 드러내고 있다. 이 영화 외에도 난민구를 설정하여 난민들을 구하는 데 최선을 다한 존 라베의 이름을 딴 '존 라베'라는 영화도 있다.

남경과 양자강을 쥐어야 천하를 평정한다

남경대학살의 진상을 알리는 전시관 밖으로 나왔다. 평화를 염원하는 여신상이 뜨거운 태양 아래 당당한 모습으로 비둘기를 높이 들고 있다. 섭씨 35도를 오르내리는 폭염에도 구슬 같은 땀이 흘러내린다. 다음 행선지 미얀마와 국경을 접하고 있는 운남성 곤명昆明으로 가는 기차 시간까지는 아직 5시간의 여유가 있었다.

나는 중국의 위대한 문명을 낳은 양자강변을 찾아가 보고 싶었다. 몇 해전 양자강을 배로 거슬러 올라가며 장강삼협長江三峽과 사천성의 중경重慶을 거쳐 육로로 성도成都를 지나 티베트와 네팔로 넘어가기 위해 남경을 찾았었다. 그때 현무호수玄武湖水, 자금산紫金山, 그리고 명나라 시대에 쌓은 남경성南京城, 중국의 국부라고 불리는 손문係文 선생의 묘인 중산릉中山陵, 명태조 주원장朱元璋의 묘인 명효릉明孝陵, 고대 남북조시대 절인 영곡사靈谷寺와 명문인 남경대학 등을 둘러보면서 남경의 매력에 흠뻑 빠졌었다. 그러나 이 정도만으로는 티베트의 청해성에서부터 흘러내려온 6,300km나 되는 양자강을 끼고 있는 남쪽의 고도 남경을 얘기한다는 것은 무리인 듯싶다. 더구나 전국시대 초楚나라 이래 오吳, 동진東晉, 송宋, 양梁, 진陳, 명明 초기의 수도로서 오랜 역사를 지닌 유서 깊은 도시이기 때문이다.

이뿐인가. 임칙서林則徐가 국민의 건강과 국부를 빼앗는 영국 아편을 강제로 불살라 버린 것을 트집잡아 일어난 1840년의 아편전쟁에서 패한 중국은 영국과 최초의 불평등 국제조약인 남경조약을 맺는다. 이 결과 홍콩을 할양하고 5개 항을 개항하며 엄청난 전쟁배상금을 지불해야 했다. 이후 100년 동안 서구 열강은 굴욕적인 외교조건을 요구하며 중국을 반식민지로 만들어 버린다.

여기에 더하여 남경은 1851년 태평천국의 수도와 신해혁명 당시 공화국의 임시정부로 쓰여지다가 1927년에는 중화민국 수도 역할도 한다. 이렇듯 남경은 근대화의 물결 속에 온갖 영욕과 새로운 각오를 다지는 곳이기도 하다. 현재는 중국 최대의 양자강 경제권의 1천만을 포용하는 중심도시로서 예부터 내려온 풍요로움을 바탕으로 신중국을 건설하고 있다. 이러한 역사적 사실을 볼 때 남경과 양자강 유역을 차지해야 천하를 쥐었다는 말은 빈말이 아니었다.

얽히고설킨 혼잡한 도시를 조용히 바라보며 양자강으로 발길을 옮겼다. 남경대학살기념관에서 지하철을 타고 양자강 한가운데 떠 있는 섬인 강심주江心洲로 향하였다. 아까와는 달리 지하철은 한가하기만 하다. 도심지에서 6km 정도 떨어진 곳에 이렇게 한적한 곳이 있으리라고는 생각지 못했다.

명승고적지마다 넘치는 인파에 밀려다니기 일쑤지만, 역에 내릴 때까지 주위에 아무도 없어 걱정이 되었다. 역을 나와 두리번거리니 역 앞에 삼륜택시 기사가 졸고 있었다. 인기척을 들었는지 눈을 뜨고 어디 가느냐고 물었다. 내가 중국인 줄 알았나 보다. 영어는 전혀 통하지 않았다.

손짓 발짓으로 섬을 일주하고 싶다며 손으로 큰 원을 그리자 금세 나의 뜻을 알아챘다. 그리고 시계를 보이며 오후 3시까지는 돌아와야 한다고 했더니 잘 알았다며, 요금은 자신이 가지고 있는 돈 중에서 50위안을 들어 보이며 미소를 짓는다. 서로 좋다는 사인을 보내고 차에 올라탔다.

3,000ha나 되는 큰 섬은 개발 중이었다. 본래의 섬 이름은 강심주지만, 중국·싱가포르 남경 생태과학기술섬SNEI이라 불리며 '에코시티, 저탄소, 스마트 아일랜드'을 슬로건으로 내세우고 있었다. 조용히 장강에 손을 담그며 유유자적하려 했는데 뜻밖에도 미래를 지향하는 개발현장의 한가운데로 들어선 것이다.

삼륜택시는 섬 강둑을 따라 달렸다. 한여름 장맛비로 강변의 나무들이

　　　　　　　　　　　　　　　　　　　　　　인도차이나반도 남행

반 정도는 물속에 잠겨 있었다. 운전수는 강이 잘 보이는 전망대로 안내했다. 강 위에 수많은 배들이 천천히 오르내리는 모습은 시간을 잠시 잡아 놓은 듯 한가하기 그지없었다.

운전수가 멀리 보이는 남경장강대교를 가리켰다. 1968년에 개통된 이 다리를 중국인들은 외국에서 국빈이 오면 보여 주며 자랑한다. 왜냐하면 이 다리는 중국인들의 오랜 염원이었고, 강이 넓고 물살이 급하여 난공사임에도 자국의 기술과 힘으로 완공했다는 긍지와 미래를 여는 계기가 될 것이라고 믿었기 때문이다. 개통 당시 남경시 5만여 주민들이 참석하여 자축을 하면서 지른 환호 소리가 대지를 감동시켰다고 한다.

복층으로 된 장강대교 상층은 자동차도로로 길이가 4,589m, 하층은 철도교로 6,772m에 달한다. 다리 아래로는 만 톤급의 배가 자유롭게 왕래할 수 있도록 설계되었다. 1949년 지금의 신중국이 성립되기 전에는 장강에 대교가 없었다니, 이 다리가 지닌 의미를 알만하다.

이 다리가 건설되기 이전에 공산당군에 쫓겨 대만으로 밀려나기 직전인 1949년 초, 장개석의 국민당군은 장강이란 천연요새와 험준한 지형에 의지해 모택동의 공산당군에 완강하게 저항할 수 있었다. 그러나 1949년 4월 20일 밤부터 공산당군은 목선을 타고 장강을 건너 남경을 점령하니, 공산당에 의한 신중국을 건국할 수 있는 결정적인 승리를 취할 수 있었다. 다리가 생기기 전에는 티베트 청해성에서 발원한 6,300km의 장강은 중국 대륙을 남북으로 확실히 갈라놓고 있었다.

그리고 중일전쟁 당시 상해를 점령한 일본군 군함들이 남경에 접근하지 못하도록 장강에 많은 배를 일부러 침몰시켜 항로를 막을 정도로 장강은 남경에 접근하는 핵심 루트였다. 이러한 남경장강대교 준공에 앞서 1957년 첫 번째로 완성된 장강의 무한장강대교 개통식에서 모택동은 "대교가 남북을 날아 넘으니 천험天險이 통도通道로 변했노라"라는 시를 남겼다. 이렇

❶ 남경의 장강대교
❷ 강심주 섬을 일주한 삼륜택시

게 시작한 중국의 현대 교량사업은 인재와 경험을 축적하여 장강에 수많은 대교 건설을 통해 세계 선진수준에 이르게 된다. 이렇듯 장강에의 다리 건설은 중국인에게는 남북간의 소통이자 미래의 꿈이었다.

삼륜차는 강 건너 고층건물이 즐비한 남경시를 바라보며 강둑을 따라 계속 달렸다. 범람을 막기 위해 둑 위에 모래가마니를 쌓아 올린 곳도 있었다. 강둑 안쪽으로는 생태관광시설과 도시지역으로 개발이 예정된 곳을 제외하고는 농작물이 잘 가꾸어져 있었다. 특히 잘 정돈된 포도밭이 유난히 눈에 띄었다. 그래서인지 이곳에서 매년 열리는 포도 축제는 유명하다.

강심주에서 시간을 보내고 곤명으로 떠나기 위해 남경역으로 왔다. 물품보관함에 맡겨 둔 배낭을 찾아 부랴부랴 플랫폼으로 나갔으나, 바로 보이는 눈앞에서 기차가 떠나고 있었다. 출발시간을 착각했던 것이다. 참으로 난감했다.

하는 수 없이 내일 같은 시간에 떠나는 열차표를 예약했다. 하룻밤 더 머무는 것도 신의 뜻이려니 생각하고 시내 중심가의 작은 전이호텔에 여장을 풀었다. 보통 규모가 작은 호텔은 영어가 잘 통하지 않는데, 이곳 여종업원은 영어가 자유스러웠다.

내 사정을 들은 그녀는 꼭 기차로 그 먼 거리를 가야 할 필요가 있느냐며, 값도 거의 같은데 자기가 할인가격으로 항공기 예약을 해주겠다고 했다. 기차로 30시간 이상 걸리는 것을 생각하면, 그녀의 말이 틀린 것은 아니었다. 나는 그녀에게 비행기표를 부탁했다. 그녀는 자기 일처럼 예약과 동시에 자기 계좌에서 돈을 지불하였다. 나는 영수증에 표시된 대로 돈을 건넸고 한국에서 가져온 작은 인형을 주었더니 그렇게 좋아할 줄 몰랐다.

이렇게 하여 전 일정을 비행기를 타지 않고 싱가포르까지 왕복한다는 당초 계획이 바뀌었지만 시간을 절약한다는 의미에 스스로 위로했다. 열차표

❶ 양자강을 따라 남경시까지 올라온 대형 화물선 ❷ 남경시 양자강 강심주에서 본 남경시

를 다시 반환하러 남경역에 갔다. 열차표를 취소하는 줄이 길게 늘어서 있었다. 그중 한 사람이 새치기를 하려 하자, 사람들이 고함과 욕설을 퍼부었다. 절대로 새치기를 허용하지 않으려는 살벌한 분위기였다.

운남성의 성도 곤명

새벽 5시 모닝콜이 울렸다. 첫 비행기를 타기 위해 부지런히 호텔 문을 나섰다. 간밤에 화려하고 번잡했던 중심가에 무더위로 거리 벤치에서 새벽잠을 즐기는 사람들이 많았다.

공항행 지하철을 타러 역으로 바로 갔다. 공항으로 가거나 고속전철역인 남경남역으로 가는 방향이 같아서 지하철은 이른 새벽부터 만원이었다. 국내선에는 중국 전토로 가는 소형 항공사 이름이 빼곡히 적혀 있는 간판을 보니 항공기 시대로 진입한 중국의 얼굴이 어른거린다.

인도차이나반도 남행

비행기가 이륙했다. 양자강 유역의 규격화된 대평야가 한눈에 들어온다. 장강의 범람으로 곳곳에 침수된 농지와 건물들이 누런 황토빛 강물 속에 잠겨 있다. 양자강이 범람하여 피해를 막기 위해 사투를 벌이는 뉴스를 접하긴 했어도, 비행기 안에서 강유역 여러 곳의 피해를 본 것은 처음이었다. 그러나 침수지역은 그 넓은 대평야의 한 부분일 뿐, 강렬한 햇볕 아래 곡식을 키우는 들판은 여전히 제 몫을 다하고 있었다.

운남성의 성도인 곤명昆明시에 내렸다. 공항에서 시외버스터미널로 가는 시내버스를 탔다. 차내 온도계는 한여름인데도 13도를 가리키고 있어 옷깃을 여미게 했다. 해발고도가 높은 운남성은 초행으로 이곳을 찾은 진짜 이유는 육로를 통해 국경을 넘어 미얀마로 들어가고 싶은 마음과 세계 최대의 다랑논梯田을 탐방하기 위함이었다. 또 시간이 되면 역사유적지도 찾아볼 계획이었다.

사실 이곳 다랑논의 시시각각 변하는 아름다운 광경을 담기 위해 수많은 사진작가들이 사시사철 찾고 있다. 그간 히말라야 산간지대, 필리핀 루손섬 북부 산악지대, 남미 안데스 산맥과 동남아 지역의 유명한 계단식 논과 밭을 찾았었다. 그런데 지구상 최대의 다랑논이라 일컫는 이곳을 봐야만 뭔가 제대로 농산촌을 이해할 것 같았다. 공항로비에 전시된 신비스럽도록 아름다운 계단식 논과 민속사진들이 벌써 마음을 사로잡았다.

공항에서 나오자 시외버스터미널로 달려가 다랑논이 있는 원양元陽으로 가는 오후 버스표 예약부터 했다. 버스 출발 시간까지 대여섯 시간은 시내관광을 하기로 했다. 버스터미널의 시내 전철역에서 행선지도 모른 채 올라탔다. 구체적인 설명은 없어도 한눈에 들어오는 시가지를 보면서 시티투어 버스를 탄 기분이었다.

전철에서 내려 시내 중심가로 나와 삼륜택시를 타고 고층건물이 들어선 시가지와 시장 등을 천천히 둘러보았다. 우뚝 솟은 고층건물군은 중국 서남부지구의 정치경제, 문화, 과학기술, 교통분야 등에서 선도적 기능과 역할을 하는 인구 800만 가까운 도시다운 면모였다.

곤명은 운남성과 귀주성에 걸쳐 솟아 있는 거대한 운귀고원雲貴高原을 관통하면서 흐르며 만들어진 협곡들과 수백 개의 고산에 둘러싸여 있다. 시 중심지는 해발 1,890m에 이르러 설악산보다는 높고 한라산보다 약간 낮은 곳이다. 거기에 망망대해처럼 수평선이 보이는 중국에서 여섯 번째로 크다는 곤명호昆明湖를 끼고 있어 산수가 좋은 고원도시이다.

이러한 지리적 위치로 평균기온이 15도로 최고기온 30도를 넘지 않고 추울 때는 1도까지 내려가는 등 온난한 기후로 봄도시春城라고 불리며 많은 관광객을 유혹하고 있다. 아열대기후대에 속하지만 여름에 덥지 않고 겨울에 춥지 않아, 매년 12월부터 3월이면 북방의 시베리아 갈매기들이 바이칼 호수에서 곤명호 등으로 날아와 이곳에서 둥지를 틀다가 돌아간다고 한다. 이러한 고산지 기후의 특성으로 홍콩, 마카오, 싱가포르, 태국, 일본 등으로 수출하는 주요 화훼 생산지이기도 하다.

그리고 중국 변방지역인 곤명은 남쪽으로 베트남 국경까지 515km, 서쪽으로 미얀마 국경까지 876km, 서남쪽으로 라오스 국경까지 906km로서, 이 이웃 국가들과 접한 국경선만 하더라도 4,060km에 이르는 중국에서 동남아로 통하는 중요한 교통의 요지이다.

또한 변방지역인 만큼 중국에서 공인된 56개 소수민족 중 절반에 가까운 25개 소수민족이 살고 있다. 그러나 총인구에서 보면 약 70%를 차지하는 한족에 비해 적은 숫자지만 다양한 역사문화와 역사적인 고건축물은 물론 만년설이 동시에 펼쳐진 풍경도 만날 수 있는 풍부한 볼거리를 지닌 곳이다.

중국 삼국시대인 서기 225년 촉의 제갈량이 3개 군단을 이끌고 남중南中을 평정한 이후 이 지역에 여러 왕조가 출현하였다. 이때 이 지역의 맹주

였던 맹획을 제갈량이 7번 사로잡아 풀어 준 칠종칠금七縱七擒은 한족의 민담에 남아 있는 이야기이다.

1253년 원나라가 운남을 침공하여 점령한 이후부터 중국 중앙정부의 관할 하에 들어가 오늘날의 곤명이라는 이름으로 불리기 시작했다. 그 후 1381년 명나라가 운남에 진주하면서 다수의 이민으로 이곳의 토착민보다 한족이 많아졌다. 이때 쌓은 성벽이 오늘날까지 이어져 오고 있다.

그리고 베트남에 대한 청나라의 종주권을 놓고 프랑스와 청나라 사이에 청불전쟁清佛戰爭, 1884. 8~1885. 4이 일어나 1885년 6월 청나라는 간명簡明조약에 이어 천진조약을 체결하여 베트남에서의 프랑스 보호권을 인정한다. 이를 계기로 1910년 프랑스에 의해 개통된 운남-베트남 철도는 베트남의 하이퐁항까지 연결되어 프랑스의 이익이 계속 이어지는 한편, 곤명도 발전하기 시작한다.

1937년에 일어난 중일전쟁 당시 일본군이 빠른 속도로 진격해 오자, 수많은 중국인들이 이 지역으로 밀려들어 왔다. 그와 함께 많은 공장시설과 대학 등도 일본 폭격기의 공격을 피해 이곳으로 옮겨 왔다. 일본이 1940년 프랑스령 인도차이나반도를 석권하면서 인도로부터 중국으로 오는 보급품은 곤명을 통할 수밖에 없는 구조였다. 따라서 중국과 인도 사이의 버마마저 일본군에 점령당하면서 두 나라 간의 연락은 항공편에 의지해야 했기에 항공노선의 중심지로 발달하기 시작했다.

이런 역사적인 사실을 음미하면서 툭툭이 운전기사가 가고 싶은 대로 몸을 맡기고 주위 풍경을 사진에 담고 있었다. 그는 나를 여기저기 안내하더니, 이제 그만 구경하고 가자는 신호를 보낸다. 시내 중심지에서 거의 30분 이상이나 걸려 버스터미널로 돌아왔다.

다랑논이 있는 곳까지는 370km나 떨어진 먼 곳이기에 가면서 먹을 양으로 터미널 주변 노점상에게 삶은 옥수수 2개, 군감자, 감자튀김을 사들고 버스에 올랐다. 좌석버스인 줄 알았더니 너저분한 침대버스였다. 그것도 내 자리는 버스 맨 뒤 창쪽 구석자리였다.

통로를 사이에 두고 왼쪽으로는 상하층에 각각 1인용 침대가 5개씩, 오른쪽으로는 2인용 2층 침대가 나란히 5개씩 있었다. 그리고 버스 뒤쪽으로는 상하층에 각각 5명씩 누워야 하는 구조였다. 이렇게 모두 35명이 누워 갈 수 있었다. 그런데 앉으면 위층에 머리가 닿을 정도여서 무조건 누워야 했다. 한 사람이 누울 수 있는 폭은 겨우 50cm 정도, 다리를 구부리거나 손을 뻗으면 옆 사람의 몸에 닿아 시종 차렷자세로 가야 할 판이었다. 손발에 쇠고랑만 차지 않았지, 아프리카 노예선에 탄 노예체험이라는 생각마저 들었다.

사람을 가득 태운 차는 떠났다. 창쪽이긴 해도 심한 먼지가 창문에 끼어 있어 밖을 내다볼 생각은 아예 접어야 했다. 얼마나 잤을까, 운전수가 급히 깨우더니 여권을 달란다. 검문소였다. 철모를 쓰고 무장한 여러 경찰관들이 한 사람 한 사람 신분증 검사를 철저히 했다.

외국인인 나의 여권을 받아든 운전수는 임시 검문소인 듯한 천막 안으로 가져갔다. 시간이 한참 지나서야 아무 문제가 없었는지 돌려주었다. 한국 여권의 경우 철저히 조사할 거라는 생각이 들었다. 왜냐하면 여기부터는 라오스와 태국 등이 가까운 국경지역이라 불법 월경자를 색출하려는 것으로 보였다. 제대로 된 여권인지, 적법하게 입국했는지를 면밀히 보는 듯하다.

이곳은 말하자면 탈북자들이나 불법 출입국자들이 자주 이용하는 루트임을 알 수 있었다. 더구나 단체관광객도 아닌 혼자 하는 여행객이라 더욱 그랬을 것이다. 그러면서도 어두운 산 능선을 따라 몰래 월경하는 탈북자가 있지 않을까 상상해 보았다.

인도차이나반도 남행

❶ 곤명시 중심가에서 물건을 어깨지게에 멘 장사꾼들
❷ 곤명공항의 하니족 여인과 다랑논 안내광고판

세계 최대의 다랑논

집을 떠난 지 6일째 되는 7월 24일 새벽. 어둠이 걷히기 전인 컴컴한 차 안에서 누군가 손전등을 비추며 나의 발을 흔들었다. 헬로우, 헬로우 하는 부드러운 목소리에 눈을 비비고 일어나니 손님의 반은 이미 내렸고, 나머지 반은 곤히 잠들어 있었다. 종점인 원양현元陽縣 남사南沙에 도착한 지 두 시간이나 되었다는데, 그것도 모르고 잠들어 있었다.

여인은 혹시 호텔을 찾지 않느냐며, 자기네 호텔에 가서 쉬고 다랑논도 안내해 주겠다고 했다. 달리 방법이 없던 터라 짐을 챙겨 그녀를 따라 나섰다. 베린다라고 자신을 소개한 그녀는 가까운 곳에 세워 둔 현대자동차 스타렉스 모양의 차에 나를 태워 언덕길을 한참 올라가더니 4층짜리 호텔 앞에 내려주었다. 그녀는 이 호텔의 주인이자 여행사 사장이었다. 호텔비는 80위안으로 우리 돈 13,000원 정도에 와이파이도 터지는 등 불편함이 없었다.

다랑논을 둘러보기에 앞서, 이곳 원양현의 대표적인 소수민족인 하니족 마을에 가보기로 했다. 애뢰산맥哀牢山脈의 한 줄기인 7부 능선에 자리잡은 호텔을 중심으로 산등성 여기저기에 하니족哈尼族 전통가옥인 2~4층 구조의 초가지붕이 옹기종기 모여 있었다. 그리고 산으로 오르는 경사진 도로를 따라 상가들이 줄지어 있고, 멀리 다랑논 끝자락이 보였다.

경사가 급한 계단을 따라 마을로 내려갔다. 마을 시장까지 왕복하려면 이런 계단을 수백 개 오르내려야 하므로 숨이 가빠진다. 보통 재래시장과 다름없이 이 지역 대부분의 주민은 하니족으로 전통의상을 차려입고 커다란 바구니를 멘 여인들이 물건을 사고팔기 위해 오갔다. 좁은 골목길을 따라 푸줏간, 채소·과일가게, 대장간, 쌀가게, 간이식당, 미니 수퍼, 각종 특산물을 파는 노점상이 늘어서 있었다.

❶ 호텔에서 내려다보이는 다랑논 ❷ 하나족 마을 시장의 푸줏간
❸ ❹ 마을시장의 하니족 여인들

마을 중심지를 둘러본 다음 다랑논을 보기 위해 산길을 따라 오르기 시작했다. 다랑논은 경사진 산비탈을 개간하여 층층이 좁고 길게 만들어진 계단식 논이다. 다랑논의 역사는 논농사의 역사와 기원이 같아서, 이미 당나라 이후 송대에 걸쳐 평지가 부족한 산지마다 다랑논이 만들어졌다는 기록이 있다. 다랑논은 한자로 사다리와 같이 낮은 곳에서 높은 곳으로

올라간다 하여 제전梯田이라고 부른다.

이곳의 다랑논은 해발고도 1,000~2,000m 사이에 퍼져 있으므로, 이를 잘 보기 위해서는 높이 올라가야 했다. 원래 다랑논은 겨울철 해가 돋는 시간에 맞추어야, 물이 가득차 있는 논이 빛에 반사되어 시시각각 경이롭게 변하는 모습을 볼 수 있다고 한다.

다랑논은 1년 1모작으로 고도에 따라 10월 전후하여 수확을 한 후, 이듬해 4월까지 물을 채워 둔다. 이때 일출과 일몰의 태양 각도에 따라 형형색색의 빛을 반사하여 황홀한 색깔을 띤다. 여름철에는 벼가 자라고 있어 물과 햇빛이 어우러진 환상적인 모습은 상상으로 그려보아야 했다.

그녀가 준 안내서에는, 원양현은 해발 144m에서 2,939m에 이르며 두 개의 산맥, 두 개의 계곡, 세 개의 큰 경사지, 하나의 강 사이에 수많은 다랑논이 펼쳐져 있다고 한다. 이 지역의 다랑논은 조망하기 좋은 네 개의 경구景區로 나누어져 있다. 우리는 노호취老虎嘴, 패달壩達, 다의수多依樹, 청구箐口 등으로 불리는 다랑논을 천천히 감상했다. 각 경구마다 아름다운 다랑논을 관찰하게 전망대를 설치해 놓았는데, 여기저기서 감탄의 소리가 들려왔다.

해발 1,400m 정도에 자리잡은 노호취 다랑논은 '호랑이부리'라는 뜻으로 무려 2,800ha로 845만 평에 이르는 광대한 면적이다. 특히 저녁놀에 비치는 아름다움은 말로 형용하기 어려울 정도이다.

패달 다랑논은 '하늘이 가깝다'는 뜻으로 571ha, 약 170만 평이 넘는다. 해발 800m에서 2,000m 사이의 경사지를 따라 무려 3,700계단이나 되어 마치 하늘로 올라가는 사다리 같다. 다의수 다랑논은 광대한 숲지대와 마치 끝없이 피어오른 구름 속의 천국과 같다는 의미를 지닌 명소 중의 하나이다. 청구 다랑논은 해발 1,700m에 위치하여 운해와 해돋이와 함께 홍하 계곡에서부터 떠오르는 마법 같은 광경을 연출한다. 하늘과 땅이 같은 색으로 나타나면서 모든 사물이 마치 빛의 세계로 들어가는 느낌이다. 이렇듯 여러 소수민족이 17만여 개의 작은 조각 논에 3천만 평의 다랑논을 가꾸며 1천여 년 전부터 터전을 가꾸어 오늘에 이르게 된 것이다.

이토록 인간의 힘이 위대한가를 생각하며, 도중에 만난 물소떼를 몰아가는 농부와 오토바이에 가족을 태우고 마을시장으로 향하는 순박한 하니족에게서 별세계에 와 있는 듯한 느낌이 들었다. 이 지역의 홍하하니족 紅河哈尼族의 다랑논은 2013년 제37차 세계문화유산위원회로부터 세계문화유산으로 등재되었다. 이는 다랑논이 만들어진 지 천 년 이상 되었음을 입증할 만한 여러 기록물과 독특한 농경사회, 경제, 종교체계에 의해서 조율되고 장기간 생성된 농업, 임업, 관개체계를 보여 주는 탁월한 사례임을 인정받았기 때문이다.

그러나 몇 해 전 이곳의 다랑논보다 앞서 1995년 인류문화유산으로 지정된 필리핀 루손섬 북부의 바나웨이와, 논두렁을 이으면 지구의 반바퀴나 된다는 바타드 등의 산악지대에 있는 벼계단식 경작지대를 방문했을 때보다는 커다란 감흥을 불러일으키지는 않았다.

왜냐하면 이곳 하니족의 다랑논보다도 오랜 기간인 2천 년 동안 더 험하고 높은 급한 비탈을 개간하여 고랑이나 두둑을 만들어 벼를 재배해 온 곳을 보았기 때문인지 모르겠다. 더욱이 루손섬의 다랑논은 규모면에서는 하니족보다 작을지는 몰라도 거의 매년 반복적으로 불어오는 지독한 태풍과 같은 자연의 악조건을 극복해 온 점을 높이 평가하고 있기 때문이다.

이렇듯 농사짓기에 악조건인 상황에서 벼재배를 위한 관개지식과 신성한 전통, 섬세한 사회적 균형이 세세손손 전승되어 온 점이다. 이는 참으로 인간과 환경과의 개발과 보존이라는 조화로움이 표현된 아름다운 경관을 형성해 왔다. 우리 인류가 역사를 통하여 많은 문화유적을 남기고 있지만, 2천 년 전에 인류가 만든 것이 오늘날까지 그대로 이용되고 있는 것은 거의

❶ 산길에서 만난 하니족 목동과 물소떼
❷ 하니족 여인들

61

보기 힘든 일이다. 그런데 다랑논은 망가지면 고치고 붕괴되면 다시 세우면서 보전가치로서의 유물이 아닌 지금까지 식량을 조달하는 역할과 기능을 여전히 행하고 있다는 것에 놀라울 따름이다.

이런 하니족의 다랑논은 이 지역에 국한된 것이 아니고, 여기에서 50km 떨어져 있는 베트남과 라오스 북부, 태국과 미얀마의 산악지대로 끊임없이 이어져 있다. 그리고 여기서 다시 히말라야의 네팔로 이어져 부족한 식량을 생산하고 있는 것이다.

특히 네팔 히말라야의 계단식 논밭은 상상할 수 없을 만큼 급하고 높은 산마루를 향하여 올라가는 모습은 잊을 수 없는 경이의 대명사이다. 이 다랑논들은 소수민족이나 힘이 약한 소작농들에 의해 유지되고 있다. 평지의 평야지대는 다수민족에 점거되어 소수민족은 산으로 산으로 밀려 올라갈 수밖에 없었다. 이는 자연에 대한 도전에 앞선 숙명적인 삶의 유지를 위한 투쟁이었으리라.

재미있는 이야기는, 원양현의 928개 촌락 가운데 826개는 하나의 소수민족이 거주하는 동족부락으로 해발 높이에 따라 각기 다른 소수민족이 전통과 관습을 지키고 있다는 것이다.

해발 600m 이하에는 타이족Thai, 600~1000m 협곡구에는 장족壯族, 1,000~1,400m에는 이족彝族, 1,400~2,000m에는 하니족哈尼族, 2,000m 이상의 고지대에는 묘족苗族, 요족瑤族 등이 주로 경작을 하고 있다. 그런데 2,000m 정도의 높은 산에 어떻게 농사용 물을 댈 수 있을까 하는 것이다. 우스갯소리 같지만, 워낙 안개와 구름이 많이 끼어 이슬비 같은 미세한 작은 물방울을 모아 17만여 개나 되는 다랑논에 보통 12월에서 3월까지 물을 가두고 4월에 모를 심는다.

만일 심한 가뭄이 계속되면 벼 대신 밭작물을 심거나, 이것도 안 되면 흉작을 가져와 기근으로 이어지게 될 것이다. 이곳을 방문하는 많은 사람들

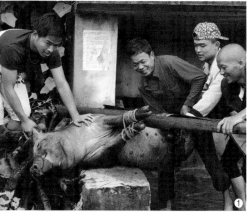 

❶ 돼지를 잡는 하니족 청년들   ❷ 다랑논 가운데에 자리잡은 하니족 마을의 전통가옥
❸ 다랑논 마을 이정표   ❹ 도로변의 하니족 과일가게

은 매혹적인 풍경에 매료되어 경치만 논할 뿐이다. 그러나 알아두어야 할
것은, 다랑논의 단위당 생산성은 평야지대의 반 정도에 지나지 않지만, 그
들은 귀중한 인류의 농경문화를 간직해 온 뛰어난 토지이용의 마술사이자
농업생산의 창조자였던 것이다.

❶ 여름철 벼가 자라는 다랑논들   ❷ 노호취 다랑논의 여름

❸ 노호취 다랑논의 가을   ❹ 노호취 다랑논의 겨울

밤새 입석 기차를 타고 대리시로

그간 보고 싶었던 원양현의 다랑논을 실제 보고 나니 속이 시원했다. 그러나 갈 길은 아직 멀고도 멀었다. 운남성만 해도 남한의 4배 가까운 39.4만km²에 인구도 거의 5천만에 육박하니, 보고 싶은 곳의 일부를 보는 것으로 만족해야 했다.

애초 계획대로 미얀마와 중국 국경을 넘으려면 양국의 국경도시인 서려시瑞麗市로 가야 했다. 지도를 펴놓고 보니, 서려로 가려면 곤명시를 지나쳐 그냥 대리시大里市로 가야 했다. 나는 그곳에서 서려행 버스를 타기로 마음먹었다. 그런데 대리시로 가는 기차표를 여행사를 통해 구입하려 했으나 자리가 없었다.

할 수 없이 다랑논 마을에서 제일 가까운 건수建水역으로 가서 차표를 구하기로 하고 베린다 부부와 셋이서 길을 떠났다. 거리는 150km나 되는 먼 길이었다. 밤늦게 산길을 돌아올 때를 대비하여 그들 부부는 함께 했던 것이다.

건수역까지 가는 데도 큰 고개를 여러 개 넘어야 했다. 다행히 날씨는 좋아 산등성이를 따라 펼쳐져 있는 다랑논들이 지루함을 달래주었다. 좁고 깊은 계곡 사이를 흐르는 홍하강을 건너 황초령黃草嶺 마을에 도착했다. 도로변에는 열대과일을 파는 소수민족 노점상들이 손짓을 한다. 우리는 잠시 노점상에서 코코넛으로 목을 축이고 차에서 먹을 바나나 한 다발을 샀다.

마침 황초령 정상 부근에 소수민족 마을에 장이 섰다. 이를 놓칠 리가 없는 나는 사진기를 들고 내렸다. 시장 구석구석을 다니다 잘 익은 대추를 한바가지 사들고 올라왔다.

우리 차는 산악지대를 돌고 돌며 산길을 따라 내려오기 시작했다. 멀리 지평선이 보이는 평야지대까지 내려왔다. 모든 것이 부족함을 느끼는 산중

인도차이나반도 남행

에서 들판으로 내려오니 도처에 풍족함이 넘치는 곳으로 들어온 느낌이었다.

드디어 평야를 가로질러 역에 도착했다. 그런데 입석표밖에 없어 난감했다. 14시간을 서서 가야 했기 때문이다.

예정시간보다 늦게 도착한 기차는 만석이었다. 입석표로 자리를 잡지 못한 사람은 나 말고 또 한 사람이 있었다. 자리가 없어 멀거니 서 있는 것도 민망한 일이었다. 차장에게 자리를 마련해 달라고 부탁했지만, 없다는 중국말인 메이요沒有를 반복할 뿐이었다.

서서히 다리가 아파오기 시작했다. 바닥에 종이를 깔고 앉으려 하자, 옆 할머니가 낚시용 간이의자를 내어 주었다. 혹시나 해서 준비해 가지고 다니는 듯했다. 배낭과 카메라를 멘 내가 외국인이라는 것을 안 주위 사람들은 뭔가 말을 붙이려고 했다.

바로 앞에 앉은 젊은 남녀는 2인용 좌석을 좁혀 앉으며 나에게 앉기를 권했다. 나는 못 이기는 척 엉덩이를 들이대었다. 서로 좁긴 했어도 바닥에 앉는 것에 비하면 천상이었다. 우리는 노트를 꺼내 한자로 필담을 나누기 시작했다. 청년은 곤명시에 주둔하는 중국군 병참부대의 상위上尉인 전야田野라며 자신을 소개했다. 우리의 대위에 해당하는 간부였다. 나도 오래전이긴 하지만 대한민국 해병대 중위 출신이라고 했더니 더 반가운 모양이었다. 그간 중국을 여행하면서 많은 중국인을 만났지만, 혈기 넘치는 중국군 현역장교와의 만남은 처음이었다. 그도 내가 현역은 아니지만 과거 한국군 장교를 만나 이야기를 나누는 것을 좋아하는 듯했다.

그리고 부인인 주정周靜을 소개하면서 휴일을 맞아 놀러갔다 귀가 중이라 했다. 결혼한 지 3년 되었는데, 아직 아이를 낳을 생각은 없다면서, 우리 젊은 부부들의 생각은 어떤지 물었다. 우리는 시간가는 줄 모르고 노트를 가득 채워 가며 필담을 주고받았다.

주위에 앉거나 서 있던 사람들도 재미있는지 우리 말과 글에 눈과 귀를 모으고 있었다. 그러는 사이 그들의 목적지인 곤명역까지 왔다. 우리는 서로 아쉬운 작별을 하며, 나는 그에게 중국군 고급장성까지 승진하여 한·중 간에 좋은 관계를 맺었으면 하는 바람을 전했다.

중국군 부부가 내리고 새로 사람들이 차에 올랐다. 행여 빈자리가 있을까 했으나 아까보다 더 많은 사람이 탔다. 방학이라 대학생들로 자리가 넘쳐나 그들 역시 서서 가고 있었다. 자리가 없다는 것이 이렇게 몸과 마음을 힘들게 할 줄은 몰랐다. 편히 앉아가는 사람들은 서서 가는 우리에게 가끔 위로의 미소를 보내 주는 정도였다.

밤이 깊어 갈수록 심신의 불편함은 극에 달하였다. 나중에는 염치불고하고 바닥에 주저앉았다. 나는 잠자는 사람들의 모습을 보며 그들을 위하여 하룻밤 불침번을 서는 마음으로 차 안을 지키기로 했다.

밤새 달린 열차가 대리역에 도착하자 많은 사람들이 역을 빠져 나갔다. 나도 그들 틈에 끼어 다음 행선지로 가는 교통편을 알아보기 위해 여행사들이 많은 구시가지로 가는 시내버스를 탔다. 3천여 년의 역사를 가진 운남성 제일의 고도 대리시 땅을 밟았다는 좋은 느낌이 몸을 감쌌다. 예부터 미얀마, 인도, 네팔 또는 티베트로 이어지는 교통 요지로, 남쪽 실크로드의 요충지로 불리던 곳이다. 1253년 원나라에 멸망당해 중국 권역에 편입되기 이전인 당나라 때는 남조, 송나라 때는 대리국大理國이라 불리던 독립국가의 도읍지였다. 그리고 이 지역을 지배했던 흰옷을 좋아하는 백족白族의 역사가 서린 곳임을 생각하면 뭔가 우리와 닮은 데가 있음을 느끼게 한다.

대리고성이 있는 구시가지까지 타고 온 버스에서 내렸다. 원나라 침공때 파괴되고 불타 버린 도시가 14세기 후반 명나라 시대에 건축된 높이 7.5m에 두께 6m 그리고 길이 6km에 둘러싸인 고즈넉한 고대성벽 안을 걷고 또 걸었다. 길 양쪽으로 늘어선 전통 수공예품 가게와 요리점 사이를 배낭을 메고 이리저리 헤매며 주변의 정취를 하나하나 카메라에 담았다.

❶ 황초령에서 본 홍하계곡
❷ 황초령 정상 부근의 하니족 마을시장
❸ 대리고성 내의 시가지
❹ 대리고성
❺ 대리고성 바이족 관광안내원

이제 이 도시를 떠날 때가 되었다. 애초의 계획대로 다음 행선지인 미얀마와 중국의 국경도시인 서려시로 가기 위해서였다.

미얀마와 중국 국경도시 서려

국경도시로 가는 버스터미널을 찾아 헤매던 중 한 경찰관을 만나 도움을 요청했다. 그는 자기 오토바이 뒤에 배낭을 멘 나를 태우고는 비상 불빛을 번쩍이며 달렸다. 덕분에 도착한 터미널에서 바로 출발하는 버스를 탈 수 있었다. 하마터면 엉뚱한 버스터미널에서 헤매다가 하루를 낭비할 뻔했다. 신대리시에는 출발 방향이 다른 버스터미널이 3개나 더 있었다.

35명 정원인 침대버스는 먼저 다랑논 마을로 가던 침대버스와는 천지 차이였다. 침대 배열과 채광 등 쾌적한 버스는 안락했다. 간밤에 좌석이 없어 시달리던 열차를 생각하면 편안한 꿀잠을 청할 수 있을 것 같았다.

버스는 절강성의 항주에서 시작하여 운남성 서쪽 끝 중국 속의 미얀마라는 별명을 가진 서려를 잇는 총 3,400km의 항서고속도로杭瑞高速公路 위를 달리기 시작했다. 해는 아직 중천으로 차창 밖에 펼쳐진 이국적인 풍경에 넋을 잃고 있었다. 산과 강을 건너 4차선으로 쭉 뻗은 도로에는 차 왕래는 많지 않지만, 미얀마 국경을 넘어 인도양의 벵골만까지 치달을 기세였다.

도로 주변은 만만치 않은 산세였지만, 그 높은 산꼭대기까지 곡식들이 자라고 있었다. 중국 정부가 외치는, 산의 경작지를 없애고 나무를 심자는 소위 퇴경환림退耕環林 정책은 말뿐인 것처럼 보였다. 보산시保山市 인근 중국에서 란창강瀾滄江이라 불리는 국제 하천인 메콩강 다리를 건넜다.

이제 뉘엿뉘엿 해는 서산에 지고 어두워지기 시작했다. 드디어 출발한

❶ 항주와 서려 간을 연결하는 항서고속도로 ❷ 고속도로 주변의 산지 경작지

지 10시간 만에 슬로시티로 이름난 망시芒市를 지나 목적지 서려에 도착했다. 시 외곽에 인적이 드물어 적막감이 감도는 터미널이었다. 마중 나온 사람도 없고, 주위에 아무런 편의시설이 없는 캄캄한 밤 10시였다.

어떻게 할까 망설이고 있는데 봉고형 차 한 대가 오더니 자기네 호텔로 가잔다. 그를 따랐다. 차는 시내 중심가 뒷골목에 있는 허름한 4층짜리 건물 앞에 섰다. 방은 누추하긴 했어도 인터넷, 냉방시설, 욕실 등 기본적인 것은 다 있었다. 하룻밤 숙박료는 80위안, 우리 돈으로 13,000원이었다. 나는 땀내 나는 속옷을 빨아 대형 선풍기 위에 말리며 국경도시에서의 첫 밤을 보냈다.

이튿날 아침, 여행정보를 얻기 위해 여행사를 찾았다. 우선 육로로 중국에서 미얀마로 넘어갈 수 있는지가 궁금했다. 누구는 된다고 하고, 누구는 안 된다는 등 얘기가 엇갈렸다. 여행사 직원도 헷갈리는지 여기저기 문의를 하더니, 양국 국경지역에 사는 주민은 육로로 갈 수 있지만 일반 외국인은 공로를 통해서만 미얀마에 입국할 수 있다고 했다. 그래도 믿어지지 않았다. 동남아의 대부분은 육로로 얼마든지 국경을 넘나들 수 있기 때문이다.

결국 이웃 도시인 망시까지 버스로 갔다가, 거기서 비행기를 타고 곤명을 경유하여 미얀마의 북쪽 도시 만달레이로 들어가는 코스를 택해야 했다. 예정에 없던 항공비를 지출해야 했다.

내 사정을 알게 된 여행사 사장이 직원과 함께 거의 무료 수준인 염가로 시내 구경을 시켜 주겠다고 했다. 생각지도 않았던 자가용을 타고 국경도시 관광에 나섰다. 먼저 우리는 중·미얀마 국경사무소로 갔다. 거리에는 미얀마식 건물들이 눈에 많이 띄어 중국 속의 미얀마임을 실감나게 했다. 국경사무소도 미얀마 건축 양식으로 크게 잘 지어져 있었다. 입구에는 정장차림의 경찰관과 이민국 직원들이 업무를 하고 있었다.

그래도 육로로 넘어가고자 하는 미련이 남아 있어, 아무것도 모르는 듯 출입국관리대 앞에 섰다. 이민국 직원은 외국인은 오로지 항공편으로만 입국할 수 있다고 힘주어 말했다. 나는 한국에서 미리 받아온 미얀마 입국비자와 중국 복수비자 등을 보여 주며 넘어갈 수 있다는 뜻을 굽히지 않았다. 그러나 절대로 허가할 수 없다며 나를 설득하려 애를 썼다. 안내 나온 여행사 직원은 그것 보라는 듯 웃으며 국경선이나 구경하자고 나섰다.

우리는 4~5m 정도의 개울을 경계로 나뉘어진 국경을 따라 걸었다. 국경 너머 미얀마 변경도시인 무세Muse 거리를 오가는 미얀마 사람들을 물끄러미 바라보았다. 또 다른 출입국관리소에도 마찬가지로 양국 주민들만이 국경을 넘고 있었다. 출입국관리소 앞 자유무역지대의 중국 상인들은 주로 전기·전자제품을 파는 반면, 미얀마 상인들은 주로 미얀마산 옥과 수공예품을 진열해 놓고 있었다. 사실 이곳뿐만 아니고 운남성은 동남아시아와 통하는 관문이다.

이곳의 옥시장은 아침 7시 반부터 문을 열어 사방에서 몰려든다. 대부분 중국 각지에서 온 소매상과 소비자들이지만, 임시통행증으로 국경검문소

❶ 중·미얀마 국경의 중국측 이민국 ❷ 국경사무국 앞의 미얀마 옥을 판매하는 건물
❸ 옥 상점 내부

를 거친 옥 원석을 가지고 온 미얀마인들과 섞여 문전성시를 이루고 있다. 여기 옥시장에서 거래되는 상품은 비취 원석과 가공품이다. 비취는 단단한 경옥硬玉류 보석이다. 경옥은 미세한 결정질이 결합된 규산염광물로 철만큼 강해 잘 깨지지 않으며, 무색·흰색·녹색 등의 다양한 색깔을 나타낸다. 그런데 이 경옥은 티베트, 러시아, 멕시코 등지에서도 나오지만, 보석으로서 상품가치를 지닌 비취는 전 세계의 95% 이상이 미얀마산이다.

그런데 비취가공은 고난도 기술로 중국인이 담당하고 미얀마인들은 원석을 중국인 도매상에게 넘기거나 가공된 보석만을 판다고 한다. 현재 서려에서 보석 관련 산업 종사자는 4만 명으로 거래액만도 연간 5,000억 원이 넘는다니 그 규모에 놀랄 뿐이다.

이렇게 옥이 각광을 받는 것은 수천 년 전부터 부귀와 행운을 가져온다고 믿었을 뿐만 아니라 악귀를 쫓아낸다고 믿기 때문이었다. 그래서 명대에는 곤명에서 미얀마에 이르는 길을 옥석로玉石路라고 불렀으며, 비취가 중국 전역에 보급된 것은 청대부터인데, 비취를 사랑했던 청말의 서태후 얘기는 유명하다.

이렇게 국경사무소 지역을 탐방하고 나서 시내에서 제법 떨어진 한 마을에 두 나라가 있다는 뜻을 지닌 일채양국—寨兩國 공원에 당도하였다. 양국의 우의를 다지는 공원으로 미얀마식 불교정원이다. 한여름의 휴식을 즐기려는 많은 사람들이 매표소 앞에 줄지어 있었다. 3m 폭의 개울을 경계로 국경을 따라 중국 쪽에 커다란 인공호수를 중심으로 불상과 불탑 등을 모신 불교사원 안에는 불자들의 기도하는 모습이 진지했다. 특히 소수민족촌 수공예품 가게 입구에서 목이 긴 카렌족 여인들을 만난 건 의외였지만 반가웠다. 그들은 본디 미얀마 산악지대에 거주하던 사람들로 지금은 태국과 라오스 북부 산악지대에 주로 거주하고 있다.

❶ 수공예품 가게 입구에서 만난 카렌족 여인   ❷ 일채 양국공원에 있는 미얀마식 불교정원

　그녀들은 대개 5~6세부터 목을 길게 만들기 위해 목에 금속 링을 끼기 시작한다. 성장하면서 그 개수를 점차 늘여 목을 더욱 길게 만든다. 이렇게 하는 이유는 목이 길어야 미인이라는 가치기준 때문이라 한다. 또 산악지대에서 맹수에게 목을 물릴 때를 대비한다거나, 다른 부족의 남자들에게 납치당했을 때 혐오감을 주어 위기를 벗어나려 한다는 등의 이유가 있다.

　그런데 그녀들을 만나는 순간 얼마나 불편하고 갑갑할까 하는 생각이 들었다. 실제로 고개 숙여 땅 위의 물건을 집을 때 매우 불편하고 힘들어 보였다. 이들은 주로 수공예품을 만들어 판매하거나 관광객들의 사진 모델이 되어 주고 그 대가로 살아간다니, 안타까움을 넘어 아픔으로 다가왔다.

　카렌족 전통가옥에서 나와 중국과 미얀마 국경선을 밟아보기 위해 공원과 맞붙어 있는 문으로 나갔다. 도로 위에 굵은 노란선이 그려져 있는 것이

❶ 중 · 미얀마 국경선인 황색선과 국경표지석에
   기댄 여성
❷ 중 · 미얀마 국경을 무단월경하면 500위안
   벌금이라고 쓴 경고판
❸ 서려 시의 곡마단 공연 모습

국경선의 전부였다. 다만 노란선으로부터 각각 10m 정도 떨어진 곳에 차단
기가 오르내리고 있을 뿐이었다. 주민들은 아무 제재 없이 이 노란선을 넘
나들고 나를 포함한 관광객들은 국경 표시로 세워 둔 비석 앞에서 신기한 듯
포즈를 취하며 사진 찍기에 여념이 없었다. 나도 국경표지석 앞 노란선 국경
을 몇 발자국 넘어보며 야릇한 기분을 맛보았지만 옆에 세워 둔 무단월경금
지, 만일 위반하는 자는 벌금 500위안을 물린다는 경고판이 마음에 쓰였다.

인도차이나반도 남행

어느덧 저녁 무렵이었다. 마침 저녁시간에 맞춰 곡마단의 곡예가 시작된다는 얘기를 듣고 시민공원에 마련된 서커스 공연장을 찾았다. 이미 사람들로 꽉 차 있었다. 호랑이, 사자, 곰, 원숭이 등의 울음소리에 관중들은 환호하고 있었다. 동물들은 얼마나 훈련을 받았는지 야성이라고는 찾아보기 힘든 얌전한 고양이들이었다. 중국 대륙의 끝자락에 와서 서커스를 보는 맛은 짜릿한 경험이었다.

이렇게 하루를 보내고 새로 숙소로 정한 온천장은 사치스러울 정도였다. 온탕이 얼마나 큰지 실내에 파라솔이 수십 개 설치되어 마치 바닷가인양 착각될 정도였다. 그리고 파라솔마다 수박이나 열대과일 등을 차려 놓고 마음껏 먹어도 되었다. 그런데 재떨이도 함께 놓여 있는 것은 눈에 거슬렸다.

전생의 인연이 있어야 올 수 있다는
은자의 나라 미얀마

미얀마 국경지역 소수민족의 반군 활동

7월 25일 새벽 5시 모닝콜이 울렸다. 중·미얀마 국경도시인 서려를 떠나 버스로 한 시간 거리의 망시 공항에 도착했다. 국경 가까운 공항이라 그런지 무장경찰 장갑차 등이 입구에서부터 삼엄한 경비를 펼치고 있었다.

이제 이곳을 떠나 운남성의 성도인 곤명에서 환승하여, 전생의 인연이 있어야 올 수 있다는 은자隱者의 나라 미얀마의 북부도시 만달레이Mandalay로 들어간다. 곤명에서 환승한 중국 동방항공기가 이륙했다. 중국을 떠나면서 애초 계획대로 육로로 국경을 넘지 못하는 아쉬움은 컸지만, 미얀마를 둘러싼 불안한 치안관계를 생각하면 다행이었다.

미얀마와 국경을 접하고 있는 중국, 태국, 라오스, 방글라데시, 인도와는 늘 긴장 상태를 유지해 왔다. 이들 국경지역은 미얀마 내의 135개 소수민족이 자신들의 권리를 추구하면서 중앙정부와 끊임없이 마찰을 일으켜 왔기 때문이다. 특히 2,200km가 넘는 긴 국경선을 맞대고 있는 중국 운남성과 미얀마 북동부 주인 카친주와 샨주 반정부군은 정부군과 교전을 벌이고 있었다.

교전을 계속하고 있는 카친주는 남한보다 약간 작은 9만km²로 히말라야산맥 남쪽 끝자락에 위치하며, 미얀마에서는 물론 동남아시아에서 가장 높은 5,889m의 하카보 라지산과 가장 큰 인도지 호수가 있는 산악지대이다. 그런데 1960년대 중반부터 1994년까지 카친주는 사실상 독립되어 있었으며, 경제적 기반은 중국과의 밀무역과 비취옥 교역 그리고 마약 거래였다.

1994년에 미얀마와 카친독립기구KIO와의 평화조약으로 KIO는 주의 대부분을 실질적으로 통치하는 것을 허가받았다. 그런데 이 평화협정에 반대하는 반군 내의 많은 당파가 생겨 여전히 정치적으로 불안정한 상태가 유지되어 왔다. 여기에 더하여 카친주는 불교 대신 기독교가 우세하여 종교적인 측면에서의 갈등도 적지 않다.

한편, 샨주는 미얀마 북동부에 거주하는 샨족 이름에서 붙여진 것으로 면적은 약 16만km²로 남한의 1.5배이며, 미얀마 전체 면적의 1/4이나 되는 가장 큰 주다. 그런데 이 주 역시 중국과 국경을 접하며 카친주에서와 같이 정부군과 소수민족 반군 간의 충돌이 격화되고 있다. 정부군의 전투기까지 동원하는 반군 거점 공습에 대하여 소수민족 반군연합은 인구 밀집 주요 도시에서의 시가전과 경찰초소, 국경무역거래소 등을 습격하고 있었다.

예부터 미얀마, 태국, 라오스의 국경지대에 둘러싸여 있는 샨주는 황금의 삼각지대라 불리는 메콩강 중류의 비옥한 지역으로 양귀비를 재배해 오던 지역이다. 최근까지 전세계 헤로인의 약 60%을 생산하고 있다. 한때 마약왕이라고 불리는 쿤사Khun Sa는 약 2만 명의 몽타이군을 지휘하며, 샨 국가 수립을 내세우고 샨주를 지배해 왔다.

특히 미국 내로 유입되는 헤로인의 절반 이상이 이곳에서 공급되는 것으로 파악한 미국은 1989년 쿤사를 마약밀매범으로 기소하고, 200만 달러의 현상금까지 걸었다. 그렇게 오랫동안 자치를 해 오던 샨주도 1995년 미국의 지원을 받은 미얀마 정부군의 공세로 대부분 정부의 손안에 들어왔다.

이렇게 정세가 불리하게 돌아가자, 1996년 1월에 쿤사는 5천 명의 부하들과 함께 정부군에 투항하였다. 이에 미국은 쿤사의 신병을 미얀마 정부에 요구하였으나, 미얀마 정부는 쿤사와의 밀약으로 응하지 않았다. 중국인 부친과 샨족 모친 사이에서 태어난 쿤사는 지병인 당뇨와 고혈압으로 1996년 죽기까지 호화로운 삶을 살았다고 전해진다.

쿤사의 귀순으로 이 지역에서의 양귀비 재배는 격감했다. 그러나 파키스탄에서부터 아프카니스탄과 이란에 걸친 이른바 황금의 초승달 지역에서의 생산은 이어지고 있다. 한편, 양귀비 재배로 소득을 올리던 미얀마 농부들은 마약 대신 커피 재배기술을 익혀 새로운 소득분야로 키워 가고 있다. 다행히 샨주는 커피를 재배하기에 적합한 약 1,100~1,200m의 해발고도와 습한 날씨 덕에 아라비카 품종을 재배하는 데 이상적인 조건을 갖추고 있다. 이러한 커피재배는 여성과 소수민족이 적극적으로 일할 수 있는 새로운 기회였다.

그러나 언론 등의 보도에 따르면, 아직 미얀마 카친주와 샨주, 태국 북부 일부에서 생산된 아편은 인도와 미얀마 국경 인근 도시인 인도 임팔과 중국 곤명을 통해 성도成都와 우루무치烏魯木齊로 전해진다. 동시에 라오스 북부와 베트남 북서부 산악지대에서 재배된 아편은 중국 남녕南寧과 홍콩 등지로 은밀히 공급되어 세계 각지로 퍼지는 것으로 알려져 있다. 그러나 높은 환금성을 지닌 아편은 다른 소득원 마련이 마땅치 않은 상황에서 빈곤한 지역 주민의 주요 소득원이 됨은 물론, 반군들의 자금원으로 재배 유혹을 벗어나기 힘든 일이다.

❶ 미얀마의 학살을 피해 방글라데시로 피난가는 미얀마 무슬림. 그러나 방글라데시는 그들이 미얀마 국민임을 내세워 수용을 거부했다. (자료 : Channel NewsAsia, 2015. 5. 14)

❷ 카친 독립군(Kachin Independence Army, KIA) 생도들의 훈련 모습
  (자료 : TRANSCEND MEDIA SERVICE)

중국과의 국경지역 외에도 서부 해안가 방글라데시와의 국경 주인 라카인주에서는 미얀마의 이슬람교도인 소수민족 로힝야족에 대한 방화와 여성폭행, 건물파괴 등의 박해가 심각한 상황이다. 특히 1978년 당시 버마 군사정부가 벌인 무슬림 반군 토벌작전으로 25만 명의 로힝야 무슬림들이 방글라데시로 쫓겨가면서 난민이 되었다.

그러나 방글라데시 당국은 로힝야 난민을 인정하지 않고 강제 송환하였다. 추방당한 로힝야 난민은 난민선을 타고 말레이시아로 밀항하다가 바다에 수장되거나, 인신매매 범죄조직에 납치되었다. 동시에 이들 로힝야족은 무장세력을 조직하여 국경지역의 미얀마 경찰시설을 습격하는 등 치안불안이 반복되고 있다.

이렇듯 1948년 독립 이후 60년 가까이 반군들이 장악하고 있는 미얀마 변방지역은 정부군과 반군들 사이에 교전이 계속되어 왔다. 이에 정부와 20개 가까운 무장반군 단체들이 2013년 말부터 전국적 휴전협상을 벌여 왔으나, 교전상태는 반복되어 국경지역의 치안불안은 여전한 상태이다.

평화협정에 불참한 샨주 북쪽 중국과의 국경 산악지역인 코캉에서 활동하는 코캉 반군은 중국에서 이주한 중국계 미얀마인이라는 점에서 자신들만의 자치권을 중앙정부에 요구하고 있다. 청나라 때 코캉 지역은 중국에 속했으나, 1897년 영국에 빼앗긴 후 제2차 세계대전이 끝나면서도 미얀마 영토로 계속 남았다. 최근까지만 해도 미얀마 정부군과 반군 간에 치열한 포격전으로 대규모 난민이 중국으로 몰려들자 다급해진 중국이 국경통제를 강화하고 나섰다.

미얀마 정부군이 반군의 핵심 거점을 장악하여 소수민족 세력을 와해시키려 하자, 반군지도자 팽가성彭家聲은 습근평 국가주석에게 서한을 보내 코캉 지역을 중국에 통합시켜 자치구로 남고 싶다는 희망을 피력했다. 코캉 지역은 주민 80% 이상이 중국 한족이다. 이들은 대부분 장개석 국민당

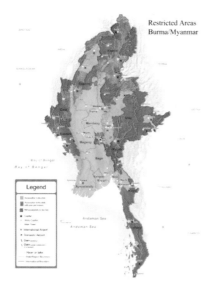

Restricted Areas
Burma/Myanmar

Legend

미얀마의 여행제한지역 주 : 붉은색은 접근불가
지역, 갈색은 허가지역, 녹색은 여행가능 지역.
(자료 : Myanmar Ministry of Hotels and
Tourism, 2013)

의 운남성 잔류세력으로 코캉자
치구를 이루었던 지역이다.

그러나 중국은 2,200km 국경
을 맞댄 이웃 국가로서 역사적으
로 친형제와 같은 관계라며 공식
으로 반군을 지원하지 않고 있다.
하지만 무기와 통신장비, 인공위
성 정보 등을 비밀리에 제공하여
반군활동에 결정적 역할을 하고
있다고 알려져 있다.

또한 1948년 미얀마가 영국으
로부터 독립한 이후 60년간 이어
져 온 소수민족 반군과 정부군,
반군 간의 내전 수준의 분쟁, 정
치적·종교적 박해 등을 피해 태
국 국경을 넘어 온 미얀마 난민들의 숫자도 만만치 않다. 미얀마와 국경을
맞댄 태국 서부의 4개 주에 9개의 난민수용소가 설치되어 대략 10만 이상
의 많은 미얀마 난민이 수용되어 있다.

이러한 미얀마의 소수민족 분쟁은 미얀마에 대한 투자를 주저하게 만들
고 있다. 이렇게 정치군사적으로 예민하게 대치하고 있는 중·미얀마 국
경선을 무리를 해서라도 육로를 통해 가려 했던 내 생각이 얼마나 무모했
는지 알았다.

135개 소수민족과의 분쟁을 없애기 위한 조치로 군사정권은 이 나라의
다수를 점하고 있는 버마족의 이름을 딴 국명을 1989년 미얀마로 바꿔
버렸다. 버마라는 호칭은 영국 식민지 시대의 잔재이며 버마족 외에 많은

소수민족을 배제한 것이라며, 국내에 거주하는 135개 소수민족을 모두 아우른다는 명분이기도 했다.

그러나 아직도 민주화운동가들은 군사정권이 바꾼 국명과 국기를 거부하고 버마라는 호칭과 옛 국기를 고집하고 있다. 국제적인 호칭은 공식적으로 미얀마로 부르지만, 반체제인사들이 요구하는 버마라는 용어도 사용하는 등 아직도 많은 사람들은 미얀마와 버마를 혼용해서 사용하고 있다.

만달레이의 추억

중국 곤명에서 이륙한 지 한 시간 반 정도 지나니 착륙을 준비한다는 기내방송이 들린다. 창밖으로 보이는 붉은 흙길들은 만달레이로 향하고 있다. 그리고 비가 많이 내려 만달레이 주변 농지 대부분은 물에 잠겨 있었다.

10여 년 전과 비교가 안 될 정도로 공항청사는 깔끔하게 변해 있었다. 입국 수속을 마치고 나오니, 여러 호텔에서 나온 사람들이 비행기에서 내린 사람들을 모시기에 열을 올리고 있다. 그중 한 부부가 나에게 따라 붙었다. 그들은 나를 안심시키기 위해 정부가 인정한다는 목에 걸고 있는 증명서를 보여 주었다. 나는 특별히 예약한 곳이 없어 1박에 40달러를 30달러에 흥정한 뒤 그들을 따라 나섰다. 부부는 규모가 작은 호텔과 여행사 업무도 겸하고 있었다.

그들의 소개로 자가용 가이드를 만났다. 그의 차가 없었다면 대중교통이 불편하여 공항에서 시내까지 나오는데 시간이 많이 걸렸을 것이다. 호텔은 작긴 해도 불편함이 없었다. 그런데 뜻밖에도 주인 부부는 대만 국적이었다.

소개받은 가이드와 함께 이전에 방문했던 곳 중에서 만달레이 성과 주변의 몇몇 사원을 찾았다. 성은 변함없이 해자 속에 굳건히 자리를 지키고 있고, 사원도 여전히 사람들을 맞고 있었다. 군사독재정권이 나라를 통치하고 있을 때와 외관상으로는 크게 달라진 것은 없었다. 사람들은 전과 다름없는 일상생활을 하고 있었고, 여행객들도 제한된 지역 내에서는 자유롭게 옮겨 다녔다.

그런데 대학 분위기는 어떨까 하는 생각에 만달레이대학으로 갔다. 그곳은 1925년 양곤대학의 분교로 개교해 제2차 세계대전 중인 1942~1947년에는 휴교하였다. 1958년에 정식으로 미얀마 북부 유일한 독립대학으로 학사와 석·박사를 배출하는 과정을 둔 종합대학이다.

이전에 왔을 때는 군사정부가 학생들의 소요를 막기 위해 대학을 폐쇄시켜 근처에도 얼씬할 수 없었다. 이번에는 캠퍼스 안으로 들어갈 수는 있었지만, 가이드는 눈치를 보는 듯했다. 조용히 들어갔다 나와야 한다며, 차에서 내리는 것조차 꺼려해 매우 조심스러워하는 것이 의아했다. 수지 여사가 이끄는 민주정부가 들어섰다고 하지만, 아직 완전한 대학의 봄은 멀었다는 분위기였다. 자유롭고 패기가 넘치는 캠퍼스이어야 할 대학은 스산한 느낌마저 들었다.

대학본부 앞 나무그늘 아래 십여 마리의 개들만이 자유롭게 돌아다니고 있었다. 차에서 내려 들여다본 강의실이나 실험실 등의 시설은 낡거나 먼지가 잔뜩 쌓여 있었지만 그래도 이 나라 미래의 희망일 수밖에 없는 대학의 위엄은 여기저기 서려 있었다.

캠퍼스를 나와 이전에 못 보았던 시내에서 그리 멀지 않은 아마라푸라 Amarapura 지역의 타웅타만 호수Taung Thaman Lake를 가로지르는 우베인 목교U Bein Bridge로 향했다. 그런데 운전기사이자 가이드가 아들을 하교시켜야 할 시간이라며 학교에 들렀다가 가야 한다고 동의를 구했다. 나는 학교시설도 볼 겸 동행하기로 했다.

❶ 만달레이 대학본부
❷ 만달레이 시내를 달리는 트럭버스들

그의 아들은 공립학교가 아닌 사립 초등학생이었다. 나는 그를 따라 학교시설을 둘러보면서 공립학교와 너무 큰 차이를 느꼈다. 보통 공립의 경우 흙바닥에 지저분한 벽과 망가진 기자재가 보통인데, 여기는 바닥에 예쁜 타일이 깔렸고, 강당 겸 체육관 등은 우리와 큰 차이가 없을 정도로 깨끗하고 정돈되어 있었다.

그는 또 여자 교장선생을 만나게 해 주었다. 그녀는 영국에서 대학원까지 공부한 분이었다. 그녀는 서슴없이 이 학교는 중산층 이상이 아니면 학비 부담을 할 수 없다며 25명 내외의 학생들로 구성된 교실로 안내하여 학생들을 만나게 해 주었다. 교실에 들어서자 공부하던 학생들은 호기심 어린 얼굴로 환호성을 지르며 손을 흔들었다. 나는 학생들에게 다가가 어깨를 두드려 주며 격려했다.

가이드는 다시 아이를 집에 데려다 주어야 해 그의 집으로 갔다. 허름한 2층집에 할머니와 다른 가족들이 기다리고 있었다. 그의 부인은 이곳에서 떨어진 작은 도시에 있는 전문대학 교수라고 했다. 그러면서 자기 수입이 훨씬 많다고 웃음을 짓는다. 부인은 한 달에 두어 번 다니러 온다고 한다. 그들 역시 자녀교육을 위해 동부서주하고 있었다. 이렇게 아이를 집에 데려다 놓은 가이드는 만달레이의 상징이자 명소인 우베인 목교로 향하였다. 입구에서부터 인파에 묻혀 떠밀려 다니는 느낌이었다. 우기여서 물로 꽉 찬 호수는 보기만 해도 모든 사람의 마음을 열어 주는 듯했다.

다리 입구에 올라서자 가이드는 기다렸다는 듯이 다리에 얽힌 얘기를 들려주었다. 이 다리 길이는 1.2km로 1849년에 시작하여 1851년에 완성된 세계에서 가장 길고 오래된 티크나무 다리이다. 그리고 미얀마의 전통건축 방식에 따라 물속 2m까지 1,086개의 나무 기둥을 박고 그 위에 상판을 깔았다고 한다. 한 세기 반이라는 긴 세월 동안 강한 햇빛과 거센 비바람에도 단단히 버티는 모습은 감탄스러울 뿐이었다.

건기에는 바닥까지 말라버려 다리 밑부분까지 드러내어 채소밭으로 변하지만, 우기인 7~8월에는 수위가 최고조에 이르러 풍성한 아름다움을 선사한다. 거기에 이 다리를 만든 사연은 나의 마음을 녹여 주고도 남았다. 1841년 잉와Inwa에서 아마라푸라로 수도를 옮기면서 잉와 궁전의 목재를 해체하여 새 궁전을 짓고 남은 티크로 다리를 세웠다는 얘기였다. 호수 양쪽에 있는 사원의 승려들이 탁발공양이나 수도를 하면서 편하게 오가도록 한 당시 아마라푸라 시장의 이름 우베인에서 온 것이라 했다.

걸을 때마다 달그락거리는 소리를 들으며 호수 한가운데로 나갔다. 그런데 다리 입구에서부터 보트 한 척이 손짓을 하며 끈질기게 따라왔다. 붉은색 승복을 입은 승려와 얘기를 나누는 백인 관광객의 진지한 모습과 다리 주위를 맴도는 작은 보트에서 즐거운 탄성이 들려왔다.

중간쯤에 있는 휴게소까지 노를 저으며 열심히 따라온 뱃사공의 열정에 감복하여 나는 다리 아래로 연결되는 9개의 통로 중 하나를 이용하여 보트에 올랐다. 마침 중국에서 온 젊은 아가씨들이 뱃삯을 적게 낼 양으로 합승을 하자고 한다. 이리하여 우리 일행은 5명으로 늘어났다. 호수에 잠긴 하얀 사원의 모습이 물 위로 보였다.

잔잔한 호수 위의 다리와 물속에 뿌리박고 서 있는 큰 고목을 중심으로 보트들이 미끄러지고 있었다. 다리 위로는 자전거를 끌고 가는 이들, 소나개를 끌고 가는 농부, 탁발승려, 연인들의 행렬이 계속 이어졌다. 군데군데 호수 위를 노니는 새와 수초 사이를 누비며 낚시를 즐기는 사람들을 보며 나는 무아지경에 빠졌다.

호수를 물들이기 시작한 석양빛이 아름다운 색을 연출해 냈다. 많은 사람들이 이 호수의 석양을 보기 위해 기다리고 있었다. 짙은 붉은빛이 한여름의 호수 위에 넘치자 사람들의 환성도 높아졌다. 드디어 서쪽 하늘이 어두워지자 사람들을 서둘러 노를 저어 갔다.

❶ 타웅타만 호수 위의 우베인 목교
❷ 타웅타만 호수에 잠긴 사원
❸ 우베인 목교 위의 승려

바간의 뜨거운 여름

이튿날 아침, 호텔 주인은 나를 가까운 식당으로 안내했다. 그곳은 간단히 국수 등으로 아침을 때우려는 사람들로 붐볐다. 나도 쌀국수로 요기를 한 후 캄보디아의 앙코르와트, 인도네시아의 보로부드르 사원과 더불어 세계 3대 불교유적지의 하나인 네 시간 거리의 바간으로 향했다.

예전에 이곳을 찾았을 때는 이라와디강 하류를 따라 배로 만달레이에서 바간으로 갔었다. 그리고 도중에 배에 큰 화재가 발생하여 아찔한 경험도 했다. 그런데 이번에는 농촌을 둘러볼 겸하여 낡은 차를 빌렸다. 대중교통을 이용할 때보다 보고 싶은 것이 있으면 차를 세우거나 직접 현장을 가보는 좋은 점이 있었다.

도중에 10여 명의 농부들이 모내기 하는 것을 보고 차를 세웠다. 구름 한 점 없이 이글거리는 태양 아래 모자를 눌러쓴 아낙네들이 허리를 굽혀 모를 내고 있다. 다른 한쪽 논에서는 물소 두 마리가 한 조가 되어 써레질을 하느라 바쁘게 돌고 있었다. 가까이 다가가 그늘 밑에서 쉬고 있는 젊은 남자에게 말을 건넸다.

한국에서는 보통 모 세 포기를 한 곳에 심어 분얼을 돕는데, 여기서는 왜 한 포기씩 심느냐고 물었다. 그는 자신은 농촌지도원으로 모가 15일 정도 자랐을 때 이식 시험을 하는 중이라 했다. 그리고 발육상태를 보아가며 상태가 나쁘면 보식을 한다고 했다. 줄을 맞추기 위해 한 줄씩 모를 내면, 소리를 질러가며 한 발 뒤로 물러났다.

써레질을 하던 물소 두 마리가 힘이 드는지 농부의 채찍에도 아랑곳하지 않고 물이 가득한 논바닥에 엎드려 꼼짝도 않는다. 마치 날 잡아 잡수하는 듯한 모습이었지만, 농부의 성화에 못 이겨 다시 논을 가는 모습은 왠지 쓴웃음을 자아내게 하였다.

모내기 하는 농부들과 잠시 시간을 보내고 다시 차를 달렸다. 이번에는 논이 아닌 밭을 가는 농부에 마음이 끌렸다. 가까이 가서 보니 어린 농부가 대나무를 들고 물소를 몰고 있었다. 굳은 땅을 가는 일은 논보다 힘들어 보였다. 그래도 그는 천천히 소를 달래가며 앞으로 나아갔다. 묵묵히 땅을 지키는 그들에게 연민의 정을 갖지 않을 수 없다. 뙤약볕 아래서 말 없이 열심히 일하지만, 삶의 질은 조금도 나아질 기미는 없어 보였다.

이어 세 갈래로 나누어지는 길목의 커다란 식당에서 요기를 할 양으로 차를 멈췄다. 우리를 본 아낙네들이 음식 등을 머리에 이거나 손으로 받쳐들고 달려왔다. 이미 앞서서 멈춰선 미니버스로 몰려갔던 여인들이다. 사실 그녀들이 파는 음식을 먹는 것은 쉬운 일이 아니다. 어떤 재료로 언제 만들었는지도 모르고, 만일 먹고 배탈이라도 나면 어떻게 하나 하는 걱정이 앞섰다. 그래도 이 사람들은 망설임 없이 잘도 사 먹는다.

나는 안심이 될 만한 코코넛이나 바나나로 요기를 하고 갈 길을 재촉했다. 도중에 도로를 따라 이동하는 소떼를 만났다. 그들이 길을 터줄 때까지 기다렸다. 짐을 차 지붕에 높이 쌓아 올려놓고도 모자라 차 옆이나 뒤쪽에 주렁주렁 매달고 가는 차량을 뒤따라가는 풍경도 남다른 느낌이었다. 거기에 사람을 콩나물시루에 담긴 것처럼 가득 태우고도 지붕 위와 차량 뒤쪽에 겨우 매달려 곡예하듯 달리는 트럭을 개조한 버스를 보면 마음이 조마조마했다.

멀리 붉은 불탑이 보이기 시작했다. 미얀마 최고의 불교유적지이자 관광지인 바간이다. 우리의 고려에 해당하는 시기인 약 1,000년 전에 만든 2,500여 개 이상의 각양각색의 사원과 불탑이 평원을 메우고 있어 말만 들어도 기대가 되는 곳이다. 바간은 올드 바간, 냥우, 뉴 바간 등 세 지역으로 나눠 놓았는데 마차를 타면 쉽게 오갈 수 있다.

❶ 만달레이와 바간 사이 도로변의 소 밭갈이　❷ 만달레이와 바간 사이 도로변의 물소 써레질
❸ 만달레이와 바간 사이의 논 모내기　❹ 4차선 도로 주행을 가로막는 소떼들

올드 바간은 미얀마 첫 통일 왕국의 수도로 사원이나 불탑 등과 같은 수많은 불교유적이 남아 있다. 냥우 지역은 게스트하우스와 재래시장, 여행사 등 바간 관광을 위한 편의시설이 몰려 있는 번화가이다. 뉴 바간은 바간 지역의 유적지 보호를 위하여 올드 바간 유적지에 살던 주민들을 강제 이주시켜 만든 마을이다. 또한 올드 바간과 뉴 바간 지역 사이에는 칠기 생산으로 유명한 밍카바 지역이 있다.

바간은 변하지 않았다. 천 년 이상이나 버티어 온 불탑들이 몇 년 사이에 변할 리 없었다. 다만, 구경 오는 사람들만이 바뀌었을 뿐이다. 불탑이나 사원에 입장할 때는 반드시 신발을 벗어야 한다는 원칙도 여전했다. 그런데 한여름 한낮에 작열하는 태양빛에 뜨겁게 달구어진 불탑의 난간을 맨발로 다니다가는 화상을 입을 정도로 일종의 고행이었다. 네덜란드에서 온 부부와 이런저런 이야기를 하며, 맨발로 뜨겁게 달구어진 난간 위를 조심스럽게 깡충깡충 뛰다시피 하였다. 그러나 그늘진 난간 위에서 보이는 대평원에 뾰족하게 올라온 수많은 불탑들은 다름 아닌 당시 사람들의 얼굴이었다.

불탑 사이를 돌고 돌아 이라와디강 언덕에서 식당 겸 휴게소를 찾았다. 저녁이 가까운 무렵이라 사람들이 석양을 보기 위해 자리를 잡고 있었다. 강이 잘 내려다보이는 언덕 위에 놓인 나무의자에 앉았다. 그리고 다리를 들어올려 받침대 위에 올려놓고 흐르는 강을 바라보며 무념무상의 시간을 보냈다.

짙은 황토색을 띠며 남류하는 강폭이 하도 넓어 강 건너편이 아득하게 보인다. 우기의 한복판인 8월은 북부 산악지대의 빙하가 녹아내리고, 많은 비가 내려 건기의 최저 평균수심 1.5m와는 비교가 안 되는 최대 수심이 11m에 달하여 위협을 느낄 정도이다.

휴게소 주인은 보트 크루즈를 하며 아름다운 석양 구경을 하라며 내 주위를 맴돈다. 이때 끽 소리와 함께 오토바이에서 내린 한 여성이 크루즈 비용을 반씩 부담할 사람을 찾고 있었다. 그러자 주인은 얼른 나에게 다가와 반씩 내고 타란다. 이리하여 이라와디강 한가운데서 석양을 볼 수 있는 기회가 생겼다.

배가 강 한가운데로 나오니 또 다른 별세계다. 다른 관광객을 태운 보트와 짐을 실은 기다란 바지선들이 곁을 지난다. 그리고 강변 넘어 수많은 불탑들이 석양빛을 받아 신비로움을 자아낸다. 동승한 일본 여성은 1년 예정으로 홀로 길을 나섰다고 한다. 그것도 다니던 직장을 그만두고 새로운 직업을 찾기 위한 여행이란다. 남편의 배려로 새로운 삶을 위하여 나선 그녀의 여행이 무척 신선하게 느껴졌다.

한참 북쪽으로 올라가던 배를 강 한가운데서 멈추고 뱃사공은 엔진을 껐다. 배는 상류에서 흘러내려온 부유물과 함께 남쪽으로 흐르는 급류를 따라 표류하기 시작했다. 미얀마 국토의 중앙을 남류하는 2,170km나 흐르는 이라와디강 한가운데에 몸을 싣고 있다는 생각에 마치 우주 한가운데 혼자 있는 것 같았다. 강 양쪽으로 잘 발달된 충적토 위에서 자라는 농작물과 멀리 보이는 고대 불교문화와 여러 도시들을 동시에 조망하는 것은 흔치 않은 광경이었다.

그리고 굽이쳐 흐르는 길고 넓은 강 위에 건기와 우기에 맞추어 움직이도록 만든 부교 선착장이 눈에 들어왔다. 북부지방에서 생산된 티크 등의 목재류와 중부지방 건조지대에서 생산된 밀, 목화, 유료종자 그리고 남쪽 하류에 형성된 세계 최대의 쌀 생산지대인 델타지역의 쌀이나 식량작물 등을 이라와디강의 수로를 통해 운반하는 상용선도 유유히 항해하고 있다. 이는 다름아닌 이 강이 주는 위대함이었다.

짧은 크루즈를 마치고 나니 스콜성의 굵은 비가 퍼붓기 시작했다. 일본 여성은 타고 온 오토바이에 올라 비를 맞으며 달려갔다. 내가 하룻밤 묵으

❶ 만달레이와 바간 사이에 짐과 사람을 운반하는 차량 모습   ❷ 흔히 보이는 소달구지
❸ 바간의 관광객을 나르는 마차들   ❹ 바간의 사원과 불탑   ❺ 바간 이라와디강 선착장
❻ 바간 이라와디 강변 휴게소의 필자

려고 잡은 호텔 지배인은 수도인 네피도에서 온 택시가 오늘 밤 11시에 간다는데, 같이 가면 가격면에서나 안전면에서 좋을 거라고 은근히 권했다.

나는 좋은 기회라고 생각하고 머물려던 숙박을 취소했다. 떠날 때까지 네 시간이 남았다. 비는 계속 내리고 있었다. 한낮에 흘린 땀으로 범벅이 된 몸을 씻기 위하여 수영장 곁의 야외 샤워장을 찾았다. 굵은 비와 샤워기에서 나오는 강한 물줄기를 함께 맞으며 즐기는 한여름 밤의 샤워는 피로를 말끔히 씻어 주었다.

스케일은 크나, 기괴한 수도 네피도

밤 11시가 되자 호텔지배인이 소개한 운전기사와 그의 친구가 탄 차가 나타났다. 운전기사는 마침 친구가 네피도로 가기로 해 밤 운행을 하게 되었다고 했다. 바간에서 네피도Naypyidaw로 가는 길은 4차선으로 잘 닦여 있었지만 한적하기 그지없었다.

뒷자석에 앉은 나는 어느 사이엔가 스르르 잠이 들었다. 다섯 시간 만에 시내 외곽에 도착했다고 떠드는 소리에 잠이 깼다. 이들은 너무 이르니 어둠이 걷힐 때까지 외곽 도로변 주유소에서 기다렸다가 시내로 들어가자고 했다. 드디어 동이 트면서 주위가 밝아지자 차를 몰아 시내로 들어갔다. 도로는 6차선, 8차선, 10차선, 20차선 등 다양했다. 그런데 7월 29일 금요일 주중인데도 넓은 도로에 왕래하는 차량이 눈에 띄지 않아, 이곳이 과연 수도일까 하는 의문이 들 정도였다.

새 수도를 건설할 당시 미얀마는 많은 사람들이 1일 1달러 수입으로 살아가는 아시아 최빈국 중의 하나였다. 이러한 가난한 나라의 군부가 왜 천만이 넘는 미국 뉴욕의 6배나 되는 도시설계를 통해 뭐든지 규모를 거대하게 만들려고 했는지 의문이 생겼다. 신공항, 다목적 메인스타디움, 라스베이거스를 본딴 수많은 호텔, 도시 내의 거대한 잔디공원과 스프링클러 시설, 거대한 회전교차로, 거대한 사원, 정부청사 등을 말함이다. 특히 도로 규모는 반정부운동이 일어나면 신속하게 진압하기 위해 항공기 활주로로도 이용할 수 있는 20차선이다.

이 도시건설 사업에 비공식적으로 40억 달러 이상의 엄청난 비용이 소요되었다고 한다. 경비는 이 나라의 주요 자원인 석유, 천연가스, 티크목재, 비취옥 등을 수출하여 상당부분 충당했다지만, 그 옛날 여러 왕국에서 왕궁이나 사원 또는 무덤 그리고 중국의 만리장성 등 토목공사를 일으키면서 국민의 저항을 받아 망국으로 치닫던 사례들이 자꾸 떠올랐다.

문제는 이렇게 건설된 시설을 저소득의 다수 국민이 사용하기 힘들다는 현실과 타부분에의 투자 여력이 약화된다는 사실이다. 인구 100만이 조금 넘는 도시 여기저기를 둘러보았지만, 텅 빈 느낌이었다. 그래서 많은 외신기자들이 네피도를 귀신도시 또는 버마의 기괴한 도시라고 비판적인 평가를 내린 것에 대해 공감하지 않을 수 없었다. 또한 수도 이전 동기로 지역 균형발전을 위한 내륙개발이라는 차원에서는 이해할 수 있는 부문이 있다. 그러나 지하철과 지하도로 또는 고가도로 등이 없는 평면적인 도로체계로 극심한 교통정체를 겪고 있는 양곤의 현실을 외면했다는 사실에 사람들은 주목하고 있다.

그런데 수도를 옮기면서 믿기 어려운 얘기가 있다. 네피도는 군사정부가 점성술을 굳게 믿고 길조라는 2005년 11월 6일 오전 6시 37분에 옛 수도였던 양곤에서 북쪽으로 320km 떨어진 내륙 깊숙한 곳으로 전격 이전해 온 새로운 수도이다. 군부가 얼마나 점성술을 신봉했는지는, 이전한 지 5일 뒤인 11월 11일 오전 11시, 군 11개 대대와 11개 정부부처를 1,100대의 군용트럭으로 수송했다는 것만으로도 짐작할 수 있다. 11이라는 숫자를 무척 좋아한 군부였다. 그리고 수도 이전 첫 공식행사로 2006년 3월 27일 11,000명이 아닌 12,000명 이상의 군대를 동원하여 대대적인 퍼레이드를 벌였다고 하는데, 이도 점성술에 의한 결정이었다고 한다.

수도 이전이 결정되고 2002년부터 이전 공사를 시작하여 2012년에 완성했다. 2013년에는 우리나라 박근혜 전 대통령도 참석한 제25차 아세안 정상회담, 제9차 동아시아 정상회담, 2013 동남아세안 게임을 개최하는 등 수도의 위용을 내외에 과시하는 등 개방정책이 본격화되었다.

그러는 사이 네피도의 인구는 100만 명을 넘어 미얀마의 두 번째 큰 도시로 성장했다. 본래 네피도라는 말은 버마어로 왕실 수도, 왕의 옥좌 또는 왕의 거처라는 국가의 중앙이라는 의미에 맞는 새로운 시대를 열고 있음을 볼 수 있다.

네피도 시내를 일주하면서 바라본 국회의사당과 대통령궁들의 외관은 웅장했지만, 일반인이 접근하기 힘든 구조여서 마음이 답답했다. 정문에 서서 들여다본 국회는 31개의 붉은색 지붕의 건물로 웅장한 구조이며, 대통령궁은 버마 스타일의 지붕에 러시아 건축 양식으로 위엄을 보이고 있다.

시내를 돌아다니다 보니 눈에 제일 많이 띄는 것은 빌라 양식의 크고 작은 호텔과 인inn이었다. 마치 네피도는 호텔과 인의 도시가 아닌가 할 정도였다. 아닌 게 아니라 넓게 자리 잡은 호텔 구역 안에는 2013년 동남아시안 게임을 하면서 각각 여유 있게 터를 확보한 348개의 호텔과 442개의 인을 지었다니 짐작이 갈 만하다. 게임이 끝난 뒤에도 양곤에서 네피도로 이전하지 않은 대부분의 외교공관원이나 유엔기구 직원 또는 관광객과 내국인의 수도 출장 등으로 숙박시설이 유지된다고 하니, 생활과 일이 별개인 덜 발달된 기형적인 도시 모습으로 보였다.

그 외에도 골프장, 공원, 사원, 동물원, 극장, 외교단지, 유엔기관 등의 단지를 오픈했으나, 지금까지 방글라데시 대사관만이 양곤에서 네피도로

❶ 미얀마 국회의사당   ❷ 국회의사당 정문 경비병
❸ 네피도의 재래시장 풍경   ❹ 네피도 재래시장 근처의 원거리 버스터미널

옮겨 왔다고 한다. 우리나라 대사관이나 대한무역투자진흥공사 미얀마 무역관, 한국국제협력단 그리고 미얀마한인회 등 주요 기관 등은 아직 옛 수도 양곤에 있는 것만 봐도 수도로서의 네피도가 지닌 국제적 위상이 어떠한지 짐작할 수 있다.

네피도 시내는 어느 방향으로 가든지 넓은 도로는 한산하다. 이러한 도로들이 서울처럼 혼잡하게 되려면 수십 년 이상 걸릴 것 같다. 한산한 시내 구경을 하다가 이번에는 흥청대는 재래시장이다. 새로 개축된 듯 다른 재래시장에서 흔히 보이는 난잡함 대신 깨끗하게 단장한 모습이다.

재래시장을 구경한다는 것은 그 지역의 자연과 기후풍토, 역사문화, 식문화, 특산물 등을 보는 재미이다. 또 그 지역의 생활수준과 풍습, 관념, 인심 등을 통해 사람 냄새를 맡아볼 수 있는 곳이기도 하다. 시장 입구부터 입맛을 돋우는 각종 열대과일과 야채 등 우리에게 친숙한 채소를 파는 상인들의 모습이 정겨웠다. 한편에서는 시장 내에 점포를 마련하지 못한 노점상들이 진을 치고 있고, 시장 건물 옆에는 식당가가 길게 형성되어 있어 음식 냄새를 풍겼다.

시장 맞은편 길 건너 버스터미널은 오가는 사람들로 다소 붐비는 듯했다. 이렇게 오전을 보내고 네피도를 떠나려는 찰라, 2008년에 문을 연 네피도 보석박물관Naypyidaw Gem Museum 간판이 눈에 띄었다. 미얀마 어딜 가나 쉽게 만나는 미얀마산 경옥을 한곳에서 볼 수 있어 흥미로웠다. 입구에 거대한 원석이 놓여 있고 전시실은 그야말로 크고 작은 옥들로 꽉 차 있었다. 순간적으로 옥에서 나오는 기를 느낄 정도였다. 유감인 것은 사진촬영이 절대 금지라는 것이었다.

한참 구경하고 있는데 고위층이 방문했는지 비취 원석 앞에서 한 사람을 에워싸고 설명하느라 바쁜 모양이었다. 그런데 설명을 듣던 사람이 서성이는 나에게 다가와 자신은 산업부장관이라며 악수를 청했다. 나도 엉겁결에 내 소개를 했더니 우리나라 경제발전과 새마을운동은 미얀마에게 매우 유익한 교훈과 영감을 주고 있다며, 기회가 되면 미얀마를 도와주길 바란다고 했다. 이렇게 우리를 알아주는 장관에게 고마운 뜻을 전했다.

이제 아쉬움을 남기고 네피도를 떠나야 했다. 이곳까지 함께 온 운전기사 겸 가이드는 무슨 생각을 했는지, 양곤의 아저씨가 만나잔다고 같이 가기를 원했다. 양곤 시내에 있는 호텔을 잡아주는 조건으로, 버스로 가려고 예매했던 표를 취소하고 둘이서 양곤으로 출발했다.

양곤까지 320km의 고속도로는 4차선으로 우리가 아는 자동차 전용도로가 아닌, 도중에 마차나 오토바이 등도 올라오는 유료도로였다.

왕래하는 차는 가끔 지나는 버스와 트럭 몇 대뿐이었다. 이렇게 한산한 고속도로는 처음이었다. 우리나라의 혼잡한 고속도로들을 생각하면, 텅 빈 도로를 달리면서도 세상의 모든 차들이 갑자기 어디로 증발된 듯한 착각마저 일었다. 하긴 간밤의 바간에서 네피도까지도 그랬다. 도로에 가장 많이 보이는 것은 개들이다.

그래도 양곤은 역시 양곤

출발한 지 5시간 정도 지나 양곤 외곽에 들어섰다. 멀리서부터 소음이 들려오고 매연이 차 안으로 스며든다. 시내로 들어갈수록 불어나는 차량으로 교통정체는 심해지고 있었다. 그러나 도로 양쪽의 키 큰 가로수들이 마음을 진정시켜 주는 역할을 한다. 운전기사는 자기 삼촌을 만나 물건을 전해 줘야 한다며, 도로변에 적당히 차를 세워 놓고 잠시 기다리라 하고는 어디론가 사라졌다.

차에서 내려 주위를 어슬렁거리자, 오토바이 퀵 택시들이 다가와 타라

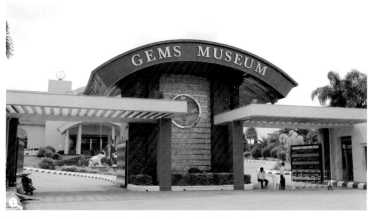

❶ 네피도 보석박물관 입구   ❷ 네피도 보석박물관에서 미얀마 산업부장관과 함께
❸ 네피도-양곤 간 고속도로

❶ 양곤 시내의 퀵 오토바이들　❷ 양곤 시내를 달리는 한글이 쓰인 버스

고 권했다. 도로를 가득 메운 자동차 가운데 한글로 '경원고속버스'라고
쓴 버스가 지나간다. 우리나라에서 중고버스를 들여다가 그냥 운행하고
있었다. 얼마 전까지만 해도 러시아를 포함한 많은 개도국에서 한글이 쓰
인 다양한 자동차들이 그대로 운행되는 것을 보았지만, 개도국을 벗어나
고 있는 베트남 등에서는 이제 더 이상 보기 드문 일이다.

　삼촌을 만나러 갔던 운전기사가 30여 분 지나 나타나더니, 내가 묵을 호
텔을 자기 핸드폰을 이용하여 열심히 찾았다. 그리고 시내 중심가로 차를
몰았다. 500만 명이 넘는 대도시에 어쩌다 보이는 짧은 고가도로를 제외
하고는 교통 체증을 줄이기 위한 지하철 등 어떤 수단도 보이지 않았다.
그저 참고 기다리며 천천히 이동할 수밖에 없었다. 수도 네피도의 널널한
모습에 비하면 지독한 교통지옥이다. 이 교통지옥을 뚫고 운전기사는 예
약해 놓은 로얄 74 모텔Royal 74 Motel 앞에 나를 내려주고는 어둠이 내리
기 시작한 시내로 다시 들어갔다.

　크고 작은 방이 48개나 되는 이 모텔은 촘촘한 상가건물 사이에 끼어

있어 유심히 살피지 않으면 찾기가 쉽지 않다. 가격은 30달러, 와이파이도 잘 터지고 이틀 정도 묵는 데에는 아무 지장이 없을 듯하였다. 배낭을 풀어 놓고 저녁을 먹으로 밖으로 나가 모텔 주위를 둘러보았다.

시내 중심가에서 약간 벗어난 곳이긴 해도 혼잡하기는 마찬가지였다. 거리의 건물들은 외벽이 벗겨지고 색깔은 퇴색한데다, 고압선이나 전깃줄, 전화선 등이 어지럽게 건물 사이에 걸려 있다. 거기에다 비바람까지 몰아치니 주위는 음침한 분위기로 변했다.

모텔 바로 앞 일본식 식당에 들어갔다. 왠지 미얀마 음식점보다는 나을 것 같다는 생각이 들었다. 주인은 일본인으로 모처럼 자신과 얼굴이 비슷한 사람이 들어오니, 여행 중이냐며 친절히 맞아 주었다.

모듬 스시와 샐러드는 각각 6달러와 2달러로 양도 맛도 만족할 만했다. 모처럼 깨끗한 분위기에서 기분 좋게 식사를 했다. 밥맛이 좋아 쌀을 일본에서 직접 가져다 쓰느냐고 묻자 이 나라에서 생산된 최고급 쌀이라고 한다. 그것은 이 나라에서 소수 생산되는 자포니카 타입이다. 식당 주인은 무슨 말이라도 하고 싶은지 자꾸 말을 걸어왔다. 후식까지 먹은 뒤에야 모텔로 돌아와 정리하고 나니 12시가 넘었다.

한국을 떠난 지 열이틀째 되는 7월 30일 토요일 이른 아침. 거리 모습을 보기 위하여 모텔 문을 나섰다. 거리에서 밤을 새운 빈틈없이 세워 둔 차량 사이로 짙은 갈색 승복을 입은 동자승들이 탁발을 위해 길게 늘어서서 천천히 걸어오고 있었다. 이들을 기다리던 불자들이 탁발 그릇에 먹을 것이나 돈 등을 넣어 주었다. 탁발 행렬을 보면, 세속의 욕망에서 벗어나 자신을 겸허히 낮추는 수행과 아낌없는 공양으로 나눔을 실천하는 불자들의 참 모습이 느껴진다. 자본주의의 물질만능에 익숙해진 우리 기준으로는 가난하고 느리게 살아가며 자연과 현재 삶에 순응하면서 사는 사람들의

❶ 양곤의 쉐다곤 파고다
❷ 쉐다곤 파고다의 경내
❸ 쉐다곤 파고다에서 기도하는 불자들

모습을 사진기에 담는 일조차 이들과는 맞지 않는 어색한 일임을 순간 느끼게 된다.

탁발 행렬을 보고 돌아와 아침 준비를 하는 모텔 주인은 중국인 할머니로 영어를 꽤 잘했다. 그녀는 중국 전통 국수맛이 좋다며 권했다. 모텔과 연계된 차가 있는 가이드를 아침 9시부터 오후 5시까지 30달러에 소개해준다고 했다. 좋은 조건이었다. 9시가 되자 가이드가 차를 끌고 나타났다.

나는 가이드에게 쉐다곤 파고다, 양곤대학, 역사박물관과 양곤강 건너 마을을 보고 싶다고 했다. 그는 시간이 나면 잉야 호수 등을 더 안내하겠다고 제안했다. 우리나라 같으면 이 돈으로는 어림도 없는 일이었다.

먼저 가까운 쉐다곤 파고다에 내렸다. 이 나라의 상징이자 정신적인 핵심이자 심장이다. 전국에 100만 개가 넘는다는 불탑의 최상위 권위를 지닌 모습은 예전에 비해 달라진 것은 없다. 오히려 더 많은 불자들과 관광객들이 정상의 황금탑이 있는 곳까지 오르기 쉽게 계단 가운데 에스컬레이터를 설치한 것이 눈에 띄었다. 서쪽 문으로 들어서서 신발장에 신발을 넣어 두고 에스컬레이터에 올랐다. 정상에는 황금 불탑을 중심으로 많은 참배객들이 돌거나, 꽃을 바치거나, 무릎을 꿇고 기도하거나, 절을 반복하면서 뭔가를 간구하는 진지한 모습에 나도 두손을 모았다.

아직 먼 대학의 봄

사원 밖에서 기다리던 가이드에게 양곤대학으로 가자고 하니, 여태 많은 관광객을 상대했지만 대학을 구경하고 싶다는 사람은 처음이라며 흥미로워했다. 대학 정문 주위는 주말 탓인지 조용했다. 아웅이라 부르는 가이드는 정문 수위실로 가서 외국인과 함께 캠퍼스 안을 들어가도 좋으냐고 물었다. 대답은 노였다.

그래도 아웅은 포기하지 않고 얼른 돌아나온다는 조건을 달고 허락을 얻어 냈다. 캠퍼스 안은 건물이 잘 보이지 않을 정도로 오래된 나무들이 가득했다. 건물들은 남루한 양복을 걸쳐 입은 맥없는 노신사의 모습처럼 힘이 없어 보였다.

이미 140여 년 전인 1878년에 인도 콜카타대학 분교로 설립되면서, 영국의 케임브리지대학과 옥스퍼드대학의 이상향을 따르려 한 유서깊은 대학이다. 따라서 영어를 사용하는 동남아시아 최고 대학이자 아시아 최고대학의 하나로 당시 세계 여러 나라에서 많은 학생들이 유학을 왔었다.

그러나 1962년 네 윈의 사회주의 정부가 들어서면서부터 중앙정부의 통제를 받기 시작했다. 이때 정부는 모든 강의와 교재를 영어에서 버마어를 사용하게 했으며, 이는 교육수준을 급격히 저하시켜 이전에 쌓아올린 명성은 금방 무너지고 말았다. 현재 양곤대학의 메인 캠퍼스에는 대학원 수업과 특정 전문가 과정과 졸업 수업만이 이루어지고 있었다.

이 대학은 설립 이래 미얀마 민족운동과 전후 민주운동의 중심지였다. 1920년, 1936년, 1938년의 독립을 위한 반영운동은 이 대학에서 비롯되었다. 이 대학 동문들은 서로 다른 길을 걸었다고 할지라도 이 나라의 우뚝 솟은 인물로 활동해 왔다.

독립운동혁명가 아웅 산, 독립운동가이자 초대총리인 우 누, 1962년 쿠데타로 정권을 잡고 나라를 버마식 사회주의로 이끈 네 윈 장군, 아시아인 최초로 유엔사무총장을 지낸 우 탄트와 같은 반영운동 지도자들이 이 대학 동문이다. 그리고 독립 이후에도 1962년, 1974년, 1988년, 최근의 1996년과 같은 계속 이어진 반군부 민주화운동은 이 대학의 맥이자 혼이었다.

고교와 대학 시절 내게 아시안의 긍지를 심어 준 우 탄트 유엔사무총장이 1974년 11월 뉴욕에서 폐암으로 사망했다는 소식을 듣고 아쉬워한 적이 있다. 그런데 그의 장례식이 12월 5일 양곤대학에서 있었다. 국장으로 거행함에도 경의를 표하지 않는 군부에 대한 저항으로 운구 중이던 관을 빼앗아 자체적으로 장례를 치른 뒤 대학 내에 마련된 임시 빈소에 관을 세워 둔 사건이 발생했다. 그러자 군대가 캠퍼스에 진입하여 저항하는 학생들을 사살하고 관을 가져다가 쉐다곤 파고다 남쪽 문 아래 묻는 등 대립과 갈등이 고조되었다.

그러던 중 1989년 쿠데타 이후 국명을 미얀마로 바꾸고, 이와 함께 랑군 대학의 이름도 양곤대학으로 변경되었다. 학생들의 연합항쟁을 두려워한 군부는 1990년대 대학을 폐쇄하기에 이르렀다. 이렇듯 학생들의 군부에 대한 저항이 계속되자, 학생들의 연대를 막기 위해 미얀마의 모든 대학이 양곤대학의 통제를 받던 교육기관과 학부를 양곤대학으로부터 분리 독립 시켰다. 동시에 양곤시 밖으로 모든 캠퍼스를 분산 이전시켰다. 그러나 학 생들을 중심으로 하는 민주화를 갈망하는 많은 국민들의 힘은 컸다. 민주 화를 추구하는 신정부가 탄생하였던 것이다.

아직도 여전히 사복경찰이나 군인들의 감시활동이 계속되고 있다고 가 이드는 속삭이듯 말했다. 아마도 오랜 기간 감시 속에 살아야 했던 민초들 의 두려움이 아직 가시지 않은 듯했다. 안타까운 일이었다. 학문과 표현의 자유 등이 확보되지 않은 상태에서 미래를 찾는다는 것은 어둠 속의 길을 헤매는 것과 다름없다. 대학본부는 문이 굳게 잠겨 있고 현관 앞에는 20여 마리의 개들만 뒹굴고 있었다.

양곤대학의 모든 역사를 알고 있는 저드슨 침례교회의 높은 탑은 지나 는 이들에게 무언가 말을 걸고 있는 듯한 모습이다. 미얀마 최초의 선교사 이자 버마-영어사전을 펴낸 미국의 저드슨A. Judson에 의해 1920년대에 건립된 교회는 과거 반정부활동의 근거지이자 상징적인 건물로 독립운동 이나 민주화운동의 정신적인 버팀목이었다. 지금은 주로 결혼식장으로 활 용되면서 여전히 많은 시민들의 사랑을 받고 있다.

가이드는 이 대학 학생들이 많이 찾는 캠퍼스 바로 옆의 잉야호수로 안 내했다. 시내 한복판에 이처럼 넓은 호수가 없었다면, 그간의 군정 압정 하에 정신적으로나 육체적으로 견디어 내기가 힘들지 않았을까 할 정도로 편안함과 안락함을 느끼게 했다.

❶ 캠퍼스 안의 저드슨 침례교회
❷ 양곤 국립박물관
❸ 대학본부 현관 앞에서 뒹굴고 있는 개들

　그간의 군사정권이 대학에 가한 탄압을 생각하면서 조심스럽게 캠퍼스
를 돌아보는 나의 심장은 뛰고 있었다. 하지만 대학이 지닌 다양한 자유를
향유하지 못하는 상황을 보면서, 아직 대학의 봄은 멀었구나 하는 생각을
떨쳐 버릴 수가 없었다.

옛 정취가 넘치는 양곤항

이러한 안타까운 마음을 안고 국립역사박물관을 찾았다. 고대부터 현대에 이르는 다양한 유물들을 시대별로 잘 정리해 놓은 유리전시실 앞에 어린이들이 모여 호기심 어린 눈으로 구경하고 있었다. 수많은 민족이 거주해 오던 이곳에 9세기경 버마족이 중국과 티베트 국경지대에서 이라와디 강 계곡으로 이주해 온 뒤, 그들이 현재 미얀마의 다수민족을 이루는 과정에 복잡한 역사가 숨어 있다. 거기에 중국, 인도, 방글라데시, 베트남, 라오스, 태국 같은 이웃 나라와도 매우 관련이 있다.

수많은 소수민족은 제각기 다른 기독교, 무슬림, 토속종교 등을 믿고 있어 더욱 복잡하게 얽혀 있다. 전후 불교를 국교화하려는 것에 대한 소수민족의 무력 봉기를 부채질한 결과도 되었다. 양곤 가톨릭 대주교조차도 종교자유보장책과 타종교 박해방지대책 없는 법제화 추진은 국민단합에 심대한 문제가 될 것이라는 경고에도 불구하고 1961년 8월 국회에서 통과시켰다.

불교 국교화는 비불교도와 소수민족이 심하게 반발하자 정부는 헌법 개정을 통해 모든 종교의 자유화를 선언하였다. 그러자 이번에는 불교 승려들이 반발을 일으켜 반무슬림 폭동이 발생했다. 여기에 더하여 1961년 3월에 의회에서 소수민족에 대한 자치권을 부여하는 논의가 열렸다. 그런데 이는 국토를 분할하는 일로 용납할 수 없다는 군부의 반발은 쿠데타로 이어졌다. 그 결과 정권을 장악한 군사정부는 버마식 사회주의 정책을 채택하여 국가경제 상황을 악화시켰다. 이러한 일련의 상황 변화는 1988년 네윈 퇴진과 민주화를 요구하는 대중운동이 일어나는 원인을 제공했다.

아세안 국가들의 특징을 설명해 주는 특별실이 마련되어 있었다. 이는 그 국가들 상호간의 이해를 높여 인도차이나 지역의 공동 번영을 누리려는 것으로 남다른 의미가 있었다. 미얀마의 역사도 1044~1287년의 바간 왕조 이래 여러 왕조가 흥망성쇠와 식민지 시대를 거치면서 지금에 이르는 동안 참으로 드라마틱했다.

박물관을 나온 나는 이 나라의 젖줄인 이라와디강과 연결되어 한때 아시아의 밥그릇the rice bowl of Asia이라 불리던 이라와디 델타를 구성하는 양곤강 건너편의 달라 지역으로 향했다. 티크 숲과 맹그로브 늪으로 이루어진 이라와디 델타 하류는 쌀 생산에 도움을 주고 있다.

부두 입구의 퇴색된 커다란 닻 조각상이 우리를 맞았다. 닻을 내린다는 것은 정박이요, 이를 거두어 올린다는 것은 출발이다. 해병대 생활을 한 나에게 닻은 일의 시작과 끝을 반복적으로 알려 주던 아이콘이었다. 누런 양곤강은 만달레이와 바간에서 본 이라와디강만큼이나 넓었다. 1만2천톤급의 배가 접안할 수 있다는 강변 부두에는 화물선들이 길게 꼬리를 물고 정박한 채 물건들을 하역하고 있었다.

강을 건너 주는 배를 탔다. 뱃삯은 내외국인 간에 차이가 심했다. 외국인은 우리 돈으로 2,200원, 내국인은 100원이다. 이 요금 차별은 어디서나 볼 수 있는데 박물관에서는 외국인 9,000원, 내국인 200원이다. 지금은 없어졌지만, 중국과 베트남도 그랬었다. 이것만 보아도 미얀마의 현실을 짐작할 수 있다.

강을 건너려는 소상인들로 아비규환이다. 강변 부두시설을 일본국제협력단JICA이 건설해 주었다는 간판이 있었다. 우리가 탄 배 외에도 강 위에는 사람들을 가득 태운 배들이 그들의 희망과 애환을 싣고 오가고 있었다. 강을 건너 출발한 쪽을 바라보니, 옛 영국인들이 강에 시설해 놓은 선창가와 세관, 영사 업무를 보는 붉은 건물과 부두창고가 길게 늘어서 있어 전형적인 옛 무역항의 정취가 느껴졌다.

❶ 양곤항 입구의 닻 조각상   ❷ 달라 여객선터미널 앞의 트라이시클

❸ 양곤항 부두   ❹ 양곤항 인근의 고기잡이 배

인도차이나반도 남행

오래전에 건설되어 비좁아 보이는 양곤항이 최근에 엄청 늘어난 물동량을 감당할 수 있을까 하는 의문이 생겼다. 바다와 직접 접한 항구가 아닌 내륙으로 30km나 안으로 들어와야 하는 강항구의 한계점이 보였기 때문이다. 그래서 바다가 가까운 곳에 신항을 건설하고 있다.

우기에 때때로 몰아치는 사이클론은 양곤강을 강타하여 항구 기능을 마비시킨다. 배들은 인근 싱가포르 등으로 뱃머리를 돌리는 일도 있다고 하니, 자연이 주는 영향도 고려하지 않으면 안 될 일이다.

강을 건너 내린 달라 여객선 터미널 앞에는 오토바이 퀵 운전기사들과 트라이시클이 길게 늘어서서 손님을 기다리고 있다. 배 터 앞에는 농민들이 타고 온 수백 대의 자전거와 오토바이가 세워져 있다. 이곳에서 생산된 각종 농산물을 배에 실어 도시로 공급하고 있었다. 이렇듯 히말라야산맥 남단에서 발원한 코끼리강을 의미하는 이라와디강은 무려 2,179km를 남류하다가, 이곳에서 인도양의 벵골만으로 흘러들어가는 모습은 남다른 느낌을 주고도 남았다.

미래를 바라보는 미얀마

혼잡하고 복잡한 양곤강을 다시 건너오면서 미얀마를 떠날 시간이 가까워 오고 있음을 알았다. 호텔로 돌아가면서 특별히 살 것은 없어도 모처럼 재래시장을 벗어나 8층짜리 대형백화점에 들렀다. 이리저리 식품코너를 둘러보던 중, 반갑게도 진열장에 놓인 우리나라 사과를 만났다. 누가 비싼 우리 사과를 사먹을까 생각하면서도, 모처럼 친구를 만난 듯 이리저리 만져보다가 두 개를 집어들었다.

그리고 서점으로 올라가 미얀마의 일반역사와 제2차 세계대전 당시 버마전선에서 연합군과 일본군과의 공방을 다룬 영문서적도 두 권 샀다. 그런데 서가에 진열된 영문판은 거의 해적판인 듯 조잡한 복사본이 버젓이 팔리고 있었지만, 구하기 쉽지 않은 책들이었다. 아무튼 이렇게 양곤의 여행이 마무리되는 순간이었다.

10여 년 전의 모습에 비하면 도시는 너무나 빠르게 변했다. 그러나 농촌은 이전과 다름없이 가난을 벗어나지 못하고 있는 모습이다. 굳이 통계자료를 보지 않더라도 농촌과 도시 간은 물론 계층 간의 간격이 더 벌어졌음을 느꼈다. 여기에 색이 바랠대로 바랜 거무칙칙한 빌딩들 사이에 무질서하게 자리잡은 노점상들은 도시의 어두운 이면이었다. 그리고 낡은 버스와 트럭을 개조해서 만든 차 지붕과 뒤쪽 난간에 매달려 달리는 시민들의 모습은 이 나라의 현실이었다.

이러한 상황에서도 군사독재정권이 민주화된 정부로 바뀌었다는 것은 큰 변화가 아닐 수 없다. 그러나 아직 종교분쟁이나 소수민족과의 분쟁 등이 이 나라의 발목을 잡고 있는 것도 사실이다. 다행히 이렇게 드러난 분쟁들을 감추지 않고 기사를 외부로 자유롭게 송신할 수 있게 조치한 것 등은 개방정책으로 나아가고 있다는 긍정적인 신호로 볼 수 있다.

언론의 자유문제에 대한 미얀마 정부의 변화에 대하여 국제사회는 지속적인 관심을 가지고 예의주시하고 있다. 불과 일이 년 전만 해도 거리로 나서서 언론자유를 외치고, 대통령에게 언론탄압 중지를 요구하는 등 국민을 상대로 서명운동을 한다는 것은 있을 수 없는 일이었기 때문이다. 절망하지 않고 한발 한발 쌓아올린 것을 직접 볼 수 있다는 것만으로도 이 나라의 미래에 대한 믿음을 갖게 되었다.

과거의 국제적인 고립과 장기 군사독재에 의한 미얀마식 사회주의 계획경제의 실패 등과 50년 이상 군부의 통치로 인한 인권탄압 등은 국제사회의 비판과 더불어 미국과 서방국가들로부터 경제제재 조치를 받아 왔다.

❶ 새벽 탁발에 나선 양곤 시내의 어린 승려들 ❷ 노점식당에서 아침을 해결하는 양곤 시민

이러한 것들은 동남아시아에서 가장 가난한 나라의 하나로 오랜 기간 침체와 고립 등으로 고통도 뒤따랐었다. 그러나 이제 미얀마는 풍부한 천연자원과 문자를 해독하는 양질의 노동력으로 발전 기반을 마련하고 있다.

저녁을 먹기 위해 모텔 앞 중국식 요리집을 찾았다. 어제 들렀던 일식집 주인이 이 거리의 어떤 식당도 신선한 좋은 재료를 쓰는 곳은 없을 거라더니, 그 말이 맞구나 하는 생각을 하면서도 남김없이 먹어 치웠다.

비가 더욱 거세게 내렸다. 모텔로 돌아온 나는 속옷과 셔츠를 빨아 벽에 죽 걸어 놓았다. 에어컨 바람에 그것들이 이리저리 흔들리고 있었다.

인도차이나반도의 미인 싱가포르

오랜만의 해후

모든 중생이 고통 없는 불국정토佛國淨土를 바라는 미얀마를 뒤로하고 싱가포르로 떠나는 2016년 7월 말 새벽 4시. 어제부터 내린 비가 어둠을 꼭 붙잡아 놓은 듯 밖은 컴컴했다. 짐을 챙겨 나가니 종업원들이 프런트 의자에서 곤히 자고 있었다.

미리 예약해 놓은 택시는 헤드라이트를 켠 채 밖에서 기다리고 있었다. 이곳에서 공항까지는 20km 정도로 아무런 막힘 없이 금방 도착했다. 아마도 낮에 이동했다면 엄청난 교통정체로 두서너 시간은 걸렸을 것이다. 애초 계획은 버스 등의 수단을 이용하여 육로로 국경을 넘으려 했지만, 미얀마를 둘러싼 국경지역의 분쟁이 이를 허락하지 않았다.

그래서 미리 싱가포르행 아침 비행기를 예약해 두었었다. 양곤 신공항 청사는 크기에 비례해 소수의 탑승객만 오갈 뿐 너무 조용했다. 몇 개뿐인 면세점도 진열된 상품은 빈약하기 짝이 없다. 화려한 인테리어로 장식해 면세점 사업을 확장한 인천이나 방콕, 홍콩 등에 비하면 보기에 민망할 정도이다. 그래도 싱가포르에서 오랜만에 만나는 지인을 위해 미얀마산 커피 네 봉지를 사들고 미얀마 국영 항공기에 올랐다.

비행기에서 내려다보이는 햇살이 예사롭지 않다. 아열대 지방 특유의 더위와 만날 것 같은 생각이 들었다. 드디어 1,800km의 비행 끝에 아시아의 주요 허브 공항인 싱가포르 창이 국제공항에 내렸다. 이륙한 지 2시간 10여 분이 지난 아침 11시 28분이다. 공항은 규모나 시설면에서 나무랄 데 없는 좋은 느낌이었다.

세계에서 가장 바쁘다는 공항에서 셔틀버스를 타고 시내로 이동하는데 길 양쪽으로 늘어선 열대 가로수들이 이 도시가 풍부한 녹색 도시임을 짐작게 했다. 그리고 차량이 많아 교통정체가 있지 않을까 했으나 쾌적하게 달렸다. 다소 덥기는 해도 생각했던 것보다 좋은 날씨였다. 하기는 연평균 23~32도라니 사람뿐만 아니라 모든 동식물이 살기에 적합한 날씨이다.

공항 안내데스크에서 소개받은 빌리지 호텔 부기스 앞에 내렸다. 좋은 위치와 시설 때문인지 제일 싼 방이 우리 돈 26만 원에 상당하는 320싱가포르달러로 배낭여행자에게는 큰 부담이었다. 그래서 저렴한 호텔을 소개해 달라고 했더니, 걸어서 5분 거리의 보스호텔Boss Hotel을 알려 주었다. 19층에 객실이 1,500개나 되는 대형 비즈니스 호텔이다. 다행히도 빈방이 있었다. 값도 우리 돈 9만 원이 조금 넘는 수준이었다. 물가가 비싸다고 소문난 싱가포르에서 이 이상 좋을 수는 없다는 생각이 들었다. 방은 다소 좁았지만, 와이파이 등 제반 시설과 시내가 훤히 내다보이는 전망이 좋은 곳이었다. 거기에다 노천수영장까지 있으니 금상첨화였다.

싱가포르대학 경제학과 신장섭 교수에게 전화를 했다. 그는 급한 일이 있어 두 시간 뒤에 호텔로 오겠다며 양해를 구하였다. 마침 호텔에서 걸어서 10분 거리에 18세기 초 향료와 커피를 들여온 아랍 상인과 이슬람교도들에 의해 형성된 아랍거리가 있음을 알고 호텔을 나섰다. 벽화를 따라 가던 중

❶ 술탄 모스크 외관 ❷ 술탄 모스크 내부

트라이시클을 타고 환호성을 지르며 즐거운 표정으로 달려가는 관광객의 모습이 정겨워 보였다.

형형색색의 2층, 3층 건물들이 나란히 서 있는 모습은 마치 살아 있는 동화 속의 옛 아랍도시로 들어선 느낌이었다. 이 거리 중심에 1824년 싱가포르 최초의 술탄인 후세인 샤가 세운 유서 깊은 술탄 모스크는 싱가포르 무슬림 사회의 영적 구심점이다. 황금색 돔은 종교적 위엄과 화려함을 동시에 엿보게 했다. 신벌을 벗고 누구나 입장할 수 있는 대기도실에는 무슬림들이 삼삼오오 앉아 기도를 드리고 있다. 대기도실의 내부 장식은 흐트러진 마음을 하나로 집중시키는 차분하고도 장중한 분위기였다. 큰절을 하며 기도하는 무슬림 남성의 진지한 모습에서 신심信心이 느껴졌다.

신 교수가 약속시간에 맞춰 호텔로 왔다. 사실 싱가포르에 처음 온 내가 이틀 정도 머무르면서 이 나라를 이해한다는 것은 무리이다. 그러나 싱가포르대학에서 20여 년 근무하고 있는 신 교수의 풍부한 지식과 생각을 직접 듣는 일은 유익하다기보다 행운이었다.

신 교수를 만난 것은 1993년 8월 영국 케임브리지대학에서였다. 당시 강원대 해외파견 계획에 따라 전후 영국의 농업정책과 토지제도라는 테마로 케임브리지대학 토지경제학과에 일 년여 적을 두고 있었다. 당시 신 교수는 박사과정 대학원생 신분이기는 했지만, 매일경제신문사에서 장학생으로 파견 나온 기자였다. 그리고 같은 다윈칼리지에 소속되어 많은 대화를 나누었다. 이때 케임브리지대학의 저명한 경제학자로 국내외에 널리 알려진 장하준 교수와의 만남도 있었다.

엄격히 강제된 강소국 싱가포르

신 교수의 안내로 유서 깊은 싱가포르 요트클럽 레스토랑에 갔다. 먼저 자동차 얘기부터 나누었다. 대략 1세기 동안 영국의 지배를 받아 온 이곳은 우측 핸들에 좌측통행 도로시스템을 채택하고 있다. 이 좌측통행 국가는 일본, 호주, 태국, 인도, 남아공 등 세계 70여 개국에 달한다. 반대로 우측통행은 세계 인구의 66%와 세계도로 총길이의 72%를 차지하고 있음도 알았다.

문제는 싱가포르의 자동차 값이 너무 비싸, 중고차를 바꾸려고 해도 힘들다고 푸념이다. 이는 증가하는 차량을 제한하는 자동차 억제정책 때문인데, 차량을 구매할 때 필요한 10년간 유효한 자동차등록증COE 구입비가 상당히 비싸다고 한다. 그리고 이 등록증이 만료되는 10년 뒤에는 차주인은 자동차등록을 취소하거나 추가 사용기간에 대한 비용을 지불하면 5년 또는 10년간 연장된다는 것이다. 이렇게 해서라도 차량 증가로 인한 여러 폐해를 막으려는 정부의 고육지책이 이해되었다.

이와 같은 싱가포르의 자동차 억제책은 좁은 섬나라 국토의 12%를 도로가 차지하는 등 도로건설이 한계에 달했기 때문이다. 아무튼 이러한 억제책의 결과 다른 동남아 도시들과 달리 교통의 대혼잡은 벗어났다. 그러함에도 오늘날 대중사회의 산물인 자동차를 소유한다는 것은 싱가포르인들의 꿈이기도 하다. 이러한 욕구를 대체하기 위하여 정부는 구석구석을 연결하는 조밀한 대중교통망을 구축해 왔다. 그런데 자동차 억제책은 자동차 소유 여부에 따라 나타나는 새로운 권위와 신분의 등장으로 사회갈등을 낳는 모순을 가져오기도 했다.

그래서 나온 얘기가 자동차를 소유하는 것이 아니라 공유하자는 공용자동차 개념이 제기되었다. 아침 출근 때 집 근처의 전기자동차 정류장으로 가서 스마트카드로 차를 빌려 학교나 직장까지 운전해 간다. 그리고 거기서 충전시켜 다음 사람이 이용하는 방식이다. 이는 도시국가인 싱가포르에는 최적일 수 있다. 그렇게 되면 싱가포르는 건강한 생태환경도시로 거듭나 안락한 평화도시가 된다는 그림이다.

이렇듯 싱가포르에는 어떤 특정목적을 달성하기 위한 강제적인 정책이 많이 있다는 것을 일찍이 듣고 있었다. 즉 사회기초질서 위반자에게 엄격한 벌금이 부과되는데, 이러한 벌금제도는 우리나라를 포함한 대다수 선진국가들이 채택하고 있는 제도이다. 그런데 유독 싱가포르가 세계적으로 유명해진 이유는 국내외 인사들의 지위고하를 막론하고 일단 싱가포르에 입국한 이상 누구도 예외없이 처벌한다는 철저한 원칙 때문이다.

예를 들면, 전동차 안에서 음식을 먹는 행위는 우리 돈으로 대략 40만 원인 S$ 500, 전동차 안에 인화성 물질을 소지하고 타면 400만 원에 상당하는 S$ 5,000의 벌금을 내야 한다. 운전 중 휴대폰을 사용하면 S$ 1,000와 벌점, 음주운전은 최고 S$ 5,000의 벌금과 6개월 징역형과 거리청소 등의 사회봉사 명령을 받는다. 침과 껌 뱉는 행위와 노상방뇨도 횟수에 따라

S$ 500~2,000의 처벌이 가해진다.

그리고 공원의 새나 동물들에게 먹이를 주는 행위, 냄새가 지독한 열대 과일인 두리안을 가지고 탑승하는 행위, 화장실 용변 후 물을 내리지 않아도 벌금처벌 대상이다. 또 집 안에서 옷을 벗고 다니는 모습이 집 밖에서 보이는 외설적 행위, 운전 중 코를 파는 행위, 안전벨트 미착용, 와이파이 무단접촉, 공공장소 흡연행위, 밤 10시 30분부터 아침 7시까지 공공장소에서의 음주행위 등은 모두 벌금 대상이다.

이외에도 도시 미관과 안전을 해치는 쓰레기 투기, 도로 무단횡단 등 타인에게 해를 가하는 행위도 마찬가지다. 특히 우리가 전근대적이라고 생각하는 태형제도가 시행되는 말레이시아 등 몇 안 되는 나라 중의 하나이며, 사형률도 높은 나라 중 하나이다. 즉 성범죄와 각종 시설과 기물 등의 파괴행위 같은 사회문란 행위자에 대하여 엉덩이살이 헤질 정도로 타격을 가하여 심리적 효과를 노리는 등 일일이 열거하기 어려울 정도이다.

이러한 엄격한 제도는 싱가포르가 국제자유무역항이자 아시아와 유럽을 잇는 중계지로서 국제적인 마약거래 등의 경로로 악용될 위험이 높아, 이들 범죄에 대하여 태형은 기본이고 사형도 수시로 집행하고 있다. 오래전 이야기지만, 1993년 미국인 청소년 마이클 페이가 민간인 차량 20여 대에 장난삼아 페인트 스프레이를 뿌려 훼손하고 교통표지판 등 여러 공공 기물을 파괴하였다. 그는 곧 싱가포르 경찰에 체포되어 징역형과 함께 곤장 6대를 맞아 두고두고 회자되었다. 이에 미국 정부는 자국민 보호와 인권침해를 이유로 압력을 가해 왔지만, 청소년에게도 태형을 집행하여 미국과의 마찰을 낳으면서 전세계적으로 큰 관심을 불러 모은 사례가 있다.

이런 강제적인 엄정한 법집행은 1960년대 이후 세계 각국에서 몰려온 이민자들로 하여금 법을 지키게 하여 오늘날의 깨끗한 녹색도시Clean&Green City를 만들었다. 또 청결하고 안전한 분위기는 엄청난 관광객을 불러 모으

아름다운 싱가포르의 마리나 베이 샌즈와 시내 중심가

는 보이지 않는 무형의 자원이 되었다.

그런데 재미있는 일화가 있다. 노태우 대통령이 싱가포르를 방문하여 이광요 수상에게 거리가 청결한 비결을 물었다. 그러자 엄청난 벌금제도를 채택하고 있지만 실제로 그렇게 많은 벌금을 내는 사람은 없고 단지 명목적인 액수만 납부하는데, 그래도 단속을 받는다는 생각을 갖게 하는 데 억지효과가 있다는 것이다.

하루는 환경청장관이 청소부들에게 거리청소를 중단시켜 보았더니, 거리가 단 하루 만에 지저분해졌음을 알았다. 아마도 싱가포르를 청결하게 유지하는 것은 시민의식이 아니고, 매일 열심히 쓰레기를 치우는 청소부들이라는 사실을 알게 되었단다.

싱가포르의 역사산책

우아한 요트클럽 레스토랑 창 밖에는 눈부시게 흰 다양한 모양의 요트 수백 척이 흔들리고 있었다.

싱가포르는 적도에서 북쪽으로 150km 떨어진 북위 1도 17분, 연평균 기온은 23~32도, 연강수량은 우리의 거의 두 배나 되는 2,400mm로 고온 다우한 기후대에 속한 열대 섬나라이자 도시국가이다. 그리고 적도 인근 국가들이 대부분 가난한데, 싱가포르는 1인당 GDP가 6만 달러가 넘어 미국과 일본 등을 추월하고 있다. 즉 열대지역 국가로는 최초로 선진국 대열에 합류한 사례가 되었다.

1980년대《타임》지는 한국, 대만, 홍콩, 싱가포르를 네 마리의 용四龍이라 부르는 등 제2차 세계대전 이후 후진국에서 중진국으로 도약하는 신흥공업국가NICs라고 놀라움을 나타냈다. 이후 한국은 IMF의 어려움을 이겨냈고, 홍콩은 중국에 반환되었으며, 대만은 오랜 기간 통치해 오던 장개석 국민당 정부가 무너졌으며, 싱가포르 역시 이광요 총리의 장기집권을 끝내고 새로운 민주화로 방향을 선회하는 등 변화과정에서도 경제성장은 지속되고 있다.

싱가포르는 처음부터 부국은 아니었고 역사적으로도 숱한 우여곡절을 겪었다. 1819년 영국 동인도회사가 이곳에 항구를 개발한 것을 계기로 1867년에는 정식으로 대영제국의 식민지로 편입된다. 이때 인구는 불과 10만 명 내외였다. 그 후 1959년 자치주가 되었다가, 1963년에 말레이시아 연방 일원으로 영국으로부터 독립하였다. 그러나 대부분이 중국계인 싱가포르와 인구 대다수가 말레이인인 말레이시아와의 마찰로 2년 후인 1965년에 말레이시아 연방을 탈퇴하여 독립국가가 된다. 이렇게 새로운 국가를 세운 싱가포르의 초대총리로 이광요가 취임한다.

독립 당시 인구는 160만 명이었으나, 오늘날 600만 명에 가까운 대도시가 되었다. 이렇듯 그간의 고속경제성장으로 싱가포르 항구는 세계에서 가장 붐비는 항구 중 하나이다. 그리고 세계에서 선두다툼을 벌이는 정유시설과 런던, 뉴욕, 동경에 이은 세계에서 네 번째로 큰 외환시장을 가진 금융산업은 물론 활발한 중개무역 등으로 번영을 누리고 있다.

신생국가로 독립한 당시 싱가포르는 실업과 자급자족 등 여러 어려운 문제에 봉착한다. 그러나 1959년부터 1990년까지 30년간 장기집권한 이광요는 놀라운 경제성장을 이룬다. 특히 그의 경제사회정책은 사회주의보다 더 강하고 철저하다는 평가를 받고 있다. 이는 앞서 설명한 무거운 벌금체계를 보아도 알 수 있다. 그리고 이광요 다음 총리인 오작동吳作棟으로부터 정권을 이어받은 이광요의 장남 이현용李顯龍 총리가 2004년부터 정부를 이끌고 있다.

이러한 제2차 세계대전 이후부터 지금에 이르는 최근의 정치적 변화 이전의 싱가포르에 관심이 많았다. 1941년 12월 7일 하와이 진주만에 대한 기습공격을 성공적으로 완수했다는 일본군의 암호 '도라! 도라! 도라!'가 타전되는 순간, 미국 태평양함대는 연기에 싸인 채 막대한 피해를 입었다. 그런데 이러한 일본의 기습공격에 앞서 미국은 일본에 대해 중국과 인도차이나반도에서 철군할 것을 요구하는 최후통첩의 성격을 띤 혈각서를 전달한다. 이에 일본은 비웃으며 은밀하게 진주만 기습작전을 위해 시간을 끈다.

같은 시각에 일본군은 홍콩, 말레이시아, 싱가포르 등 남방으로 전선을 확대하기 위한 육상부대를 승선시킴과 동시에 지상 목표물에 대한 공중폭격을 감행한다. 영국 수비대는 1941년 12월 12일 홍콩 구룡반도를 일본군에게 빼앗기고, 드디어 12월 25일 크리스마스날에 홍콩 총독은 항복을 뜻하는 흰수건에 눈물을 흘린다. 홍콩은 극동에서의 영국 세력의 중심지였지만, 사실 1941년 일본군의 중국 점령에 따라 홍콩 방위는 회의적이었다.

❶ 1941년 당시의 영국전함 프린스 오브 웨일즈
❷ 백기와 영국기를 들고 일본군 장교의 안내를 받는 영국군 사령관 퍼시벌

　그러나 런던은 싱가포르의 경우에는 어떠한 공격에도 견디어 낼 것으로
믿고 있었다. 그런데 일본의 남하를 저지하기 위해 파견된 영국의 불침전
함이자 세계 최강으로 불리는 43,786톤의 프린스 오브 웨일즈와 35,200톤
의 레펄즈는 항공기의 호위 없이 1941년 12월 10일 일본 항공기와 잠수함
의 집요한 추적으로 결국 함장 등과 함께 침몰되고 만다. 이렇게 두 전함
이 침몰되자 처칠은 크게 상심한 나머지 "아! 그 배가…"하고 뼈아픈 탄
식을 했다고 한다. 그후 해전은 전함 중심에서 항공기 중심으로 옮겨가는
계기가 되었다.
　한편, 진주만 기습과 같은 날 일본이 말레이시아에 기습 상륙하였다. 일
본군의 상륙은 바다 속에서 홀연히 나타난 물귀신과 같이 은밀히 진행되었
다. 이는 사전에 대만에서 열대지방에 대비한 철저한 전투훈련이 한몫했다.
　이렇게 상륙한 일본군은 자전거부대 등을 이용하여 수도 쿠알라룸푸르
를 점령하는 등 불과 18일 만인 12월 25일 말레이시아를 점령한다. 동시에

일본 사령관은 100일 안에 난공불락이라고 일컫는 싱가포르를 점령하라는 명령을 받는다. 이에 일본군은 말레이반도 1,000km에 걸친 전격적인 남침을 시작한다. 이러한 급한 전황 속에서도 싱가포르에서는 아무 일도 없다는 듯 군장교를 비롯한 지도층들이 춤파티를 벌이고 있었다.

이즈음 말레이반도 영국군 사령관인 퍼시벌A. E. Percival 중장은 처칠 수상으로부터, 대영제국의 오늘날의 영광은 승리뿐만 아니라 패배의 역사에 의해서도 이루어져 왔다는 사실을 상기시키면서 싱가포르를 사수하라는 엄명을 받는다. 이에 퍼시벌 장군은 말레이반도와 싱가포르 사이의 조호르 해협을 잇는 1923년에 준공한 1,056m의 다리를 폭파한다. 이때 유럽인, 말레이인, 중국인, 인도인 대부호와 무일푼의 거지 수십만이 이곳을 통과하여 싱가포르로 피난한다. 런던은 싱가포르가 3개월을 버티어 주길 기대했다.

당시 영국군은 남쪽 해안 방어를 중심으로 포진지를 구축해 놓았을 뿐만 아니라, 퍼시벌 장군은 일본군이 해군기지의 암벽을 이용하여 상륙할 것을 확신하고 전 병력의 2/3를 조호르 해협 동쪽에 배치한다. 왜냐하면 중서부 쪽에는 진흙지대와 맹그로브가 밀생하여 상륙이 어렵다고 판단하였기 때문이다. 그러나 처칠 수상은 육지 쪽을 엄호할 수 있는 방어시설이 아예 없다는 것에 놀란다. 이러한 사실을 안 순간 모든 것이 한순간 사라졌으며, 지친 군대가 퇴각하는 이상한 광경만이 보였다고 회고록에 썼다.

이를 간파한 일본군 사령관은 영국 해군기지를 중심으로 공격해야 한다는 참모들의 건의를 묵살하고, 그 휘하의 3개 사단 중 2개 사단을 진흙 속의 맹그로브 밀림 속으로 투입시켜 퍼시벌의 허를 찌른다. 드디어 그들은 싱가포르 주민의 생명수인 저수지 두 개를 장악하여 식수원을 끊어 버린다. 이미 전의를 상실하고 점점 수세에 몰린 퍼시벌은 투항하기로 결정한다.

그리하여 적군에게 항복하러 가는 장교를 지명하고 항복을 나타내는 백기는 장교식당의 테이블보로 만든다. 하지만 일본군은 퍼시벌 중장이

인도차이나반도 남행

영국기와 백기를 직접 들고 일본군 진영으로 출두하기를 요구한다. 이에 퍼시벌은 일본군이 맹그로브 숲에 진입한 1942년 2월 8일로부터 일주일 만인 2월 15일 일본군이 요구한 대로 항복문서에 서명할 수밖에 없는 치욕적인 장면을 연출한다.

일본은 이렇게 항복하는 영국군 모습을 담은 사진을 전 세계에 날린다. 영국군은 일본군보다 많은 병력을 가지고 있었으나, 병사들은 열등감에 사로잡혀 사기는 극도로 저하된 상태였다. 아무튼 싱가포르의 함락은 영국 전사戰史에서 최악의 패배였으며, 우리에게 많은 교훈과 시사점을 남겼다. 군사 비전문가인 내가 당시의 전사를 몇 번 읽어봐도 도대체 도깨비에 홀린 듯 이해되지 않는 참담하고 비통한 항복이었다. 죽음을 각오한 전투다운 전투를 해 보지 못했기 때문이다.

당시 포로로 잡힌 퍼시벌 장군은 만주 심양에서 포로생활을 하던 중 연합군에 구출되어 1945년 일본 동경만의 미주리호 함상에서 열린 항복조인식에 전승국의 일원으로 참석한다. 반면에 밀림전투 전문가이자 말레이의 호랑이라고 불리며 싱가포르에서 승리한 일본의 야마시타 장군은 나중에 필리핀 주둔군 사령관이 되어 패전을 맞는다. 특히 일본의 항복 후에도 한 달여 저항하다가 항복하여 전범자로 유죄판결을 받고 필리핀에서 민간인을 학살한 현장에서 교수형을 당한다. 그리고 그는 동경의 야스쿠니 신사靖國神社에 합사된다.

돌고 도는 역사의 아이러니를 이들을 통해 다시 한 번 본다. 일본은 점령지 싱가포르를 일본식의 소남昭南으로 개칭한 후 1945년 9월 12일 영국군에게 재탈환될 때까지 지배한다. 이렇게 일본군이 싱가포르를 지배하는 동안 적성국 국민으로 지정된 중국인은 물론 수많은 사람들이 학살당한다. 이후 일본군은 말레이반도와 남태평양을 무대로 전선을 크게 확대해 나갔다.

싱가포르의 경제기적

신 교수와 대화는 자연스럽게 경제문제로 옮겨 갔다. 신 교수는 싱가포르 경제성장의 성공비결은 자유시장에 있다고 강조했다. 상품과 자본 그리고 인간의 자유로운 이동을 보장하는 환경을 조성한 까닭에 자본주의가 꽃을 피웠다는 것이다. 동시에 자유시장의 조성과 더불어 정부지도자의 리더십이 함께 작동했기 때문이다. 국내시장이 좁은 싱가포르는 굳이 보호무역을 할 필요 없이 중개무역을 바탕으로 무역거래의 자유화 정책을 펼쳤다. 나아가 경제발전에 필요한 기술과 자본은 외국기업의 투자를 과감히 유도했다.

제조업의 경우 외국기업이 차지하는 비중은 거의 3/4에 이른다. 예를 들면 전자, 바이오 의료산업 등 첨단산업일수록 외국인 투자 비중이 훨씬 높다는 것이 이를 말해 주고 있다. 이렇게 필요한 다국적기업의 자금과 인력이 국내외를 자유롭게 들락거릴 수 있게 편 정책이 커다란 성공 요인이었다.

싱가포르가 1960년대 중반 발전 방향을 세계화로 잡았을 때, 미소 냉전과 구식민지 경험을 한 제3세계가 대두되는 가운데 다른 개발도상국들은 복잡한 이념갈등에 사로잡혀 있었다. 그런데 싱가포르의 경우, 다국적기업의 투자를 저임금의 노동집약적인 산업부문만을 유치한 것이 아니라 점차 고부가가치 영역으로 확대하였다. 그리고 다국적기업의 세계적 생산 및 마케팅 네크워크를 활용함으로써 성장 범위가 더 넓어졌다. 이러한 싱가포르 성장모델은 개발도상국의 경제성장을 위한 하나의 좋은 방안으로 제시되고 있다.

문제는 이 다국적기업들을 어떻게 끌어들이는가 하는 것이다. 이는 단순한 저임금 노동자나 자원이 있으니 오라고 한 것은 아니었다. 그 외에 세제나 법규 제정에 의한 정치사회의 안정, 양질의 인력공급, 사회기반시설 확대를 위한 총체적인 인프라 구축에 힘써 왔다.

그런데 이러한 인프라 구축은 정부가 아니고는 할 수 없는 일이다. 이는 정부가 투자여건을 어떻게 마련하는가 하는 문제였다. 즉 중장기적으로 외자유치가 되느냐 마느냐 하는 중요한 문제임을 인식했다는 것이다. 그리고 보다 중요한 것은 일단 외국기업이 싱가포르에 투자하여 남는 이익에 대하여는 외국기업과 싱가포르가 나누어 갖는다는 생각이 바탕에 깔려 있다. 이러한 싱가포르인의 철학은 실제로 싱가포르 정부 운용 곳곳에 녹아 있다.

양질의 인재확보와 투자유도를 위하여 싱가포르 정부는 외국인에게 신선하고 쾌적한 첫인상을 주도록 노력했다. 나라의 첫 관문인 공항시설과 공항에서 도심까지 들어오는 길은 물론이고 도시 전체의 외관을 선진국 수준으로 높이는 데 자금을 아낄 이유는 없었다. 그리고 외국인이 안심하고 일할 수 있는 주거시설과 학교, 병원 등의 시설을 갖추는 일도 중요한 일 중의 하나였다. 이러한 결과 국립 싱가포르대학이 아시아 1위 대학으로 등극하지 않았나 하는 생각을 하였다.

이외에도 외국기업이 매력을 갖는 것은 낮은 토지용역비이다. 이는 현재 싱가포르 땅의 80%는 정부 소유라는 점을 이용했다. 정부가 공단이나 도로, 주택단지 등을 개발할 때 토지보상 없이 공단을 조성하여 장기저리로 임대해 줄 수 있다는 장점을 가지고 있다. 또 하나는 1990년대에 25%에 달하던 법인세 및 소득세 최고세율을 21%까지 낮췄는데, 이는 선진국이나 다른 아시아 국가들과 비교할 때 크게 낮은 수준이다. 거기에 더하여 외국기업이 싱가포르에 지역본부를 두거나 연구개발 등에 투자할 때 세금을 대폭 감면해 준다는 조건도 있었다.

이렇게 투자유인을 위한 좋은 제도가 있다고 할지라도 관료들의 의식이 이에 따라가지 못한다면 경제성장은 어려웠을 것이다. 그래서 유능한 관료들이 부패하지 않고 국가이익을 위해 열심히 일할 수 있도록 강력한 채찍과 당근책을 마련하였다. 수상 직속의 부패행위조사국CPIB은 반부패와 관련하여 강력하고 광범위한 권한을 갖고 있다. 모든 공직자들은 조사국으로부터 조사에 대하여 자신의 재산 형성 내역을 자세히 설명할 수 있어야 한다. 그렇지 않으면 부정한 방법으로 축적한 것으로 간주한다.

싱가포르 고급공무원은 세계에서 가장 봉급이 높다. 공무원 입장에서는 소신껏 일해서 봉급만 잘 모아도 평생을 잘 보낼 수 있으므로 굳이 부정을 저지를 이유가 없다. 이는 다시 말해 유능한 인재들이 정부에서 오랫동안 업무를 수행하는 것 그 자체가 바로 정부의 경쟁력이다. 이러한 사례들을 강조한 신 교수는 비록 한국과 싱가포르가 처한 여건이 다르다고 할지라도 타산지석으로 삼아야 할 사항은 적지 않을 것이라고 했다.

그리고 이런 기적적인 경제성장을 이루게 된 이유를 몇 가지 더 덧붙이지 않을 수 없다. 우선 영어를 공용어를 사용하고 있다는 점이다. 공용어로 말레이어, 영어, 중국어, 타밀어가 있으나, 사실상 영어가 유일한 공용어 역할을 한다. 우리가 콩글리시라고 말하듯 그들도 그들만의 싱글리시Singlish라는 영어가 있다.

싱가포르는 홍콩보다도 영어가 더 폭넓게 쓰이고 있으며, 일반상점이나 택시기사의 영어 구사 능력이 뛰어나다. 이렇게 유창한 영어를 구사할 수 있는 인구가 많아, 서방국가에서는 홍콩과 함께 아시아에 진출하기 쉬운 거점도시로서 싱가포르를 선택하는 경우가 많다.

또 하나 싱가포르는 미국처럼 이주민이 건설한 이민국가이면서도 동아시아의 전통적 가족관이 유지되고 있다는 점이다. 시부모나 나이든 분을 모시고 살거나, 실직하여 생계를 잇기 힘든 남자 형제를 도와주고 고아가 된 조카를 입양하는 것이 전통적 가치관이다.

그리고 지속적인 이민을 장려하는 정책을 채택하고 있다는 점이다. 현재

민족별로는 중국계가 전체 인구의 74%를 차지하며, 말레이인이 13%로 두 번째로 많다. 그 밖에 인도인인 타밀인 등이 거주한다. 그러나 지속적인 경제성장을 위해 정부는 이민을 장려하고 있다. 한 해에 태어나는 싱가포르의 아기보다 이민으로 유입되는 새로운 사람이 더 많다. 특히 향후 싱가포르의 국가에 도움이 될 만한 인재는 적극적으로 이민을 받아들이는 정책을 펴고 있다.

이러한 추세가 지속된다면 독립 100주년인 2065년이면, 싱가포르 인구 중 반 이상은 외국인이 차지할 것이라는 전망도 나온다. 다시 말해 본국민과 외국인이 반반씩 어울려 사는 새로운 미래형 국가가 탄생하는 것이다. 이제 더 이상 본국민이냐 외국인이냐를 따지지 않고, 거주민이냐 비거주민이냐를 말하게 된다.

또 하나 괄목할 만한 것은 이스라엘을 닮은 징병제를 채택하고 있다는 점이다. 18세에 징집되는데 연기는 안 된다. 중병자가 아니면 모두 입대한다. 병역특혜는 없다. 심지어 영주권자인 외국인도 군에 가서 3개월간 훈련을 받는다. 체육선수에게 주어지는 특혜는 훈련기간의 단축뿐이다. 비대한 사람은 훈련기간이 길다. 군복무 기간은 2년이며, 제대 후 장교는 50세, 병사는 40세까지 예비군으로 매년 40일간 소집된다. 정규군이 7만을 넘고, 예비군이 35만 명이나 된다고 하니 놀랄 만하다.

정부는 군복무를 하지 않은 사람은 공무원으로 채용하지 않는다. 싱가포르 군대는 1960년대 후반 이스라엘군의 지도하에 만들어졌다. 이스라엘 군사고문단은 멕시코 사람으로 위장하여 건군 작업을 도왔다고 한다. 국가예산에서도 국방비가 국민총생산의 약 5%를 차지하여 한국의 두 배, 이스라엘의 반을 쓰고 있다.

이러한 국방에의 관심은 말레이시아의 침공을 예상하여 신경을 많이 쓰고 있다. 공군의 경우 자국 영토가 협소하고, 초기 전쟁 발발시 일시에 파괴될 것을 막기 위해 우방국들과 교류협정을 맺어 자국 공군의 일부를 교류국 기지에 주둔시키고 있다. 또한 새 기종 도입시 최신예 기종을 도입하여 위기사항이 다가오면, 능동적인 선제공격작전을 가하는 전술전략 개념을 추구하고 있다는 점은 우리에게 시사하는 바가 매우 크다.

이광요 초대수상의 값진 어록

기적 같은 경제성장을 이룬 싱가포르는 오늘날 많은 개발도상국의 선망이기도 하지만 연구 대상이다. 그래서 개발경제학이나 저개발국을 대상으로 하는 연구자는 반드시 가보아야 할 나라이다. 면적도 좁고 인구도 적고 자원도 없는 도시국가가 어떻게 세계적인 경쟁력을 갖게 되었을까.

싱가포르를 이해하려면 국부라고 칭할 만한 초대수상 이광요를 빼놓을 수 없다. 아시아의 여러 나라 가운데 제2차 세계대전 이후 빈곤을 탈출하여 선진국 대열에 진입시킨 유일한 지도자이기 때문이다. 그리고 이광요의 일대기는 다름아닌 싱가포르의 역사라고 해도 과언이 아니다. 경제발전 초기단계에서 국가지도자의 리더십이 얼마나 중요한지를 보여 준 인물이다.

일일이 구체적인 정책론을 논하기보다 공식 또는 비공식 자리에서 공개된 말을 모아 보면, 그가 가진 생각이나 국가운영 철학 그리고 국제적인 마인드가 어떠한지 엿볼 수 있다. 먼저 "싱가포르에는 앙코르와트와 같은 선조로부터 물려받은 것이 없다. 다만, 우리에게는 창조해야 할 미래가 있을 뿐이다"라는 그의 말이 기억난다. 그리고 그에 대한 명사들의 인물평도 마찬가지다.

먼저 헨리 키신저 전 미 국무장관은 이광요 전 수상을 달리 비교할 사람이 없을 정도의 지능과 판단력을 갖춘 사람이라고 했으며, 워싱턴의 파워 엘리트들은 그를 만나는 것을 하나의 자기학습 기회로 삼았다. 최근 미국 하버드대학교 그래엄 엘리슨과 로버트 D. 블랙윌 교수는 중국이 세계의 패권국가가 되는 데 가장 큰 약점은 문화, 언어 그리고 다른 나라의 인재들을 끌어들여 동화시키는 능력이 부족한 것이라면서 중국도 싱가포르처럼 영어를 공용어로 해야만 외부의 인재들을 유인할 수 있다며, 이광요 수상의 선견지명을 높이 평가했다.

한편, 이광요 수상은 스스로를 이렇게 말했다.

"나는 유럽 기준으로는 사회주의자와 보수주의자 중간일 것이며, 스스로를 리버럴이라고 여긴다. 나는 기회의 평등을 믿는다. 실패한 사람이 바닥 아래로 전락하지 않도록 신경을 쓴다. 나는 시스템을 최대한 효율적으로 운영하고 싶지만, 그렇게 할 수 없는 사람들이 많지 않다는 것을 잘 안다. 세계나 사회를 보는 데 고정된 이론이 없으며, 나는 실용적이다.

나의 일생은 철학이나 이론에 따라 일한 적이 없다. 나는 일을 해내고, 다른 사람이 거기서 성공의 원리를 뽑아내도록 한다. 간략하고 명료하게 쓰여진 영어 문장이 중요하다. 내가 복잡한 생각들을 간결한 말로 압축한 뒤, 이를 대중을 상대로 생생하게 전달할 수 없었다면 오늘의 나는 없을 것이다.

내가 가장 존경하는 사람은 등소평, 처칠, 드골이다. 드골은 두둑한 배짱과 수완의 소유자다. 등소평은 쓰러진 나라를 일으켜 세계 최대의 경제대국으로 만든 인물이다. 처칠은 군대가 패배하고 있는 순간에도 절대로 항복하지 않을 것이라고 선언한 의지의 인물이었다.

그리고 1인1표제는 민주주의를 망칠 수 있는 위험 요인이다. 왜냐하면 후보들은 선동적 공약을 일삼고, 유권자들도 잘못된 선택을 한다. 따라서 1인1표제가 최선이라고 할 수 없다. 나는 가족이 있는 40세 이상의 유권자들에겐 1인2표제를, 65세 이상과 39세 이하에게는 1인1표제를 택하는 것이 바람직하다고 생각한다. 가족이 있는 유권자는 신중하게 투표할 것이며, 자식들의 장래를 위해 투표할 것이므로 1인2표가 좋다. 1인1표제는 유권자가 무엇이 옳고 무엇이 틀리다는 것을 가려낼 수 있을 때만 작동하는 제도이다."

이광요는 공산주의 붕괴 시기의 두 지도자인 소련의 고르바초프와 중국의 등소평을 만났다. 그는 고르바초프를 헤엄도 칠 줄 모르면서 수영장의 깊은 곳을 향하여 뛰어든 사람으로 주변 상황에 대한 통제력을 상실했다고 평했다. 등소평은 중국이 앞으로 100년간 또다시 대혼란에 빠져들 만큼의 소요가 일어난다고 판단될 때는 20만 명의 학생들을 향하여 발포를 불사할 것이라고 했다. 이는 1989년 천안문사태 당시 등소평의 재빠른 조치가 없었다면 중국은 내부 폭발했을 것이라고 평가하며 등소평을 극찬했다.

등소평은 1978년 11월 싱가포르를 방문하면서, 이광요에게 싱가포르를 위해서 위대한 일을 했다며 축하의 뜻을 전했다. 이는 등소평이 1920년에 프랑스로 유학가면서 들른 싱가포르가 형편없는 도시였는데, 지금은 잘사는 도시로 크게 발전했음을 표시한 말이었다.

등소평이 1978년 방콕, 쿠알라룸푸르, 싱가포르를 방문하면서 충격을 받았을 것이다. 그는 이 세 나라는 모두 3류 국가일 거라고 생각했는데, 북경이나 상해보다도 낮다는 것을 보았다. 그 후 인민일보는 더 이상 싱가포르를 미국의 앞잡이라고 비난하지 않았다. 그 대신 그는 노선을 바꿔 개방정책을 펴기 시작했다. 74세의 평생 공산주의자인 등소평이 대장정의 동지들을 설득하여 중국을 시장경제로 선회시켰던 것이다.

2009년 미국 고위층을 만나 북한정권에 대한 공개된 이광요의 논평을 보면, 북한 집권자들은 정신병자 같은 집단이다. 중국은 이러한 북한이 핵무기를 보유하지 않기를 원할지 모르나, 일본이 핵무장을 한다고 해도 한중 국경에 미군이 나타나는 것보다는 핵무장한 북한을 더 선호할 것으로 보았다.

《타임》지와의 인터뷰에서는 "나는 종교적 가치를 크게 신봉하는 사람은 아니다. 나는 기도가 사람을 치유한다고는 생각지 않는다. 다만, 기도는 사람을 안심시킬 수는 있다. 그리고 신을 믿는 사람들은 위기가 닥칠 때 엄청난 힘을 발휘한다고 생각한다." 잘 알려진 말이긴 해도, 이광요는 오래전에 읽은 책 속의 나치 강제수용소에는 신념을 가진 자와 없는 자 두 그룹이 있다고 했다. 전자의 그룹은 살아남았고, 후자의 그룹에 속하는 사람들은 죽었다. 그런데 그 신념을 가진 자는 다름 아닌 하나는 신앙인이고 다른 하나는 공산주의자였다. 이들은 끝내 그들이 결국 승리할 것이란 신념을 잃지 않기 때문에 살아났다.

《이광요 회고록》에서 한국인에 대한 첫인상은 아주 나빴다. 태평양전쟁 때 일본군이 싱가포르를 점령한 뒤 한국인과 대만인을 보조로 썼는데, 한국인은 일본 군인처럼 무자비하였다는 것이다. 그리고 한국인의 격정적인 행태를 언급했다. "한국인은 무서운 사람들이다. 잘 조직되고 훈련된 노동자들과 학생들이 거리에서 경찰관과 싸우는 모습은 전투 장면 같다. 그들은 타협할 줄 모르는 맹렬한 성격이고, 권위에 도전할 때는 폭력적이고 정력적이다. 그러면서 한국인들은 역동적이고 부지런하며, 의지가 강하고, 유능한 국민들이다. 그들의 경쟁문화는 그들을 성취지향적으로 만든다"라고도 했다.

1979년 박정희 대통령이 서거하기 얼마 전에 만난 자리에서 이 수상은 공산당과의 싸움에서는 내가 죽든지 적을 죽이든지 하는 두 길밖에 없다며, 어중간한 방법으로는 안 된다. 그리고 그는 청와대 만찬장에서 한국경제 발전의 성공 요인을 박정희 대통령이 여론과 언론을 무시했기 때문이라고 평가했다. 왜냐하면, 어떤 국가의 지도자들은 자신의 관심과 정력을 언론과 여론의 호의적인 평가를 받는 데 소모한다. 그런데 대통령은 이러한 여론을 무시하고 자신의 정력을 오직 일하는 데만 집중시키고 평가는 역사의 심판에 맡긴 자세가 아니었다면, 오늘 우리가 보는 이런 대한민국은 존재하지 않았을 것이라고 했다. 이처럼 우리 국민이 생각하는 것과는 차이가 나는 것도 서슴없이 자신의 생각을 피력하였다.

박정희 대통령 사후에도 전두환, 김영삼, 김대중, 노태우 대통령 등을 만나면서 유감없이 자신의 생각을 펼쳐, 한국 사회에 잔잔한 물결을 일으키곤 했다. 즉 남한의 인구는 북의 두 배이고, 훨씬 부자이며 미국의 좋은 무기들을 얻을 수 있는데, 북한의 군사력에 압도된 듯 북한에 대한 두려움으로 차 있는 것에 이상하다고 느꼈다.

싱가포르의 부정부패가 없어진 이유에 대하여 물었다. 중요한 것은 최고지도층이 흠이 없고, 고위층이 하부층보다 먼저 깨끗해지지 않으면 시간 낭비일 따름이다. 그리고 이광요는 공산주의자들은 자신의 사무실 냉방시설까지 비난하므로, 조그만 허점도 보이지 않으려고 노력하고 있다. 스스로 청렴한 것이 부하 직원들에게 도덕적인 영향력을 행사할 수 있다.

그리고 아무리 중국과 소련이 개방과 개혁을 취한다고 해도, 지나친 낙관론자들의 견해에 동의할 수 없다. 공산주의의 위협은 소멸된 것이 아니고, 앞으로 새로운 형태로 나타날 것이기 때문이다. 공산주의자는 결코 그 권력을 포기하지 않을 것이다. 개혁과 개방 운운해도 동서간의 화해는 기본적으로 제약이 있다. 공산당의 본질은 200~300명의 무고한 시민을 무참히 몰살시키는 항공기 폭파 등을 서슴지 않는 야만정권이다. 이 점만 유념한다면 남북한 교류는 한국에 많은 이점이 따를 것이다.

이렇게 신 교수와 주제없이 이야기를 나누다가 앞으로 우리나라 경제가

인도차이나반도 남행

나아갈 방향에 대해 조심스럽게 물어보았다. 사실 그의 생각은 이미 언론을 통해 알고 있었다.

최근의 낮은 경제성장률, 높은 실업률, 수출부진, 치솟는 가계부채, 깊어지는 양극화 등 한국경제에 빨간 신호등이 켜진 지 오래다. 그래서 우리나라가 싱가포르로부터 배워야 할 것이 한두 가지가 아닐 거라는 생각이 들었다.

그는 첫 번째로 제조업 육성이라고 했다. 싱가포르는 전체 GDP에서 제조업이 차지하는 비중이 22~23%로 높다. 제조업의 발전 없이 서비스업의 성장은 한계가 있을 수밖에 없다는 것이다. 둘째로는 적극적인 이민정책의 도입이다. 1990년대 초반 저출산 문제에 봉착했을 때, 저임금 노동자보다 능력 있는 외국인을 적극적으로 받아들였다. 2000년에 400만 명, 2010년 500만 명 등 작은 도시국가의 인구가 매년 100만 명씩 늘어나면서 경제에 활력이 붙었다. 한국은 서양은 몰라도 개발도상국인 중국과 인도 등에는 코리안 드림을 이루어 보겠다는 사람들이 많이 있음을 지적했다. 즉 외국인 타운이나 공단 등을 만들어 보자는 얘기이다.

기업가들이 많이 나와서 투자해 성공하여 정당하게 돈을 벌었다고 내세울 수 있는 사회분위기를 만들어야 한다. 그런데 요즘 우리나라에서는 엄청난 경쟁을 뚫고 성공한 기업인에게도 부정의 눈초리를 보낸다. 이는 기업들의 투자의욕을 상실시키기 마련이다. 그래서 나온 경제민주화라는 이름으로 각종 규제를 양산하고 기업의 체력을 약화시키는 것이야말로 오히려 경제 양극화를 심화시키는 등 사실상 실패한 정책이라는 분석도 있다.

전공이 농업경제학인 나로서는 큰 틀에서의 한국경제 전반을 볼 수 있는 안목이 부족한 탓으로 현 상황은 물론 앞으로의 방향에 대해서도 허둥지둥되기 일쑤이다. 그런 탓인지 신 교수의 말과 그가 기고한 여러 글을 통해 다소나마 한국경제를 둘러싼 동아시아의 경제와 세계경제를 생각하고 이해할 수 있었다는 것은 매우 유익한 일이다.

거대한 종합 리조트가 된 싱가포르와 대학

8시 30분 호텔 앞에서 떠나는 시티투어 2층 버스를 타기로 했다. 노선이 여러 개 있는데 시내 전체를 둘러볼 양으로 서로 다른 두 개의 버스노선을 타보기로 했다. 약간 비가 내릴 듯하더니 서서히 구름이 걷히고 쾌청했다.

아시아와 유럽을 잇는 믈라카 해협의 길목에 자리잡은 싱가포르는 서울 보다 15% 정도 큰 영토를 지닌 63개의 섬으로 이루어진 섬나라로, 지중해 지브롤터와 같이 지정학적으로 매우 중요한 위치이다. 이 해협은 수에즈 운하와 파나마운하와 더불어 세계에서 가장 중요한 항로이기 때문이다. 인도양과 태평양을 잇는 가장 중요한 뱃길로 세계 해상 물동량의 20~25% 가 이 해협을 통과한다. 특히 우리나라를 포함하는 동아시아 나라들로 가 는 석유의 90%는 이 해협을 통과한다.

그래서 이곳은 해적과 테러리스트들이 노리는 곳이기도 하다. 예전부터 말레이반도의 태국에서 폭이 44km로 제일 좁은 곳인 끄라Kra에 운하나 송유관을 건설하자는 논의가 이루어져 왔다. 만일 이것이 현실화되면 한 국과 일본 그리고 중국은 큰 수혜를 입을 것이고, 말레이시아와 싱가포르 는 치명적인 손실을 입을 것으로 보고 있다.

이것과는 관계없이 현재 싱가포르는 제조업과 금융분야도 강하지만, 관 광산업을 빼놓을 수 없다. 매년 1,500만 명 이상의 관광객이 찾는 곳이다. 2005년부터는 도박도 합법화했으며, 여러 곳에 새로운 테마파크를 계획하 거나 운영하는 등 관광객을 위한 다양한 사업을 전개하고 있다.

또한 음식축제는 물론 마치 브라질의 삼바축제와 버금가는 칭게이축제 Chingay Parade는 중국인, 말레이인, 인도인 그리고 유라시안들이 참여하는 아시아 최대의 거리축제이다. 이는 국민들의 33%가 믿는 불교와 18%의 기독교 신자, 15%의 무슬림, 10%의 도교와 5%의 힌두교 신자 등과 무신

싱가포르의 대표적인 아이콘인 마리나 베이 샌즈

론자가 17%라는 종교의 다양성과도 무관해 보이지 않았다. 이는 싱가포르의 독특한 다문화적 특성을 지닌 이벤트로 매년 음력설에 성대하게 벌이는 국민적 축제이다. 매년 악귀를 쫓아낸다는 전통적인 설날 폭죽놀이를 금하는 대신 40여 년 전에 시작된 이 축제가 지금은 중요한 관광자원이 되었다. 화려하게 장식한 차량, 춤추는 용과 장대걸음 광대 등과 각국의 전통문화 등을 펼치는 연례행사이다.

시티투어 버스는 세계 각국에서 온 관광객을 태운 채 시내 볼만한 곳을 천천히 돌기 시작했다. 그중에서도 라스베이거스의 카지노 리조트가 운영하는 아름다운 마리나 베이 샌즈 건물이 먼저 눈에 들어왔다. 우리의 쌍용건설이 건설한 웅장한 종합리조트 호텔이 주위 바다와 어우러져 모두 감탄사를 연발했다.

버스는 시내 중심가의 독창적인 모습과 색을 입힌 현대식 건물과 전통의 차이나타운과 화려한 대형 쇼핑몰이 늘어선 오차드 거리Orchard RD

를 보여 주었다. 과연 사통팔달의 위치에 자리잡은 싱가포르는 동양과 서양, 과거와 현대가 만나 어우러진 신르네상스 도시였다. 마치 사방의 계곡에서 흘러내린 물이 만나 서로 어울린 듯 또 다른 색깔을 보여 주고 있었다. 이슬람 모스크와 천주교 성당과 힌두사원과 그리고 절과 도교 사원이 나란히 있는 차이나타운의 풍경이 그것을 잘 보여 주고 있다. 유네스코 문화유산으로 등재된 보타닉 가든과 박물관은 깨끗한 거리 모습과 함께 거대한 종합 리조트였다. 등소평은 아름다운 도시정원이라고 표현하기도 했다.

농업을 비롯한 1차산업은 극히 희박하여, 싱가포르는 거의 완벽한 의미의 도시국가이다. 이는 농축수산물 소비국가라는 점에서 매력으로 다가왔다. 이 나라는 농축수산물을 생산하기는 어려워도 농산물 가공산업과 보관, 수송 등 부가가치가 높은 농산업 분야의 발전은 얼마든지 가능하다고 보았다. 또한 싱가포르는 1차산품 소비국이므로 우리도 이들 시장에 뛰어들어 경쟁해 볼 만하다는 믿음이 섰다.

시티투어를 통해 마치 싱가포르의 울창한 숲을 봤다는 만족감에 기분이 좋았다. 이제 싱가포르의 마지막 일정으로 신 교수가 일하는 싱가포르대학을 방문했다.

싱가포르에는 이 대학 외에도 잘 알려진 남양이공대학南洋理工大學, NTU 등 유수한 대학이 여럿 있다. 이 중에서도 흥미로운 일은 수천 개의 세계적인 유수기업들이 싱가포르에 아시아 본부를 두고 있는 것과 발맞춰 미국과 유럽의 여러 명문대학들이 아시아 캠퍼스를 싱가포르에 두고 있다는 사실이다. 아마도 이는 싱가포르의 영어 공용어 사용과 사업, 관광, 국제회의 등이 빈번함으로 생기는 다양성과 지정학적 위치가 한몫하는 것으로 보인다.

이런 대학의 움직임을 보면서, 나는 버스와 지하철을 번갈아 타며 싱가포르를 대표하는 싱가포르대학NUS 캠퍼스에 들어섰다. 시내 중심지에서 서남쪽으로 12km 떨어진 켄트릿지 언덕이다. 이 언덕을 중심으로 학부생

❶ 2층 시티투어 버스
❷ 달리면서 찍은 싱가포르 고층빌딩
❸ 거리의 한국 불고기 식당 간판
❹ 차이나타운
❺ 싱가포르의 힌두사원

28,000여 명과 10,000명에 이르는 대학원생 그리고 전임교원 2,400여 명이 생활하는 각종 시설과 학생 아파트가 자리잡고 있다. 바로 옆에는 싱가포르 과학단지와 대학병원 등이 있어 연구조건은 이 이상 좋을 수가 없을 것이라고 생각이 들었다.

천천히 캠퍼스 여기저기를 걸었다. 1905년에 창립하여 오늘날 세계 최상위권과 대학 랭킹 아시아 1위라는 자부심이 곳곳에 배어 있었다. 인문사회대학 간판을 지나 경제학과 신장섭 교수 연구실 문을 노크했다.

연구에 몰두하던 신 교수와 함께 캠퍼스 투어에 나섰다. 언덕 위에 자리잡은 건물 옥상에 오르니 멀리 파시르 판장 항구에 높이 솟은 크레인이 움직이는 모습이 뚜렷하다. 이 대학이 세계적으로나 아시아에서 늘 좋은 성적을 보이는 이유가 무엇인지 물었다. 여러 가지가 있겠지만, 우선 아이디어가 없어 있는 돈도 미처 못쓸 정도로 재원이 풍부하다는 것이다. 그리고 경제학과만 해도 한국인 교수가 두세 명 더 있는 등 국제화지수가 상당히 높다고 한다. 대학 랭킹은 바로 얼마나 재원을 확보하는가에 달려 있음을 다시금 확인시켜 주는 대목이다. 우수한 교수와 학생들을 유치하기 위한 자금이라든가, 그리고 유치한 인재들을 위한 연구나 학생들의 면학을 독려하기 위한 엄청난 예산 등이 마련되지 않으면 좋은 대학의 명성을 얻는다는 것은 불가능한 일이기 때문이다.

신 교수는 싱가포르대학의 국제화지수가 높은 이유는 먼 나라에서보다 이웃 나라인 말레이시아에서 많은 학생들이 오는 착시현상도 있음을 지적했다. 대학 시설들을 둘러보면서 우리 학생들이 이 대학에 와서 공부를 했으면 하는 기대도 해 보았다.

이제 싱가포르를 떠나 말레이시아로 향한다. 신 교수와 아쉬운 작별인사를 나누고 대형 쇼핑몰이 몰려 있는 오차드 거리로 나와 저녁을 먹었다. 그리고 호텔에 맡겨 둔 배낭을 찾아 국제버스터미널로 발길을 옮겼다.

❶ 싱가포르대학 신장섭 교수와 함께
❷ 싱가포르대학 인문사회대 안내판
❸ 싱가포르대학에서 바라보이는 파시르 판장 항구

　드디어 밤 11시 30분에 버스가 출발했다. 휘황찬란한 마리나 베이 샌즈
와 고층빌딩들이 점점 멀어지고 있었다. 도심지를 완전히 벗어나 우드랜
드의 싱가포르 이민국Woodland checkpoint 심사관 앞에 섰다. 그는 오케이
라는 말과 동시에 여권에 출국도장을 쾅 소리가 나게 찍었다. 이어 싱가포
르와 말레이시아를 잇는 조호르−싱가포르 다리를 건너니 바로 말레이시
아 이민국 사무실의 불빛 속에 이민국 직원의 움직임이 보였다.

말레이시아의 꿈과 갈등

해협 다리를 건너 말레이시아로

터미널을 떠난 버스는 싱가포르 이민국을 거쳐 싱가포르와 말레이시아를 잇는 조호르 해협의 조호르–싱가포르 다리 위를 달린다. 밤이 깊어 차창 밖은 멀리 비추는 불빛만이 깜박이고 있었다. 이처럼 국가 간을 잇는 다리나 육로상의 경계를 넘을 때마다 여러 상념에 잡히곤 한다. 국경을 건너면 이제까지 알고 있던 문화, 관습, 언어, 경제, 종교, 역사, 인종은 물론이고 언어마저도 달라지는 또 다른 세계를 맞는다는 흥분과 긴장감을 동시에 느끼기 때문이다.

독립 당시에는 싱가포르와 말레이시아가 하나의 국가였지만, 종교와 민족 등의 차이로 말미암아 둘로 나뉘고 만다. 그러다 보니 양국 간의 관계는 여러 면에서 이해관계가 얽혀 껄끄러운 면이 없지 않다. 말레이시아 이민국 관리소를 알리는 간판만이 불빛 속에 어른거리는 캄캄한 밤, 승객들은 모두 짐을 차에서 내려야 했다.

나는 배낭과 카메라 가방을 멘 채 입국심사관 앞에 섰다. 그는 무표정한 얼굴로 퉁명스럽게 직업이 뭐냐, 어딜 가느냐, 무슨 짐이냐, 어디에 묵느냐고 물었다. 싱가포르에서도 그랬지만, 말끝마다 소리를 높이는 말투는 처음 느끼는 이 지역 사람들의 언어 습관인지는 몰라도 기분을 상하게 했다. 미국 동부 메인주에서 캐나다 퀘벡주로 자동차를 몰고 넘어갈 때, 캐나다 국기를 디자인한 배지를 옷깃에 달아주며 따뜻한 미소로 환영한다는 인사를 하는 캐나다 이민국 직원의 모습과는 너무 비교되었다.

본래 사람이 그런 건지, 직업상 일부러 엄중함을 보이려는 건지, 아니면 싱가포르와의 나쁜 감정 때문인지 알 도리가 없었다. 말레이시아와 싱가포르와의 관계는 마치 한국과 일본, 터키와 그리스 사이처럼 국경을 맞대고 있는 대부분의 나라들에서 흔히 생기는 정서적인 반감 등이 작용하지나 않을까 하는 생각도 해 보았다. 싱가포르의 경우, 말레이시아의 침공을 대비해 군사력을 유지한다는 말이 떠올랐다.

싱가포르는 생활에 필요한 용수의 50%를 말레이시아에서 공급받아 정수하여 판매하고 있다. 그런데 정수되기 이전과 이후의 물값 차이가 커서, 말레이시아는 이를 문제 삼으려 하지만 아직 해결책을 못 찾고 있다. 이외에도 양국은 여러 문제를 안고 있다.

우선 양국을 오가는 노후한 다리를 헐고 새 다리를 건설하는 문제가 있다. 말레이시아 마하티르 수상 시절에 양국을 잇는 옛 다리를 헐고 신대교를 건설하기로 했다. 매일 말레이시아에서 싱가포르 일터로 가는 근로자가 1만 명이 넘어 현 교통체계와 시설은 한계점에 도달했기 때문이다. 이에 양국은 1924년 만들어진 코스웨이를 대체할 신대교 공사에 합의했으나, 말레이시아는 국내 현안이 많다며 일방적인 파기 선언을 하기에 이른다.

또한 싱가포르의 영공 활용 문제가 있다. 영토가 좁은 싱가포르는 말레이시아 정부의 영공 활용 거부로 공군기 훈련에 애를 먹고 있다. 이는 양국이 1971년에 체결된 영국, 말레이시아, 싱가포르, 호주, 뉴질랜드 등 5개

❶ 조호르바르 전경   ❷ 쿠알라룸푸르의 외항인 클랑항 부두

국이 공동 영공 방위 훈련을 하고 있음에도 벌어지고 있는 일이다.

그리고 싱가포르는 자국 영내의 말레이시아 탄종파가르 철도역의 이민국을 말레이시아 본토 쪽으로 이동할 것을 요구하고 있다. 양국은 싱가포르 북쪽 55km 지점에 있는 작은 섬에 대한 영유권을 각자 주장하며, 이를 2003년 국제사법재판소에 제소하고 있는 상황이다. 즉 섬 이름을 싱가포르에서는 '패드라 블랑카'라 하며, 말레이시아에서는 '프라우 바투 푸티'라고 부르고 있다.

여기에 더하여 싱가포르의 조호르 해협 간척공사에 대하여 말레이시아는 반대 시선을 보내고 있다. 이는 주변 환경을 파괴할 뿐만 아니라 말레이시아의 장기계획인 자유무역지역을 설치하는 데 방해요소로 등장하게 될 것이라는 우려 때문이다.

새벽에 도착한 쿠알라룸푸르의 명물과 믈라카 해협

한 사람씩 입국심사를 마친 승객들은 여권에 찍힌 입국허가 스탬프를 들여다보며 다시 차에 올랐다. 입국심사장의 면세점에는 밤중이라 그런지 아무도 얼씬하지 않았다. 그저 차에 빨리 올라 잠을 청해 보려는 생각뿐인 것 같았다. 인구 약 130만 명으로 말레이시아에서 두 번째로 큰 도시이자 말레이반도 최남단 도시인 조호르주의 주도 조호르바르의 불빛은 아련하기만 했다.

말레이의 작은 마을이었던 이곳은 1862년 지금의 이름으로 바뀌면서 제1차 세계대전과 제2차 세계대전 사이에 근대화된 도시로 성장하였다. 특히 제2차 세계대전 당시인 1942년 1월에 말레이를 침공한 일본군은 싱가포르를 점령하기 위한 마지막 단계로 공폭을 감행하는 등 이 도시 북서쪽 외곽에 도착한다. 이때 영국군 등의 연합군은 후퇴를 거듭하며 일본군의 공격을 저지하기 위하여 조호르–싱가포르 다리를 폭파시킨다. 그러나 일본군은 한 달도 안 걸려 다리를 다시 세워 싱가포르를 점령한다. 말레이반도를 손아귀에 넣은 일본군에게 시간이 흐르면서 상황은 불리해져 전세는 역전된다. 제2차 세계대전이 끝나면서 말레이반도 및 싱가포르 주둔 일본군이 연합군에게 항복하여 포로가 된 숫자만 11만 명에 달하였다.

말레이반도 일본군이 영국군에게 항복하며 일본도를 전달하는 모습

나는 캄캄한 창 밖을 내다보며 여러 상념에 사로잡혀 있었다.

그때 문득 오래전 귀국 비행기에서 만난 말레이시아 청년들이 떠올랐다. 그들은 우리나라로 오는 말레이시아 국비 유학생들이었다. 그들과 짧게 대화를 나누었지만, 말레이시아의 미래를 위한 열의와 패기에 넘치는 모습은 든든한 제자를 만나는 듯한 묘한 감정을 느꼈었다. 그들은 서울의 여러 대학에서 각자 전공 공부를 할 것이라 했다. 그 후 말레이시아라는 말만 나오면 그들이 생각나곤 했다. 그러면서 어쩌면 쿠알라룸푸르Kuala Lumpur, 이하 KL에 가면 그들을 만나지 않을까 하는 상상을 했다.

새벽 5시가 조금 넘어서 KL의 국제버스터미널에 도착했다. 너무 이른 시간이라 왕래하는 사람이 없었다. 나는 먼저 밤 11시 30분에 태국으로 넘어가는 버스표를 예매했다. 그리고 온종일 KL만을 돌아볼 양으로 배낭을 대합실 로커에 맡기고 카메라 가방을 챙겼다.

버스터미널에서 시내 중심가로 가는 전철을 타고 시티센터에 있는 21세기 말레이시아의 경제발전을 기약하는 페트로나스 트윈 타워Petronas Twin Tower 앞에 내렸다. 이 타워는 1998년에 완성했지만 1999년 마하티르 수상이 참석하여 공식 오픈 테이프를 끊었다. 최고층 88층에 452m의 키를 자랑하는 쌍둥이 빌딩 뒤쪽 공원에는 경찰 200여 명이 집합하여 하루 일과를 지시받고 있었다. 쌍둥이 빌딩 옆의 막시스Maxis 통신회사 빌딩 높은 곳에 걸려 있는 디지털 시계는 아침 7시 21분을 알리고 있었다.

말레이 국교인 이슬람교의 영향으로 8각형 모양의 이슬람 양식이 돋보이는 쌍둥이 빌딩 주위 공원에는 시민들이 조깅을 하거나 체조를 하는 등 하루 일과를 시작하고 있었다. 아래에서 올려다본 건물은 마치 거대한 은색 로켓이 하늘을 향해 치솟아 오르기 직전의 모습처럼 위용이 당당했다.

쌍둥이 빌딩은 1관과 2관으로 나누어 170m 높이의 41~42층 사이에 스카이 브리지로 서로 연결되어 있다. 이 스카이 브리지와 높이 370m의 86층에 설치된 전망대에 오르기 위하여 지하매표소 앞에 섰다. 하루 입장객이 한정되어 있는 탓인지 벌써부터 많은 사람들이 8시 30분에 오르는 첫 승강기를 타기 위해 기다리고 있었다.

이 나라 국영석유회사인 페트로나스의 발주로 아르헨티나계 미국인 시저 펠리가 설계했다는 쌍둥이 빌딩 중 2관에 스카이 브리지를 더하여 우리나라 삼성엔지니어링과 극동건설 등이 공동으로 맡았으며, 1관은 일본 굴지의 건설회사인 엔도 하지마가 각각 컨소시엄을 이루어 지었다. 이 건물의 시공을 맡은 한국과 일본 건설사는 누가 먼저 건물을 마무리하느냐 하는 선의의 경쟁을 벌인 결과 삼성측이 손을 먼저 들어 올렸다는 기분 좋은 얘기도 있다.

그런데 이 건물을 둘러싼 몇 가지 흥미 있는 이야기는 2001년 9월 11일 뉴욕 세계무역센터가 붕괴되자 건물 내의 모든 종사자들을 긴급 대피시켰다가 아무 일 없자 3시간 후에 재출입을 허용했다는 것이다. 그리고 2005년 11월에는 고급 쇼핑몰인 수리아 KLCC에서 화재가 발생하여 경미한 피해를 입었을 때도 종사자들을 대피시켰던 적이 있다.

또 세계적인 암벽등반가이자 도시등반가인 프랑스의 알랭 로베르Alain Robert가 1997년 3월과 2007년 3월에 걸쳐 빌딩 정상 등반에 도전했다. 그러나 두 번 모두 60층에서 경찰에 체포되어 실패로 끝났다. 그런데 그는 이에 실망하지 않고 공식 예고도 없이 말레이시아 독립기념일인 2009년 9월 1일 새벽 6시에 2관 빌딩을 오르기 시작하여 100분 뒤인 7시 40분에 빌딩 정상에 오르는 데 성공한다. 그러나 그는 빌딩 무단 침입죄로 법원으로부터 우리 돈 약 50만 원에 해당하는 2,000링키트 벌금에 처해진다. 이것은 대부분의 나라에서 너무 위험하여 빌딩 등반을 금지하고 있기 때문이다.

그럼에도 그는 이를 전후하여 세계 각지의 내로라하는 고층빌딩을 수없이 등반하였으며, 빌딩 등반 도중 7번이나 추락하는 사고를 당하기도 한 스파이더 맨이었다. 어쩌면 그는 최근 오픈한 높이 555m인 123층 서울 잠실

❶ 쌍둥이 빌딩 스카이 브리지를 거니는 사람들
❷ 시내 어디서나 보이는 쌍둥이 빌딩
❸ 쌍둥이 빌딩 전망대에서 바라본 KL

롯데월드타워에도 나타나지 않을까 하는 은근한 기대감마저 든다.

매표소에서 표를 사려고 기다리는데 젊은 인도인 남자가 나에게 다가와 말을 걸었다. 그도 나홀로 여행자였다. 이렇게 알게 된 우리는 빌딩을 오르내리는 동안 서로 사진을 찍어 주기도 하고 스카이 브리지와 전망대에도 올랐다. KL 시내의 고층건물은 물론 40km 정도 떨어진 믈라카 해협의 출렁이는 물결도 보이는 듯했다.

인도차이나반도 남행

거주인구만 해도 170만여 명에 이르고, 경제생활 권역을 포함하면 600만 명이 넘어 말레이 연방 최대의 정치·경제·문화·상업·교통의 중심지로의 면모를 갖추고 있었다. 이렇듯 서구의 대도시 못지 않은 근대화된 역동적인 도시를 보면서, 이들이 성취한 높은 경제발전을 실감했다.

멀리 보일락말락하는 말레이시아와 인도네시아 수마트라 섬 사이를 달리는 길이 900km 정도의 믈라카 해협의 클랑 항구에 가까이 다가가 보고 싶었다. 이는 KL의 외항이자 세계 주요 선사들이 기항하는 허브 항구이기 때문이다. 특히 이 항구가 접하고 있는 믈라카 해협은 인도양과 태평양을 연결해 주는 주요 통로 역할을 하고 있다.

인도양과 태평양을 오가는 항로는 여럿이지만, 인도–중동–아프리카 지역과 동북아시아–동남아시아 사이를 최단거리로 이어주는 항로이다. 세계 선박 물동량의 25%를 운송하는 연간 5만 척 이상의 각국 상선들이 이곳을 통과하며, 세계 50%의 원유가 이 해협을 통과한다. 특히 우리나라로 오는 원유 수입량의 90% 이상이 믈라카 해협을 거쳐 수송되고, 유럽 지역으로 수출되는 우리나라의 제품 대부분이 컨테이너선에 실려 이 해협을 통과한다.

그래서 이 항로는 파나마 운하와 수에즈 운하와 더불어 세계에서 중요한 해상통로로 이곳이 막히는 순간 세계 경제에 악영향을 주는 것은 물론이다. 이렇듯 믈라카 해협이 주는 중요성으로 말레이시아와 인도네시아, 싱가포르가 영해로 선포할 수 있는 지역이지만 해양법에 따라 국제수역으로 만들어 통행안전에 적극 나서고 있다.

이 해협의 중요성은 역사적으로도 알 수 있다. 이 지역의 통치권은 아랍인에 의해 통제되다가 무역항 믈라카에 본거지를 둔 포르투갈로 넘어간다. 그리고 1641년에는 네덜란드에게 넘어갔다가, 다시 영국으로 차례로 넘어가는 등 서구 열강의 각축지였다. 그 후 영국은 세력을 더욱 확대하여

1819년에 이 항구 남쪽의 싱가포르를 손에 넣는다.

또한 영국은 1826년에 이르러 이 지역에서의 영향력을 확대하여 해협지배권을 확립하여 아편거래를 보호하기 위한 관할구역으로 삼았다. 그러나 열대나 아열대의 해안이나 강 주변에서 자라는 울창한 숲인 홍수림紅樹林으로 둘러싸인 늪지대에 은신하여 수세기 동안 대포로 무장한 소형선박을 이용하는 해적들은 이 해협을 오가는 상선들을 끊임없이 위협하고 있었다.

이에 영국-네덜란드 연합군은 1837년 처음으로 무장증기선을 동원하여 소탕작업에 나서, 1860년에는 해적의 요새를 완전히 제거하였다. 이렇듯 지배권이 교차되면서 수세기 동안 이 해협 해적들의 왕성한 약탈행위를 종식시켜 해상운송의 안전을 확보할 수 있었다.

믈라카 해협은 폭 20~370km와 평균 수심 25~27m로 지정 항로는 불과 약 2.5km 정도로 매우 좁다. 이러한 항로 사정에 해상 교통량이 많아 선박들이 정상 속도를 내기 어렵다. 이러한 상황은 해적들에게 노략하기에 적당한 기회를 주는 셈이다. 문제는 테러조직이 폭탄을 장착한 소형보트로 유조선 등의 대형선박을 폭파할 경우 해양오염은 물론 수로가 막혀 선박통행이 전면 마비되는 치명적인 상황에 도달할 수 있다는 우려이다.

그런데 이렇게 종식되었다고 믿었던 해적활동이 최근 들어 다시 고개를 들고 있다고 한다. 지금은 소말리아 해적이 대표적인 예가 되고 있으나, 1990년대부터 고개를 들기 시작한 믈라카 해협의 해적행위는 2000년에 접어들면서 활발해져 위험한 항로라는 얘기도 있다. 따라서 많은 상선들이 이 해협의 통과를 포기하고 1,600km나 먼 수마트라섬 남단을 우회하는 항로를 택하기도 했다. 2004년 세계 해적 공격 325건 중 25%가 이 지역에서 발생한 것이다.

이러한 피해가 계속되자, 2004년 7월부터 국제적인 공조활동을 위하여 해당 연안국가는 물론 미국, 일본, 우리나라의 해양경찰정도 파견되어 해적행위 단속 및 감시 합동작전을 벌이기도 했다. 그 결과 해적으로 인한 피해사례는 점점 감소하였다. 그러나 완전한 근절이 아니기에 믈라카 해협은 여전히 조심해야 할 해역이다.

그래서 나온 얘기가 말레이반도에 크라 운하Kra Canal를 만들자는 것이었다. 실제 말레이반도의 크라지협Isthmus of Kra은 너비가 40km 정도에 불과하고 고도가 제일 높은 곳도 100m 정도로 건설에는 어려움이 없을 것으로 보고 있다. 아직까지는 구상단계이지만, 크라 지협을 영유하고 있는 태국은 강한 의지를 가지고 있어 앞으로의 향방에 큰 관심을 가지고 있다. 우선 운하 건설에 앞서 말레이반도를 통과하는 송유관 건설 등도 진지하게 고려되고 있다는 보도를 본 적이 있다.

한국과 말레이시아 경찰의 믈라카 해협 해적 합동 대응 훈련 (자료 : 유용원의 군사세계)

마하티르 수상의 동방정책

사방이 탁 트인 높은 쌍둥이 빌딩 전망대에서 이 나라 수상을 지낸 의사 출신인 마하티르가 이 빌딩 준공식에 참석하여 남겨 놓은 말을 새겨 넣은 아크릴 안내판 앞에 섰다. 그는 1981년 55세에 총리가 되어 2003년까지 무려 22년간이나 통치해 온 인물이다.

구체적인 그의 경제정책을 일일이 나열하기는 어려운 일이다. 그러나 그가 박정희 대통령보다도 더 긴 세월을 양원 내각제 하의 총리로 지내면서 펼쳤던 동방정책Look East Policy은, 국가경제 발전을 위해 일본과 한국의 경험을 배우자는 것이어서 관심을 갖고 있었다.

그는 재임기간 동안 말레이시아의 고도 경제성장을 이루어 신흥중진국 대열로 올리는 데 성공한다. 종래의 농수산물과 광산물 등 1차산업과 관광업에 의존하던 것이 새로운 부가가치를 창출하는 2, 3차 산업으로 산업구조가 서서히 바뀌면서, 현재 1인당 GDP는 17,000달러로 동남아에서는 부르나이와 싱가포르에 이어 세 번째로 높은 소득수준에 이르고 있다. 이런 공로로 그는 말레이시아 현대화의 아버지 등으로 불리고 있으나, 한편으로는 대학통제와 야당탄압, 인권유린, 언론통제 등 정적들을 억압하는 독재정치를 폈다는 비판도 적지 않다.

말레이시아의 동방정책은 마하티르 수상이 취임하면서 시작되어 지금까지도 이어지고 있는 장기 경제발전 프로그램의 하나이다. 1982년부터 2012년까지 30년간 추진된 경제정책을 제1차 동방정책이라고 한다. 이때 한국과 일본의 경제성장 모델을 배우기 위해 공무원 연수, 기술연수, 유학 등의 인적교류에 초점을 맞췄었다. 그래서 3천 명 이상의 말레이시아인들이 한국 프로그램에 참여했다. 이러한 정책으로 말레이시아는 초기의 급성장에 따라 개발도상국으로부터 벗어나는 성공을 거두었다.

그런데 제1차 동방정책은 한일 양국으로부터 배웠다고는 하나, 실제로 들여다보면 지난 30년간 동방정책을 주도한 것은 한국보다는 일본이라고 할 수 있다. 일본은 동남아 경영이라는 목표를 가지고 말레이시아 이외의 여러 동남아 국가에 엄청난 재원을 투입하였다.

그럼에도 말레이시아는 중진국의 함정에 빠져 더 이상 앞으로 나아가지 못하고 헤매고 있는 상황이다. 이에 말레이시아는 제2차 동방정책 추진에 나서기 시작했다. 2013년 8월 말레이시아 나집Najib Razak 총리는 마하티르 전 총리의 동방정책 30주년을 기념하는 자리에서 한국을 중심으로 하는 제2차 동방정책을 추진하겠다고 발표하는 등 재도약을 꿈꾸고 있다.

이에 한·말레이시아 양국은 나집 총리의 제안에 따라 경제협력위원회를 설치하고 교역·투자 협력을 포함하여 관광, 교육, 과학기술 등 새로운 분야에서의 협력을 모색하고 있다. 이는 우리나라를 가장 좋은 모델로 삼는

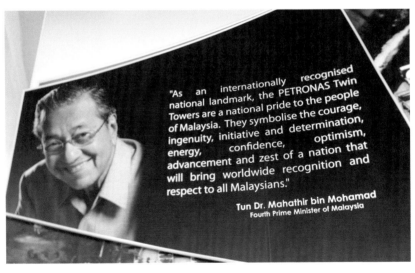

마하티르 수상이 쌍둥이 빌딩 준공식에 참석하여 남긴 말을 새겨놓은 안내판

것은 물론 우리와의 좋은 파트너 관계를 유지하면서 우리의 하이테크 투자유치나 기술이전을 원하고 있기 때문이다. 과거와 같은 단순한 인력교류와 교육·훈련을 넘어 산업협력 프로젝트의 추진과 더불어 자유로운 통상환경 조성을 통한 교류 확대가 새로운 과제로 부상하고 있다.

동시에 그는 1964년 총선에서 연방의회 의원으로 당선되면서, 당시 말레이시아의 사회적 갈등요인이었던 싱가포르의 독립문제와 국내 중국인들의 막강한 경제력을 어떻게 처리하느냐 하는 문제를 정면으로 다루기 시작하였다. 그러나 싱가포르는 말레이연방에서 탈퇴하여 독립했다.

당시 말레이시아 인구의 55%를 말레이계가 차지하고 있었지만, 경제적 실권은 34%에 불과한 중국인들이 쥐고 있었기 때문에 원주민인 말레이계의 불만이 컸다. 그 결과 말레이계와 중국계 간의 5·13사건이라 불리는 대규모 인종폭동이 일어나 수백 명이 사망했다. 한편, 그는 《말레이 딜레마The Malay Dilemma》라는 책을 저술했다. 여기서 그는 경제가 중국계한테 편향되지 않도록 균형을 맞춰야 하며, 말레이인들이 충분한 경쟁을 해야 한다고 주장하고 있다.

말레이시아의 고민, 민족 갈등

말레이시아는 1957년 독립 이후 민족 구성에 따른 종교문제와 얽혀 있었다. 민족과 종교 구성을 보면, 무슬림인 말레이계 62%, 중국계 22%, 힌두교도인 인도계 7%, 외국인 8% 그리고 기타 1%로 구성되어 있다. 이러한 민족의 다양성으로 인한 소통문제를 풀기 위하여 1973년부터 말레이어를 국어 내지는 공용어로 공식 사용하기 시작했다. 영어는 영국식 영어로 초등교육에서부터 실시하여 대부분 영어를 잘 구사한다.

한편, 수니계 이슬람교를 국교로 삼아 말레이인은 반드시 이슬람교도가 되어야 하지만, 다인종 사회라는 특수성으로 헌법상 종교의 자유는 인정되고 있다. 그러나 최근 테러로 국제문제가 되고 있는 이슬람원리주의나 근본주의 등을 엄격히 통제하고 있다. 이는 말레이시아 최초의 국가인 믈라카 왕국이 1414년 이슬람교를 국교로 선포한 이래, 이슬람교가 말레이시아의 문화와 국민생활 전반에 미치는 영향은 매우 큼을 말해 주고 있다.

그러나 다민족과 다종교 문제를 해결하는 것은 바로 정권 안정과 연결되어 있음을 알 수 있다. 1969년 5월 13일 말레이인들이 일으킨 소위 5·13폭동을 시작으로 7월 31일까지 일어난 민족 간의 충돌로 수많은 사망자와 부상자가 발생하고 자동차와 상점들이 부서지는, 이른바 KL에서의 5·13사건은 민족 갈등의 대표적인 폭동이었다.

왜 이렇게 민족문제가 얽혀 있는가는 말레이시아의 역사적 배경을 보면 금방 이해가 간다. 원래 이곳은 원주민인 말레이계의 땅이었다. 그런데 오랜 과거부터 동남아시아에는 중국 상인들이 넓게 퍼져 있었고, 그들 중 일부는 말레이시아에 정착해 살고 있었다. 또 19세기 후반에서 20세기 초에 이곳을 지배하고 있던 영국이 인도와 홍콩에서 노동자들을 데려오면서 인도인과 중국인의 숫자가 급증한다.

1969년 5·13사건 당시 말레이계와 중국계와의 갈등을 그린 그림

처음에 이들은 돈을 벌어 자기 나라로 돌아가려 했으나, 국제정세는 그렇게 하도록 놔두지 않았다. 당시 인도는 힌두교도와 이슬람교도 간의 갈등으로 인도와 파키스탄으로 갈라졌다. 중국 역시 대륙

의 좌우 대립으로 혼란스러운 상태여서 이들은 귀국을 주저하지 않을 수 없었다. 그러는 사이 1946년 말라야 연합의 신설과 함께 말라야 국적이 자동적으로 주어졌다.

이러한 역사적 배경에도 불구하고 본래 자신의 땅이라고 여기고 있던 말레이인들과 몇 대째 이곳에서 살아온 중국인과 인도인과의 갈등 폭발은 시간문제였다. 이런 와중에 1948년 신설된 말라야 연방에서 말레이계를 우대하는 정책이 시행되었다. 1970년대부터는 아예 이를 체계화하는 부미푸트라 정책bumiputra policy이라는 이름으로 본격적으로 시행되었다. 이는 1970년대를 전후하여 말레이인을 우대하되 외국인은 받는다는 것이 말레이인을 보호하고자 외국인을 막는다로 그 의미가 강화되었다.

그러던 중 1963년 말레이시아 연방이 신설되었지만, 화교라고 불리는 중국인이 많은 싱가포르에서는 이러한 민족차별에 대한 반발이 일어나고 있었다. 즉 싱가포르 이광요 총리는 '말레이시아인의 말레이시아'를 주장하며 이러한 차별정책을 비판했다. 그러나 말레이시아 연방정부는 '말레이인의 말레이시아'를 주장하였다.

이러한 대립으로 결국 2년 뒤인 1965년 싱가포르는 독립하게 된다. 많은 중국인들은 인종차별 정책을 배제하는 싱가포르로 옮겨가, 말레이시아 정부는 내심 꼭 나쁘다고만 보고 있지 않다고 평가하는 이도 적지 않다.

5·13사건이 있기 전인 1964년 이슬람을 신봉하는 말레이인과 중국인 간에 일어난 폭동은 싱가포르가 떨어져 나갔음에도 말레이시아 내의 인종문제는 여전하다는 것을 드러내고 있다. 이처럼 화교들은 왜 현지인들과 갈등을 일으키는 것일까? 이는 단순히 민족이 다르기 때문만은 아니다. 홍콩, 싱가포르, 태국 등의 화교들은 현지인들과 비교적 좋은 환경을 유지하고 있다. 그러나 기타 동남아시아 대부분의 나라에서는 화교들에게 좋지 않은 시선을 보내고 있으며, 미움의 대상마저 되고 있다.

이것은 나라에 따라 차이는 있을 수 있지만 첫째, 화교들이 동남아시아에서 경제적·정치적으로 급성장했다는 것이다. 이는 반대로 현지인의 입장에서는 자신의 입지를 빼앗긴 셈이다. 둘째, 화교들에 대한 문제이기 이전에 대륙에서 정권을 장악한 중국공산당에 대한 반중反中 감정이 화교들에게 이어지고 있다는 것이다. 이런저런 이유로 동남아시아의 화교들은 폭동에 직면해야 했다.

최근 중국은 동남아시아 국가와의 친밀관계를 유지하려는 적극적인 정책을 펴고 있다. 또한 말레이시아 정부도 중국의 경제력과 화교 자본을 경제발전에 이용하려는 정책과 맞물려 점차 화교에 대한 정책을 완화해 나가고 있다. 그러나 뿌리 깊은 반중국 의식 아래 일어난 1969년 5·13사건으로 당시 압둘 라만 수상이 사퇴하고 부총리였던 압둘 라작Tun Abdul Razak이 새 총리가 되었다.

그런데 총리가 된 압둘 라작은 취임 첫 해인 1970년 오늘날의 말레이계 우대정책으로 '토지의 아들, 토착민'이란 말레이어에서 따온 부미푸트라 정책을 내놓는다. 당시만 해도 말레이인들 눈에는 중국인과 인도인이 외국인이었을 뿐이었다. 이에 중국인과 인도인 같은 외국인이 너무 많으면 안 된다는 논리로 말레이시아는 강력한 반이민·반외국인 정책을 시행한다.

부미푸트라 정책의 내용을 들여다보면, 우선 가장 민감한 부분으로 당시 말레이인들은 공립학교를, 중국인들은 중화사립학교에 다녀야 하는 문제였다. 결과적으로 말레이인들은 대학을 포함하여 각 교육기관을 싼 학비로 다닐 수 있었지만, 화교와 인도인은 비싼 학비를 지불하게 만들어 대학 진학을 사실상 막아 놓았다.

아무튼 부미푸트라 정책이 시행된 지 50년이 다 된 지금까지도 말레이계 우대정책을 계속하고 있는 것에 대한 불만이 커지고 있다. 이러한 차별정책은 직업으로 이어져 말레이인은 정치나 관리가 많은 반면, 화교 등은

비말레이계의 입학이 어려운 말라야대학 건물

상공업, 인도인은 교통운수업에 종사하고 있다.

제1차 동방정책을 폈던 마하티르 수상이 집권하던 시기에도 화교와 인도계의 안전을 보장하는 선에서 민족 간의 갈등이 부분적으로 해소되었을 뿐 차별은 여전했다. 심지어 말레이계는 정부를 비판할 수 있지만, 화교 등은 자유롭지 못하였다. 1990년대 이후 중국계들의 정계 진입이 이루어지긴 했으나, 말레이인들이 적게 사는 지역인 보르네오의 사바와 사라왁주 등지에서 보일 뿐이다.

이러한 민족차별적인 정책을 비판하는 소리도 적지 않다. 즉 내국인은 보호하고 외국인은 차별하는 정책으로 최종적으로 피해를 보는 건 말레이시아라는 지적이다. 이는 21세기 국제화 시대에 걸맞지 않는 정책으로 애초부터 매우 잘못된 일이라는 것이다. 이러한 논란에도 불구하고 이 정책이 유지되는 것은 말레이계들의 화교 및 인도계에 대한 경계심이 아직도 크게 작용하고 있기 때문이다.

문제는 이러한 부미푸트라 정책으로 말레이시아가 경쟁국들에 밀리고

인도차이나반도 남행

있다는 주장이다. 야당 지도자인 안와르 이브라힘 전 부총리는 부미푸트라 정책은 낡은 정책으로 경쟁력을 잃어가고 있으며, 외국 투자자에게 투자의 욕을 꺾어 말레이시아 경쟁력 상실의 근원임을 주장하고 있다. 즉 부미푸트라 정책의 지속은 결국 중국, 인도, 베트남, 태국 그리고 인도네시아에도 밀릴 수 있다고 경고하고 있다.

역설적이긴 해도 말레이시아에서는 인도네시아같이 반화교 폭동 없이 경제가 순조롭게 발전하는 것을 보면 말레이인에게 주는 특혜정책을 무조건 나쁘다고만 할 수 없다. 그런데 민족 차별적인 정책으로 규제받는 화교들 역시 개방적이 아닌 상당히 배타적이다. 예를 들면, 말레이시아 13개 주에서 두 번째로 면적이 작은 화교들이 많이 살고 있는 풀라우 피낭주에서는 현지 고유의 전통을 훼손시킨다는 이유로 외국인들의 현지 요리 행위를 금지시키고 있는 것만 보아도 알 수 있다.

말레이시아 공산당의 종말 그리고 독특한 왕위 시스템

말레이시아는 민족 간 종교 간 갈등에 더하여 이념분쟁으로 고통을 겪어야 했다. 이러한 이념문제는 전 인도차이나반도가 공통적으로 갖고 있던 갈등이기도 했다. 제2차 세계대전 종식과 동시에 민족의식이 고취되면서, 속속 각 민족은 독립국의 지위를 확보하는 과정에서 공산주의와 자본주의와의 대립이 본격화되었다.

인도차이나반도의 베트남, 라오스, 캄보디아가 공산화되더니, 미얀마마저 사회주의 노선을 걷게 되었다. 다만 태국과 말레이시아 그리고 싱가포르가 자본주의 노선을 취한다. 인도네시아도 사회주의 노선을 택했다가 정권이 바뀌면서 체제를 전환하는 등 체제를 둘러싼 분쟁은 1980년대

중반까지 힘의 대결구조가 작동하고 있었다.

지금은 자본주의 시장경제 노선을 택하고 있는 말레이시아도 제2차 세계대전 직후부터 이념분쟁은 간단하지 않았다. 우리나라처럼 분단되거나 6·25전쟁과 같은 대규모 전쟁이 없었을 뿐, 지속적으로 공산당으로부터 괴로움을 당하는 모습은 우리와 너무나 닮았다. 1941년에 말라야를 침공하고 1942년 싱가포르를 점령한 일본의 패전으로 영국은 말레이반도로 돌아왔다. 동시에 말레이인들의 민족주의 의식이 높아진다. 그 결과 1946년 말레이 민족기구연합인 UMNO가 결성되자, 영국은 1948년 2월 이들의 요구를 받아들여 말라야 연방Federation of Malaya를 출범시켰다.

그러나 이러한 새로운 연방이 말라야의 진정한 독립이 아니라, 영국 식민통치의 회귀라고 믿는 말레이 공산당MCP이 1948년 결성된다. 이들은 소비에트식 사회주의 건설을 위한 무장투쟁을 본격적으로 전개한다. 말라야 공산당은 당의 전위조직인 말라야 민족해방군을 중심으로 말레이인들의 부를 착취한다고 믿는 대농장과 광산제도를 폐지하고 정부를 전복시키기 위한 폭력투쟁을 전개하였다.

이에 UMNO와 말레이시아의 중국계 정당인 말레이 화교연합MCA이 반공산주의·반식민주의 노선을 함께 취하고 손을 잡으면서 총 52개의 국회의석 중 51개를 차지하면서, 1957년 8월 31일 말레이는 영국으로부터 독립이 이루어진다.

그러면 말레이시아 공산당은 어떻게 조직되었을까? 태평양전쟁이 발발하는 1941년 12월부터 말레이시아에 대한 일본군의 공격이 시작되어 불과 10주 만에 말레이시아를 점령한다. 이러한 사태를 염두에 두고 영국군은 미리 소규모의 말레이시아 항일유격대를 조작해 놓았었다. 이들은 주로 중국 공산당원들이었고 중국 국민당원과 말레이시아인도 소수 포함되었다.

말레이시아 공산당은 이 조직에 들어가 항일대원들을 사상적으로 교육시켜, 세계대전이 끝나면 자신들의 힘으로 말레이시아를 공산국가로 만들 것이라고 역설했다. 비록 작은 규모이긴 했지만, 항일투쟁에 이들을 이용하려고 영국은 장교와 보급품을 보내 주었다. 이들 조직은 점차 중국인과 말레이시아인 병력으로 보충하면서, 1942년 3천 명이던 것이 1945년에는 남녀 합하여 7천여 명으로 증가하였다. 공산주의로 의식화된 이들은 전쟁이 끝난 후 말레이시아의 주요 관심 조직으로 부각된다.

이들은 전쟁이 끝나자마자 영국군이 다시 돌아오기 전에 권력 장악을 시도하지만 실패한다. 이때 이들 대부분은 영국군에게 무기를 반납하면서 공식적으로 해산되었다. 그러나 이들은 1948년 말레이시아 공산당이 탄생하기까지 지하에 많은 무기를 은닉해 두고 있었다.

1948년 공산당이 불법화되면서부터 정부와의 무력충돌이 시작되고, 화교를 주체세력으로 하는 공산당은 정글로 들어가 게릴라 활동을 폈다. 이처럼 말레이 공산당의 무력투쟁 양상이 격렬해지자 정부는 1948년 7월 18일 전국에 비상사태를 선포한다. 이 비상사태는 1960년까지 12년간 말레이시아 공산당의 무장단체인 말라야 인민해방군과 영연방군 사이에서 벌어진 말라야 연방의 게릴라전을 말한다.

이들은 주로 영국관리와 농장주들의 암살 그리고 파업 등을 일으키며, 당시 회복 국면에 들어가던 말레이 경제발전과 독립 획득을 지연시키고 있었다. 영국 식민정부는 비상사태 선포를 계기로 말라야의 독립을 미루며, 공산당을 시민들과 고립시키는 정책을 폄과 동시에 무력으로 진압한다. 이에 말라야 공산당의 무장봉기는 실패로 끝나고 비상사태는 1960년 7월 해제된다.

그러나 1960~70년대 초반까지 잠잠하던 공산당 활동은 1975년 인도차이나반도의 베트남, 캄보디아, 라오스, 미얀마로 이어지는 도미노식 공산화를 계기로 다시 활발해지기 시작하였다. 특히 말레이반도 북부지역을 중심으로 게릴라 활동을 전개한 말라야 공산당은 중국 공산당의 지원을 등에 업고 테러행위를 자행하였다. 이렇게 활동하던 말라야 공산당은 이후 1989년 말, 사회주의체제에서 시장경제체제로 전환하는 세계적인 추세에 따라 무력투쟁의 종식을 공식 선언한다. 이렇게 되기까지 인종 갈등에 더하여 말레이 공산당의 활동은 말레이시아의 가장 위험한 요소였다.

이에 따라 정부는 말라야 공산당 진압을 위해 채택했던 1948~1960년 사이의 비상사태를 국내보안법으로 대체하였다. 그리고 이를 통해 공산주의 세력을 견제하는 한편, 공산주의 사상의 전파를 막았다. 후일 이 국내보안법은 야당 탄압의 도구로 변질되는 모순을 안게 된다. 한편, 12년간 말라야 연방을 위해 공산당과 벌인 전투에서 승리한 말레이시아는 1966년 2월 15.5m 높이의 용사 모습을 청동으로 만든 국가기념비를 세워 희생된 11,000명 병사들의 넋을 기리고 있다.

1948~1960년 동안 공산당과의 전투에서 희생된 용사들을 추모하는 승리의 국가기념비

인도차이나반도 남행

1960년 공산당은 패배했으나 지도자였던 진평陳平은 1968년부터 말레이시아에서 1989년까지 반란을 일으켰다. 그 후 그는 태국으로 망명하여 2013년 9월 그곳에서 88세로 사망함으로써 사실상 말레이시아에서의 공산당 활동은 소멸했다고 할 수 있다.

　　이렇듯 말레이시아는 내부적으로는 철저한 반공정책을 펴면서도 우리와는 1960년에, 북한과는 1973년에 외교관계를 맺은 남북한 동시 수교국이다. 2017년 2월, 김정은의 이복형 김정남이 말레이시아 쿠알라룸푸르 공항에서 여성 2명의 피습으로 피살된 사건을 놓고 다소 의아한 면이 없지 않았다. 왜냐하면 완전히 의문이 해소되지 않은 상태에서 북한의 요구대로 그의 시신이 북한으로 보내졌기 때문이다.

　　이와 더불어 말레이시아 입헌군주제의 독특함도 관심의 대상이다. 비록 표면상으로는 인종과 종교 그리고 이념적인 문제가 드러나지 않고 있지만, 말레이시아의 왕위계승 방식은 특이하다. 말레이시아는 "군림하되 통치하지 않는다거나 왕도 헌법을 따른다"는 말에 따라 국왕은 명목상 최고 통치자일 뿐이다. 말레이시아에는 13개 주와 3개의 연방직할구가 있으나, 13개 주는 자체 헌법과 정부, 의회를 보유하고 있다. 그런데 국왕은 13개 주 중 페낭, 믈라카와 동말레이시아의 사바와 사라왁주를 제외한 9개 주의 세습제 술탄 가운데 번갈아 가며 5년 임기로 선출된다는 점이다. 이는 서말레이시아의 주 11개 중 이슬람 주 또는 말레이 주라 불리는 9개 주는 고유의 왕실을 두고 있기 때문이다.

　　이렇게 선출된 국가원수인 왕은 양디-퍼르투안 아공agong이라 불리며, 내각 각료들은 총리 추천을 거쳐 국가최고원수인 국왕이 임명한다. 그런데 임기제 또는 술탄 간의 선출형 국왕이긴 해도 각 주의 왕인 술탄제도가 자리잡고 있어 엄격한 궁중예식이 지켜지고, 왕족과 유력한 평민에 대한 작위 및 호칭제도가 발달되어 있다.

한편, 보르네오 섬인 동말레이시아의 사바와 사라왁주는 서말레이시아의 여러 주에 비해 이민법과 통치권과 독자적인 영주권 제도 등 더 많은 자치권을 가지고 있다. 아마도 이러한 것이 기점이 되어 최근 연방으로부터 독립하려는 움직임이 일고 있는 듯하다.

동말레이시아와 서말레이시아

쌍둥이 빌딩을 간단히 둘러보면서도 이 나라의 고민과 갈등에 얽힌 문제들을 짚어 볼 수 있는 귀한 시간이었다. 동행했던 인도인 비즈니스맨은 말레이시아에 대한 긍정적인 투자 미래 전망을 펴는 등 자신의 의견을 내는 데도 주저하지 않았다.

이제부터 여유를 가지고 KL의 맨얼굴을 보기 위해 신발끈을 조였다. 날씨는 쨍쨍 내리쬐는 햇볕으로 흘러내리는 땀을 연신 닦아내야 했다. KL에 오면 누구나 한 번쯤은 꼭 들르는 유서 깊은 메르데카 광장 잔디밭 한가운데 섰다.

이 광장에서 1957년 8월 31일 말레이시아가 독립하면서 국기게양대의 영국 국기가 내려지고 말레이시아 국기가 올라갔다. 이는 단순한 국기의 교체가 아닌 이 나라의 정체성과 자존심을 담은 환희와 감격이 넘치는 장면이었을 것이다. 광장 주위에는 영국 식민지 시절 당시 세운 식민지 정부 부처들의 아름다운 건축물들이 있다. 인도와 영국의 건축미를 가미한 독특한 식민시대의 양식인 콜로니얼 스타일이다. 역시 제일 먼저 눈에 띈 건물은 광장 바로 앞의 현재 최고재판소로 사용되는 식민정부 사무국이었던 술탄 압둘 사마드 빌딩이다.

이 건물은 1897년 북부 인도 무어 양식으로 지어진 말레이시아 최초의

❶ 술탄 압둘 사마드 빌딩　❷ 메르데카 광장 인근 도로를 지나는 오토바이들

건물이다. 말레이시아의 빅벤Big Ben으로 불리는 40m 높이의 시계탑은 마치 런던 템스 강변의 빅벤을 옮겨다 놓은 듯한 착각마저 일으킨다. 그리고 주변의 박물관, 세인트 메리 대성당, 상류층 사교를 위한 로열슬랑오르 클럽 등과 현대식 고층건물 등이 어우러진 스카이라인은 춤을 추는 듯 생동감에 부드러움을 더해 주고 있다.

　뜨거운 여름 햇볕에도 광장과 인근의 콜로니얼 건물들을 감상하는 사람들의 왕래가 늘어만 가고 있었다. 광장 한구석의 이동식 가게에서 아이스크림을 하나 사들고 그늘 아래 벤치에 앉아 더위를 식혔다. 그러면서 꼭 20년 전인 1997년 2월 겨울방학 때 이곳을 방문했던 기억을 떠올렸다. 그 때나 지금이나 변한 것이라고는 옛 건물 주위에 고층건물이 많이 들어선 것 외에는 그대로였다. 당시 강원대 교수산악회원 15명이 보르네오섬 사바주의 키나발루산 정상까지 트레킹을 마치고 이곳에 왔었다.

　산을 오르기 위해 이 나라를 방문하기 전에는 말레이시아의 지리경제적인 사정은 피상적인 상식에 머물러 있었다. 예를 들면, 약 3천만 명이 한반도 면적의 1.5배인 33만km²에 바다를 사이에 두고 말레이반도의 서말레이시아와 보르네오 북부지역인 동말레이시아가 650km 떨어져 있음을 실감하지 못했다. 그리고 최근 식민지로부터 독립하여 중진국으로 성장한 나라라는 정도의 얕은 상식이었다.

그러나 방문을 통해 보다 구체적인 상식을 넘어 지식으로서 이 나라에 대한 다양한 면을 접할 수 있었다. 특히 열대우림 기후에서의 농업형태나 정치 · 지리 · 경제적 사정을 하나둘 알아가기 시작했다.

동말레이시아는 이 나라의 본토라고 말하는 서말레이시아보다 크다는 것에 다소 흥미를 느꼈다. 즉 이 나라 전체면적의 61%나 되는 약 20만km²나 되며, 보르네오섬 면적의 27%나 차지하고, 인구는 보르네오섬 전체인구 2천만 명 중에서 약 600만 명으로 말레이시아 전체의 대략 20%를 차지한다. 무엇보다 석유와 천연가스 등 천연자원이 다량 매장되어 있는 자원부도資源富島라는 사실을 알고 이 지역은 이 나라의 보석과 같은 존재임을 알았다.

보르네오섬은 그린란드와 뉴기니에 이어 세계에서 세 번째로 큰 섬으로 브루나이, 인도네시아, 말레이시아 세 나라가 한 섬에 있는 것은 이 섬이 유일하다. 다만, 이 섬을 인도네시아에서는 칼리만탄이라 부르며, 섬에 대한 자신의 정체성을 밝히고 있다.

이렇듯 역사적으로 보아도 보르네오섬에 위치한 동말레이시아는 서말레이시아와는 다른 길을 걸어왔다. 현재 이 지역의 일부분은 과거 브루나이 술탄령이었으나, 다양한 부족들이 각자의 사회를 갖고 생활하고 있었다. 그러다가 19세기 중반 영국의 식민지배를 받았으며, 일부지역은 네덜란드의 지배를 받는 등 복잡성을 띠고 있다.

그러는 와중에 브루나이는 1961년 말레이시아 연방에 가입했다가 일 년 만에 탈퇴했으며, 영국 보호령을 거쳐 1984년 주권국가로 독립했다. 한편,

보르네오 북쪽의 사라왁과 사바주는 1963년까지 영국 보호령으로 있다가 각각 7월 22일과 8월 31일 주권국가로 독립했다. 그런데 독립했던 두 나라는 국민투표를 거쳐 말레이시아의 일원이 된다.

이렇게 합병된 두 나라는 1965년 8월 9일 같은 말레이시아 연방의 일원이었던 싱가포르가 연방에서 떨어져 독립국이 되면서 이 지역도 독립의지가 되살아난다. 즉 싱가포르가 연방에서 떨어져 나간 이상 같이 연방의 일원으로서 공존할 이유가 없다는 의식이 높아진 것이다.

그런데 1962년 같은 이슬람국가인 인도네시아가 북부 보르네오섬을 자신의 영토라고 주장하며 사바주를 침공하자, 과거 식민지 종주국이었던 영국의 지원으로 1966년 말레이시아의 승리로 끝난다. 이때 두 자치주는 일단 말레이시아의 일원으로 있다가 후에 독립을 도모할 계획을 세웠다. 그러나 두 자치주는 어느 날 하나의 주로 바뀌면서 말라야반도 연방정부의 철저한 통제를 받게 되었다. 그래서 1970년대부터 사바주는 자치권을 잃었다. 여기에 더하여 말레이시아 연방정부는 보르네오의 일부 주민들에게 무슬림으로 개종을 요구하는 과정에서 심각한 인권 유린과 폭력이 자행되기도 했다.

심지어 이곳의 주요 자원인 석유 사용에 대한 로열티를 지불하라는 등 철저한 통제를 통해 자체적인 경제적 발전을 막았다. 결과적으로 이 지역은 오늘날 합방된 말레이시아에서 가장 가난한 지역의 하나로 남아 있는 원인이 되었다. 이는 같은 섬의 석유와 천연가스를 바탕으로 부국의 꿈을 이룬 브루나이와는 비교할 수 없는 처지가 되고 말았다.

이러한 정치경제적 불이익이 지속되자 이 지역에서는 사바, 사라왁의 독립을 주장하는 '사바-사라왁, 말레이시아를 떠나다'Sabah Sarawak Keluar Malaysia, SSKM라는 온라인 단체가 생겨 1963년에 체결된 말레이시아 조약이 무효이고 불법적임을 주장하고 있다. 이들 활동은 미약하나 2013년 영국에서 정식 비정부단체로 영국 사바사라왁과 연합등록되어, 이 지역을 둘러싼 주변국가와의 변화의 불씨가 될지 예측하기 쉽지 않다.

보르네오 키나발루 등반의 추억

이렇듯 변하는 국제정세를 알고 하는 여행은 재미를 더해 준다. 왜냐하면 그들의 언어와 풍습 그리고 보이는 여러 사물들이 나타내는 의미를 어느 정도 이해할 수 있기 때문이다. 그러나 늘 변하는 국내외 정세와는 상관없이 항상 자연의 법칙대로 꿋꿋이 서 있는 밀림 속으로 들어가는 것도 여행의 별미 중의 별미이다.

강원대 교수산악회가 복잡하게 얽힌 도시를 떠나 남국의 고산을 택한 이유이기도 했다. 나는 4,000m가 넘는 고봉을 오르는 것은 처음이어서 기대가 컸다. 우리 팀은 김포국제공항을 이륙한 지 6시간 걸려 보르네오 사바주의 주도로 키나발루 산의 요새라고 불리는 코타키나발루에 도착했다.

이 도시는 제2차 세계대전 당시 폭격으로 완전히 파괴되었던 곳이라고 들었으나, 비행기에서 내려다보이는 아름다운 산호섬과 산으로 둘러싸인 도로망이 가장 잘 갖춰진 중형의 현대 도시임을 알았다. 1881년 창립된 영국령 북보르네오 회사 사장을 역임한 찰스 제셀 경의 이름을 따서 명명된 제셀톤보다도, 1968년부터 불리게 된 지금의 지명이 한결 더 이국적인 냄새가 났다.

우리는 공항에 내리자마자 키나발루 국립공원으로 향하였다. 산간마을 길가에는 허름한 가게들이 줄지어 있었다. 우리는 산중턱 아래에 펼쳐진 울창한 정글에 매료되었다. 그 정글 속의 나무를 베어 만든 경작지는 거대한 숲속의 작은 섬처럼 느껴졌다.

마침 검은 비구름떼가 몰려오자 우리는 공원 내 숙소에서 하룻밤 여장을 풀었다. 우리 일행은 경영학, 경제학, 건축학, 생물학, 녹지조경학, 농경제, 교육학, 간호학, 행정학, 문학 등 다양한 전공자들로 이루어져 산행 도중 궁금한 것이 있으면 쉽게 그 원리나 이유를 들을 수 있는 좋은 점이 있었다.

세계에서도 보르네오 열대우림은 1억4천만 년 전에 형성된 가장 오래된 우림이다. 15,000여 종의 식물화훼와 3,000여 종의 나무와 221종의 포유동물과 420여 종의 텃새가 서식하고 있는 그야말로 다종다양한 생물창고였다. 그리고 우리가 오르려는 4,101m의 키나발루산과 섬에서 가장 긴 1,143Km의 카푸아스강Kapuas river 등 수많은 강이 핏줄처럼 흘러가며 풍요로운 자연을 형성하고 있다.

그리고 세계 최대의 지하강인 크린워터 케이브Clearwater Cave는 무려 215km나 되며, 디어 케이브Deer Cave에는 300만 마리의 박쥐가 사는 등 그야말로 신비의 섬이다. 그 외에도 지질학적인 독특함은 '진화의 섬'이란 별명이 붙은 에콰도르 본토에서 서쪽으로 1,000km 떨어진 곳의 바다 위에 20여 개의 섬과 암초들로 이루어진 갈라파고스제도처럼 생물적 진화나 분포상의 특이함을 보일 정도이다. 그런데 보르네오 코끼리, 수마트라 코뿔소, 구름표범, 숲의 사람이라 불리는 보르네오 오랑우탄 등은 멸종위기 직전이다. 이외에도 적지 않은 귀한 식물자원의 보금자리이기도 하다.

거친 빗소리에 잠이 깼다. 모두들 걱정스런 얼굴이었다. 어쨌든지 산행 금지령이 내려지지 않는 한 오르기로 결정했다. 다행히도 서서히 비구름은 물러가고 배정된 세르파와 포터들과 함께 짝을 지어 1,564m의 키나발루 공원관리소에 위치한 숙소를 출발하였다.

길은 밤새 내린 비로 미끄러워 여간 조심스럽게 발을 옮기지 않으면 안

❶ 멸종 위기 직전의 보르네오의 수마트라 코뿔소 어미와 새끼
❷ 무거운 짐을 지고 키나발루산을 오르는 카다잔족 여자 포터

되었다. 우리 팀뿐만 아니라 다른 팀들도 조금씩 시차를 두고 하나둘 정상을 향하여 오르기 시작하였다. 평소 국내에서 등산을 좋아하는 사람들인지라 출발은 가벼웠다. 가벼운 짐은 자신들이 메고, 무거운 짐을 진 포터들은 우리보다 앞서 떠났다. 특히 무거운 짐을 지고 산을 올라가는 여자 포터가 대견스럽기도 하고 안쓰러웠다.

세르파와 포터들은 대개 키나발루 산록에 거주하는 원주민 두슨족 Dusuns과 카다잔족Kadazans이며 가파른 비탈에서 화전식으로 쌀과 야채 등을 재배하고 있다. 산사람들이 그렇듯이 이들도 이 산이 죽은 자들의 영원한 안식처라고 믿으며 신성시하고 있다. 훗날 히말라야 에베레스트나 마나슬루 계곡을 오를 때 자주 본 '포터는 히말라야의 척추다, 이들을 귀히 대하자'는 표어를 보면서, 키나발루의 포터와 세르파의 모습을 떠올리곤 했다.

중간중간에 마련된 간이휴게소는 가파른 길을 따라 점차 고도를 높여가는 우리에게 힘을 내라고 속삭이고 있었다. 해발고도 2,000m를 지나 3,000m에 오르자 건축학과 김남각 교수가 숨이 가쁘다며 힘들어했다. 우리는 동료애를 발휘하여 천천히 보조를 맞춰 올라갔다.

우리는 1차 목표지점인 3,300m에 자리 잡은 라반 라타 레스트하우스가 보이는 곳까지 왔다. 이때 김 교수가 얼굴이 창백해지며 그 자리에 쓰러졌다. 바로 옆에 있던 교수들이 깜짝 놀라 간호학과 여교수를 찾았으나 어디쯤 가고 있는지 알 길이 없었다. 심폐소생술을 해야 하는 것인지 잠시 망설이고 있었다.

이때 가지고 다니던 만년필형 침봉을 꺼내들었다. 급체나 피가 잘 돌지 않는 증세를 보이면 우선 손가락 몇 군데를 찔러 피를 내라는 얘기를 들은 것이 생각났다. 몸을 바닥에 바로 눕히고 가운데 손가락 끝을 침봉 바늘로 찔렀다. 그러자 갑자기 소방호스에서 물이 뿜어 나오듯 핏줄기가 뻗치며 허공을 갈랐다.

순간 크게 놀라기는 했으나 창백했던 김 교수의 얼굴에 화색이 돌았다. 피가 나오는 손가락 끝을 눌러 피가 안 나올 때까지 짜냈다. 그 후 김 교수는 만날 때마다 생명의 은인이라며 고마워했는데, 사람을 살린다는 것이 이렇게 값진 일이라는 것을 경험했다.

응급처치를 하고 레스트하우스로 들어서자마자 기다렸다는 듯이 다시 비가 퍼붓기 시작했다. 이 하우스 뒤에는 한눈에 압도당할 만한 거대한 바위산이 버티고 있었다. 비가 더욱 거세지자 일시에 커다란 폭포수처럼 엄청난 물이 바위 아래로 떨어져 실로 장관이었다. 마치 우산을 쓰고 있을 때 둥근 우산 사방으로 물이 떨어지는 것과 같았다. 그 규모가 큰 댐 수문을 열어 놓은 듯한 압도적인 위압감에 덜컥 겁이 날 지경이었다. 이처럼 순간적으로 거대한 폭포수를 만들어내는 자연의 위대함을 목도하면서 짜릿함을 느꼈다.

이곳에서 잠시 눈을 붙인 뒤 새벽 3시경에 일어나 정상을 향해 오르기로 하고 각자 휴식을 취했다. 이튿날 새벽 여전히 비가 내리는 가운데 하우스 뒤쪽 언덕길을 따라 오르기 시작하였다. 어제 몸이 불편했던 김 교수는 몸이 회복되었는지 함께 출발했다.

다행히 비가 그치고 서서히 구름이 걷히자 거대한 바위 위에서 떨어지던 폭포가 갑자기 사라졌다. 급경사를 넘어 오르자 넓은 바위고원이 펼쳐져 있었다. 경사진 바위 위가 얼마나 넓은지 정상으로 가는 길을 안내하는 밧줄이 바위 위에 길게 깔려 있었다. 정상부의 길이가 대략 800m에 이르는 거대한 산괴로 안내 밧줄이 없으면 엉뚱한 방향으로 갈 수도 있겠구나 싶었다. 이처럼 경사진 정상부가 넓고 평탄한 형세는 마지막 빙하기에 이동하는 얼음덩이에 깎여 만들어진 것이다. 그런데 이 산은 아직도 매년 5mm가량 솟아오르는 등 150만 년 전부터의 지각운동이 계속되고 있다고 한다.

드디어 우리는 4,101m의 정상인 로스봉Low's Peak 푯말을 앞에 두고 바위 끝에 올라앉았다. 아직도 정상 주위를 맴도는 구름 사이로 보일 듯 말듯한 열대우림 숲 위로 떠오르는 태양은 둥근 해가 떠오르는 모습보다 감탄스런 신비한 광경을 자아냈다.

정상 뒤편의 깊은 계곡은 수백 미터의 검은 화강암 절벽으로 둘러싸여 밑바닥 끝이 안 보일 정도로 깊었다. 거기에 거세게 부는 바람이 절벽을 타고 오르내리며 내는 굉음은 사람의 정신을 홀리는 듯한 묘한 소리였다. 아무튼 정상에 올랐다는 사실만으로도 온몸에 엔돌핀이 솟는 기분좋은 쾌감을 느꼈다.

이 산은 영국의 식민지 행정관이자 박물학자인 휴 로 경Sir Hugh Low이 1851년 처음으로 올랐다는 기록이 있다. 그리고 영국의 탐험가인 존 화이

173   인도차이나반도 남행

❶ 키나발루 산록의 가게들
❷ 사바주 박물관
❸ 해발 3,300m에 위치한 라반 라타 레스트하우스
❹ 키나발루 정상 뒷면의 깊은 화강암 계곡
❺ 키나발루 국립공원관리소

트는 이 산을 답사하고 1893년 《북보르네오, 키나발루 탐험Exploration of Mount Kina Balu, North Borneo》이라는 책을 펴내는 등 이 지역의 여러 모습이 외부에 소개되기 시작하였다.

그러다가 1980년대 초에는 국립공원관리순찰대원의 훈련을 위해 로스봉 정상까지 달려갔다 돌아오는 경주를 만들었다. 이것을 계기로 사바 주정부는 1987년부터 키나발루 산악마라톤을 국제경기로 전환했다. 2016년 국립공원 본부에서 정상까지 13km에서 벌어진 경주에서는 남자 2시간 21분 33초, 여자 2시간 58분 48초라는 신기록으로 우승자가 나왔다. 우리로서는 도저히 흉내 낼 수 없는 기록이다.

하산 길은 올라갈 때와는 달리 맑게 갠 하늘로 마음도 발걸음도 가벼웠다. 드디어 출발지점으로 되돌아왔다. 공원본부에 세르파가 우리 팀이 정상에 올랐다는 확인신고를 하자, 공원본부는 공원관리소장과 가이드의 사인이 담긴 증명서를 발급해 주었다. 이 증명서는 아프리카 최고봉인 킬리만자로 정상에 올랐다는 증명서와 함께 좋은 추억으로 간직하고 있다.

KL의 힌두동굴과 겐팅 하일랜즈

동말레이시아를 탐방한 우리는 항공편으로 말레이반도의 서말레이시아 KL에 내렸다. 모두 KL은 처음이어서 하루는 메르데카 광장 주변, 이스타나 네가라 왕궁, 국립박물관 등을 주마간산격으로 감상하였다.

이어 시내에서 북쪽 외곽 13km 지점에 있는 바투 동굴로 향하였다. 인도 밖에 있는 최대의 힌두교 성지를 보기 위해서였다. 4억 년 전에 형성된 높이 100m에 길이 400m의 거대한 석회암 동굴 속에 힌두교 사원이 있다는 말만으로도 신비스러운 매력을 지닌 곳이었다.

1878년 미국의 동물학자인 윌리엄 호르나데이는 세랑고르의 영국인 경찰 국장과 함께 사냥에 나섰다. 그때 박쥐 배설물인 구아노 냄새를 쫓다가 몇 세기 동안 정글 속에서 잠자고 있던 이 동굴을 세상에 알렸다. 이는 1860년 프랑스 박물학자 앙리 무어에 의해 수세기 동안 정글 속에 묻혀 있던 앙코르와트가 발견되었다는 얘기와 너무 닮았다.

아무튼 정글 속 이 동굴의 존재가 알려지면서 타이푸삼 축제기간 많은 힌두교도들의 순례지가 되었다. 이 축제는 참회와 속죄를 하며 이 기간 동안 고행을 하면 죄를 씻을 수 있다고 믿는다. 동시에 축제기간 힌두교인들은 전쟁과 승리의 신인 무루간Murugan의 초상이나 코끼리상神象을 모시고 바투 동굴로 모여든다. 그리고 왼쪽부터 과거와 현재 그리고 미래의 죄를 의미하는 세 갈래의 272개 계단을 오른다.

외관은 숲이 우거진 야산처럼 보이지만, 안은 일반 석회암 동굴과 마찬가지로 기이하게 생긴 빗물자국, 석순과 석주 등을 볼 수 있다. 이곳에 힌두교 신전을 세워 많은 조명장치와 수많은 인파들로 여기저기 훼손된 것을 볼 때마다 안타까웠다. 구경을 마치고 나와 동굴 밖의 높은 계단 위에서 보이는 KL의 스카이라인은 또 다른 별세계 같았다.

어느 사이 또 하루가 갔다. 이튿날 우리 팀은 말레이시아를 떠나기 전에 구름 위의 라스베이거스라 불리는 겐팅 하일랜즈Genting Highlands를 찾았다. KL에서 동쪽으로 약 1시간 거리에 해발 1,700m의 고원에 자리잡은 중국계 사업가 임어동林梧桐이 창업한 이 나라의 유일한 관광 카지노 리조트였다.

우리는 도박을 즐기기 위한 것이 아니라, 당시 우리 강원도에는 폐광지역 발전을 위하여 정부와 강원도가 카지노장을 개장하려는 노력을 하고 있을 때였다. 이러한 지방정부의 지역개발을 위한 정책조언 자료를 얻고자 하는 경제 관련 교수들의 요청으로 이루어졌다. 이미 겐팅은 1971년에

❶ 이스타나 네가라 왕궁 입구 ❷ 겐팅 하일랜즈

개장한 탓인지 카지노장은 물론 호텔, 테마파크, 골프장, 쇼핑몰 등 다양한 레저시설이 잘 운영되는 것처럼 보였다. 이러한 명성은 할리우드나 홍콩, 일본 등 영화 제작사들이 영화 속의 호화스러운 휴양지를 촬영할 때 이곳을 찾는 것만 보아도 이곳이 어떤 곳인지 알 수 있다.

특히 겐팅은 최근 미국의 20세기폭스사와 제휴해 리조트 월드겐팅 테마파크를 조성하는 등 새로운 개념의 사업으로 나아가고 있다. 사업규모도 싱가포르, 마닐라, 마카오 등 각지로 진출하고 있다. 그런데 이 겐팅 리조트에서 오르내리는 엘리베이터를 우리 현대에서 공급하고 있다. 동시에 정선의 카지노장도 종합리조트 관광지구로 되면서 날로 시설을 확장하는 등 발전하는 모습을 보면, 당시 겐팅 방문이 매우 의미 있었다는 생각이 든다.

KL에서의 아쉬운 짧은 여정

지난 동말레이시아와 말레이반도 등에서의 일들을 회상하는 동안 아이스크림이 다 녹아 버렸다. 아침 새벽부터 여기저기 돌아다닌 탓인지, 밤 11시 30분 태국으로 떠나는 버스를 타려면 아직 시간이 많이 남아 있었다. 눈을 돌려 광장 주변을 살피니, 바로 옆에 무슬림의 금식축제를 알리는 쿠알라룸푸르 하리 라야 페스티벌KL Hari Raya Festival을 알리는 간판이 보였다. 나는 곧장 축제장으로 빨려 들어갔다. 더위에도 아랑곳하지 않는 많은 사람들이 전통춤 공연에 호흡을 맞춰 흥겨워하고 있었다.

무슬림의 단식을 의미하는 라마단 축제장이었다. 이 금식축제는 신앙고백, 예배, 헌사, 성지순례와 함께 무슬림이 지켜야 할 5대 의무라고 한다. 그리고 이 기간 동안에는 동이 터서 해가 질 때까지 낮에는 취식, 흡연, 성욕 등 모든 육체적 욕망을 절제하는 인내의 시간이어야 한다는 것이다. 그리하여 신에 대한 참 사랑을 깨닫고 고백하며, 낙천적인 인생관과 인내심 그리고 이타심을 기를 뿐만 아니라, 형제애와 하느님 앞의 평등함을 재인식하는 의미도 있다.

축제장을 나온 나는 마침 광장 옆에서 출발하는 시티투어 2층 버스를 탔다. 시내를 도는 노선이 몇 개 있지만, 이 메르데카 광장은 모두 거치는 듯했다. 이 버스는 박물관과 식물원 그리고 KL 타워 등을 도는 노선이었다. 먼저 국립박물관에 내렸다. 앞서 여러 곳을 다니며 말레이시아의 역사를 다소 언급했지만, 유물이나 사진 등을 통해 확인하고 싶었다.

국립박물관은 1963년 8월 말레이 전통 건축양식으로 문을 열었다. 고대는 물론 말레이 왕국과 식민지 시대를 거쳐 현대에 이르는 말레이의 역사와 문화를 알기 쉽게 설명해 놓았다. 규모는 우리나라 국립박물관처럼 크지는 않지만, 이 나라의 역사를 이해하는 데 도움이 되었다. 특히 400년 간이라는 식민지 시대와 제2차 세계대전 이후의 말라야 연방 결성, 말레이시아 독립, 보르네오 사바와 사라왁을 포함한 말레이시아 연방 수립 등 역동적으로 변하는 현대사와 오늘의 말레이시아의 모습을 잘 보여 주고 있었다. 이외에도 말레이 원주민의 생활상을 엿볼 수 있는 민속자료 공간과 밖에는 옛 마차와 자동차, 증기기관차 등이 전시되어 있었다.

박물관을 나오면서 뜨거운 햇빛을 피해 나무그늘에 서서 기다리니, 관광객을 가득 실은 시티투어버스가 박물관 정류장에 멈춘다. 사람들이 내리자 나는 환승 티켓을 보여 주며 버스에 올랐다. 버스는 식물원과 시내 이곳저곳을 돌아다니며 과거와 어우러진 현대 도시의 면모를 보여 주었다. 이번에는 차이나타운 인근의 정류장에 하차했다.

시장 거리는 많은 사람들로 넘쳐났다. 북적대는 차이나타운의 중심인 잘란 페트랑jalan petaling 거리는 우리 재래시장 같은 모습이었다. 중국계 상인뿐만 아니라 인도계와 말레이계 상인들도 제법 눈에 많이 띄었다. 특별히 사고 싶은 물건은 없었지만, 자석이 붙은 말레이시아 기념품 서너 개를 샀다.

물건을 팔기 위해 소리소리 지르는 모습이나 물건을 사라고 호객하는 상점 주인 등은 영락없는 우리 남대문시장이었다. 삶의 생생한 현장인 시장을 돌아 중국 삼국지에 등장하는 관우關羽을 모시는 관제묘사원關帝廟을 찾았다. 관우는 중국인이나 화교들이 있는 곳에서는 반드시 만나는 전쟁의 신이자 재물의 신이자 덕장으로 추앙받는 인물로, 여기서도 만난다는 것은 중국인이 많다는 것을 의미했다.

이어 길 건너 말레이시아에서 가장 오래되고 외관이 화려한 스리 마하 마리아만 힌두사원으로 갔다. 관광객이 자유롭게 드나들 수 있지만, 신발을 맡기고 맨발로 들어가야 한다는 것이 다소 성가시긴 했으나 발을 씻은 뒤 정갈한 마음으로 들어가야 하는 등의 규율은 지켜야 했다. 사원 입구에는 코끼리상이며 여신 등 여러 신들을 적나라하게 조각해 높이 쌓아 올린 탑이 있었다.

메르데카 광장 옆의 영국식 세인트 메리 대성당과 인도 북부 무굴 모스크의 영감을 받은 이슬람 사원인 마스지드 자멕Masjid Jamek과 힌두사원 등이 서로 얼굴을 마주 대하고 있는 모습은 흔치 않아 보였다. 이러한 종교 건물의 수려한 외관은 보면 볼수록 빠져들 만큼 매력적이었다.

미처 소화가 안 될 정도로 많은 것을 보고 느낀 하루였다. 그것도 모자라 앉아서 이동하며 구경할 수 있는 시티투어버스로 환승했다. 아직 보지 못한 도시의 모습이 하나씩 더 보였다. 무어 양식의 현대적인 건축물, 전통적인 중국인 가게, 허름한 오두막, 말레이인의 집단촌과 시내를 흐르는 켈랑강을 따라 이어지는 혼잡한 중심지에는 현대식 건물의 은행, 보험회사, 호텔, 정부청사, 철도역 등이 줄지어 있어 지루한 줄 몰랐다. 그리고 머리 위로는 시내를 관통하는 고가전철이 있었다.

이렇게 온종일 나홀로 도시여행을 하고 나니 날이 저물고 있었다. 배도 고프고 다리도 쉬어야 했다. '흙탕물의 합류'라는 뜻을 지닌 쿠알라룸푸르는 1857년 중국인 주석 광부들이 부락을 세운 것이 최초이다. 그 후 1882년에 이곳 주재 영국 외교관으로 부임한 프랭크 스웨트넘 경Sir. Swettenham의 노력으로 급속히 성장했고, 제2차 세계대전 이후 인구가 급속히 늘어났다. 1948~1960년 사이 공산주의자들에 의한 폭동기간에 시행된 재정착사업으로 도시 외곽에 세워진 새로운 마을들이, 1963년에 이 나라의 수도가 되었다는 이 도시를 떠나야 할 시간이 다가오고 있다.

이제 더 이상의 미련을 버리고 아쉬움을 남긴 채 태국으로 넘어가는

❶ 국립박물관 입구

❷ 쿠알라룸푸르 하리 라야 페스티벌 간판

❸ 이슬람 사원인 마스지드 자멕

❹ 차이나타운 인근 거리를 달리는 시티투어버스

❺ 전쟁과 재물의 신인 관우를 모신 사원

❶ 스리 마하마리아만 힌두사원 정문 위의 조각들
❷ 시내를 활보하는 무슬림 여성
❸ 차이나타운의 잘란 페탈링 거리임을 알리는 문

국제버스를 타기 위해 짐을 맡겨 놓은 버스터미널로 갔다. 인근 식당에서
식사를 하는 동안 나 같은 사람들이 꾸역꾸역 모여들었다. 도열해 있는 버
스들이 각자 시간에 맞춰 하나둘 출발하는 모습을 보면서 긴장감과 안도
감이 교차하고 있었다.

말레이반도를 따라 북상하면서

출발시간이 임박하자 사람들의 움직임이 빨라졌다. 드디어 시동이 걸리고, 기사는 마지막으로 승객 점검을 한 다음 북쪽으로 출발했다. 밤새 달려 말레이시아와 태국의 국경을 넘어 단녹Dannok를 거쳐 최종 목적지인 태국 남부 최대도시인 핫야이Hat Yai까지 달릴 모양이다. 나는 마치 죄라도 짓고 야반도주하는 양 한밤중에 쿠알라룸푸르를 탈출하는 듯한 묘한 감정이 일었다.

기차로도 편안하게 국경을 넘을 수 있다지만, 버스 역시 빠르고 경제적이며 비교적 불편함이 없어 쉬는 듯한 기분마저 들었다. 각 좌석마다 충전 플러그가 있어 마음에 들었다. 거기에 에어컨이 잘 작동되어 가벼운 바람막이 겉옷을 꺼내 입어야 했다.

차 안은 엔진 소리만 들릴 뿐 적막함이 넘쳤다. 수도를 벗어나니 도로변에 희끗희끗 산야들이 보이기 시작했다. 이 나라는 대부분 열대우림으로 고무와 야자유는 가장 중요한 소득원으로 알려진 환금작물이다. 쌀도 주요한 산물이긴 하나 자급률이 불과 30% 정도로 낮아 수입에 의존하고 있다.

그 대신 석유와 주석 채굴은 제일의 외화 획득원으로서 중요한 품목이다. 말레이시아는 브라질과 중국에 이어 세계에서 세 번째로 주석 매장량이 많으며, 석유와 천연가스도 적지 않은 생산량을 보이는 등 아직 이 나라의 경제는 농업, 광업 등 1차, 2차 산업에 크게 의존하고 있다. 설사 그렇다고 하더라도 자원 하나 없는 우리나라로서는 부러움의 대상이다.

하지만 아직도 이 나라의 농업은 국내총생산의 약 20%이며, 농업노동력도 25%가 넘는 등 고용구조상 아직 후진적인 면을 벗어나지 못하고 있다. 1955년 이후 토지개혁을 추진해 왔지만, 많은 농민은 영세·소농으로 대부분 빈곤한 삶을 유지하고 있음을 볼 수 있다. 주로 소규모 농장에서 재배

태국에서 바라본 말레이시아 국경이민국

되는 플랜테이션 작물인 고무는 전세계 생산량의 25%나 차지하고 있다.

버스는 말레이시아에서 가장 긴 남북고속도로를 거침없이 질주하고 있었다. 이 고속도로는 싱가포르에서 방콕까지 이어지는 말레이반도의 핵심 간선도로이다. 새벽 5시, 여권을 챙기라는 말에 잠이 깼다. 밖을 보니 말레이시아의 나루리 아만Naluri Aman 면세점이라고 쓴 간판이 보인다. 환전소와 여행사 그리고 문을 열고 손님을 기다리고 있는 식당을 두리번거리며 눈요기를 하고 있었다.

부키트 카유 히탐 국경이민국Bukit Kayu Hitam의 출국수속을 받은 뒤 걸어서 국경을 넘어 태국의 사다오 이민국Sadao Immigration Checkpoint 직원에게 여권을 건넸다. 90일간의 체류를 허가하는 입국허가 스탬프가 쾅 하고 찍혔다. 2016년 8월 3일 새벽이다.

계속 밀려드는 버스에서 내려 국경을 넘으려는 사람들로 혼잡했다. 어떤 버스가 내가 타고 온 것인지 한참 헤매야 했다. 맨 앞에 탔던 나를 기억하는 운전수의 수신호를 보고 버스에 올랐다. 그런데 이 국경도시는 많은 사람들이 쇼핑과 매춘을 하러 매일 밤 줄을 잇고 있다고 한다. 좁은 도로 양쪽으로 몸을 거의 드러내다시피한 여성들이 호객하는 모습은 보고 싶지 않은 풍경이었다.

인도차이나반도의 십자로 태국

태국 남단의 국경도시 핫야이에서

태국 입국 수속을 마친 버스는 4번 고속국도 위로 올라섰다. 아직도 핫
야이까지는 60km를 더 가야 한다. 어둠이 완전히 걷힌 이른 아침이었다.
국경사무소 지역을 벗어나 버스에서 내려다본 풍경은 방금 전 말레이시아
에서 보던 풍경과는 전혀 다른 모습이었다.

도로변의 버스정류장이나 공공건물은 태국 전통 지붕 문양인 삼각형 건
축물들이 눈에 띄었다. 또 그렇게 많이 보이던 무슬림 여성들이 외출할 때
머리와 목을 가리기 위해 쓰는 히잡은 보이지 않았다. 그 대신 황색 승복
을 입은 탁발승들이 탁발 그릇을 안고 줄지어 가는 모습을 보니, 국경을
완전히 넘었음을 알 수 있었다.

버스는 태국 남부지방 송클라주에서 가장 큰 도시인 핫야이에 도착했다.
버스에서 내려 배낭을 찾으러 짐칸으로 갔더니, 배낭이 보이지 않았다. 어
찌 된 일인지 주위를 둘러보았더니, 어느 사이 오토바이 운전기사가 내 배
낭을 끌어안고 주인을 기다리고 있었다. 그는 내가 방콕으로 갈 것으로

❶ 태국 측 이민국 사무소   ❷ 태국으로 입국하면서 처음 본 전형적인 태국 문양

짐작하고 9시에 출발하는 여행사까지 태워다 줄 테니 우리 돈 1,300원에 해당하는 40바트를 달란다. 어차피 가야 할 길이어서 그의 오토바이 뒤에 올라탔다. 그런데 여행사 앞에 도착해 보니 버스가 보이지 않았다. 뻔히 그럴 줄 알면서 이곳으로 안내한 그가 야속했다.

이곳은 여행사별로 각지로 떠나는 버스표를 팔고 있었다. 표를 구하기 위해 시내 여러 여행사를 돌아다녀 봤지만, 버스표를 구하기가 힘들었다. 덕분에 생각지도 않았던 시내 구경을 오토바이 뒤에 매달려 한 셈이다.

작은 국경도시로만 생각했던 핫야이의 인구는 약 16만 명이고 생활권 인구는 80만 명 규모로 이 나라에서 세 번째로 큰 광역도시이다. 태국 국내는 물론 말레이시아에서 이곳을 쇼핑을 위한 목적지로 삼고 있는지는 몰랐다. 날씨는 북위 7도선 상에 위치한 열대지방으로 덥고 습도가 높아 아침부터 무더위가 대단했다.

1922년 철도가 놓이기 전에는 작은 시골마을에 지나지 않았지만, 지금은 국내 철도는 물론이고 말레이시아를 왕래하는 국제철도의 허브 역할을 하고 있다. 동시에 아시안하이웨이 2번이 지나고 말레이반도 동해안을 달리는 아시안하이웨이 18번이 시작하는 교통의 요지이기도 하다. 동시에 푸켓 등에 관광객을 연결해 주는 사설 미니버스터미널도 보였다.

사람들이 모이는 이곳은 파타니 연합자유기구Patani United Liberation Organization라 불리는 과격한 분리주의자 등의 테러 목표지점이기도 하다. 2005년 3월과 2006년 9월 그리고 2012년과 2014년에 슈퍼마켓과 태국에서 다섯 번째로 붐비는 국제공항 그리고 호텔 등에 폭탄공격을 가하여 다수의 사상자가 발생하는 등 테러활동을 멈추지 않고 있다. 말레이시아와 인접한 까닭에 말레이 무슬림과 중국인들이 비교적 많이 거주하는 곳이기 때문일 것이다.

이렇게 가끔 테러가 발생하는데도 관광버스가 몰려드는 것을 국경도시가 갖는 교통의 편리성도 있지만 언어, 문화, 역사, 음식 등의 다양성을 느낄 수 있기 때문이 아닐까. 아무튼 여기저기 기웃거리며 전혀 지루한 줄 몰랐다. 오래된 낡은 건물 사이로 새롭게 지은 고층건물이 간선도로를 중심으로 길게 늘어서 있는 모습은 나그네의 마음을 사로잡기에 충분했다.

이제 북쪽으로 950km나 떨어져 있는 방콕으로 가야 한다. 여기까지는 버스로 왔으니 이제부터 기차를 타고 가며 새로운 경험을 하고 싶어 핫야이역으로 갔다. 그런데 붐벼야 할 역은 조용했다. 역 앞에는 각지로 떠나는 미니트럭을 개조한 10여 대의 버스가 손님을 기다리고 있었다. 역 안으로 들어간 나는 방콕행 열차는 밤늦게 출발한다는 것을 알았다. 기차를 이용하지 못한다는 아쉬움을 안고 아침식사를 할 양으로 식당과 여행사를 겸한 곳으로 들어갔다.

식사는 이곳에서 생산되는 장립종 인디카 타입의 쌀밥과 닭고기 몇 점, 그리고 데친 채소가 나왔다. 가방에서 튜브용 고추장을 꺼내 비벼먹으니

인도차이나반도 남행

고향에 두고 온 얼굴들이 하나하나 떠오르다가 갑자기 울컥하는 마음마저 일었다. 나그네가 가끔 느끼는 향수였다.

혼자 밥 먹는 것을 본 여행사 직원이 어딜 가는지 교통편의를 제공해 주겠다며 나섰다. 기차로 가려면 밤까지 기다려야 하니, 아침 9시에 떠나는 미니밴으로 방콕까지 가는 것이 좋을 거라고 권한다. 일반 버스보다도 빠르고 편하다는 것이다. 과연 그럴까 의문을 품으면서도 그렇게 하기로 마음먹고 우리 돈 39,000원에 해당하는 1,200바트를 주고 티켓을 구입했다. 기차나 버스요금에 비하면 결코 싼 것은 아니었다.

아직 출발시간까지는 다소 여유가 있었다. 이번에는 배낭을 아예 식당에 맡기고 카메라 가방만 멘 채 오토바이 기사에게 부탁하여 다시 시내 구경에 나섰다. 이동식 손수레 장사꾼, 길게 늘어서서 손님을 하염없이 기다리는 오토바이 운전기사들, 허름한 식당에서 식사하는 사람들, 등교하는 학생들, 황색 도포를 입은 스님들 사이를 달리는 고급 4륜차 SUV 등 일상생활의 모습도 처음 보는 광경인 양 신기하게 느껴졌다. 그리고 오토바이 뒤에 탄 나를 바라보는 시선도 자연스러웠다.

이렇게 시간을 보내다가 미니밴이 출발하는 여행사 앞에 왔으나, 손님이 안 찼다고 떠날 생각을 하지 않는다. 한참만에 차가 움직이기는 했지만, 만석이 될 때까지 시내 여행사를 돌며 호객행위를 했다. 괜히 탔구나 하는 후회가 밀려왔다.

10시 30분이 되어서야 차 안이 꽉 차자 떠날 기미를 보였다. 다행히도 나는 먼저 예약한 관계로 운전석 옆에 앉았기에 망정이지, 뒤쪽 구석진 자리에 앉았다면 숨이 막혀 버렸을 것이다. 그런데 조금 가다가 주유를 한다며 붐비는 주유소로 들어갔다. 제멋대로인 운전기사의 언행에 승객들이 애써 외면하고 있는 모습이 안쓰럽기만 했다.

주유를 마친 차는 시내를 벗어나 아시안하이웨이 2번과 4번 국도가

❶ 핫야이 중심가　❷ 핫야이 기차역 건물
❸ 등교하는 학생들 모습　❹ 역 앞에서 대기하는 트럭버스들

겹치는 도로를 따라 북상하기 시작하였다. 이 아시안하이웨이 2번은 인도네시아 자바 동쪽 끝 발리섬의 주도인 덴파사르에서 시작하여 싱가포르, 말레이시아, 태국, 미얀마, 인도, 방글라데시, 네팔, 파키스탄을 거쳐 이란과 이락의 국경마을인 코스라비를 잇는 루트로 총길이 13,177km에 이른다.

이 도로를 따라 북상하면서 수없이 아시아하이웨이 2번을 알리는 AH2를 보면서, 이 길 끝까지 달려가 보고 싶은 욕망이 일었다. 언젠가는 이 길을 달리면서 여태까지 모르고 지내던 사람과 숨겨진 문화, 역사, 자연 등을 접할 날이 있을 것을 꿈꾸고 있다.

이 길을 달리면서 수없이 눈에 띈 것은 생전의 라마 9세King Rama IX인 푸미폰 아둔야뎃Bhumibol Adulyadej 태국 왕과 왕비의 초상화 그리고 왕실 가족의 다양한 모습을 담은 사진들이었다. 초상화는 도로변의 군부대 정문 위, 관청의 안팎 등은 물론이고 도로를 따라 일정한 간격으로 세워져 있었다. 그런데 이 여행에서 귀국한 지 두 달이 지날 무렵인 2016년 10월 13일 왕이 88세로 타계했다는 소식을 들었다. 그러니까 1946년 6월 9일에 즉위한 이래 꼭 70년 만이었다. 이는 1952년 2월에 즉위한 영국 엘리자베스 2세 여왕보다 5년 이상 재위기간이 길었으며, 세계에서 두 번째로 나이가 많은 국왕이었다.

푸미폰 국왕은 1927년 12월 5일 미국 매사추세츠 주 케임브리지에서 평민인 모친한테 태어났다. 형인 라마 8세의 돌연한 죽음으로 왕위를 계승받고도 학업을 위하여 삼촌에게 섭정을 맡기고, 스위스 로잔대학에서 법학과 정치학 공부를 마치고 파리에 들렀다가 만난 왕비와의 로맨스는 유명한 일화이다.

국왕 부처는 3녀1남을 두었다. 동시에 입헌군주로서 쿠데타 등의 정치적 위기를 포함하여 수차례에 걸친 결정적인 정치적 중재를 통해 안정을 회복하는 등 국민적 지지를 받았다.

❶ 핫야이에서 나란히 북상하는 아시안하이웨이 2번(AH2)과 국도4호선을 알리는 이정표
❷ 도로변에 걸린 라마 9세인 푸미폰 아둔야뎃 국왕 부처 초상화

특히 북부 소수 고산족의 복지를 개선해 1988년 막사이사이상을 받았다. 코피 아난 당시 유엔사무총장은 그를 세계의 개발 왕으로 신분과 종족, 종교를 초월해 극빈자와 취약 계층을 위해 헌신했다고 평가하기도 했다. 이러한 노력으로 국왕은 국민들로부터 거의 신적인 인물로 존경받았다. 그 국왕 부처와 왕실 가족의 초상화는 도로와 함께 끝없이 함께 달리고 있었다.

한편, 2016년 10월 13일 푸미폰 국왕이 서거하자, 64세의 장남 마하 와치랄롱꼰Maha Vajiralongkorn 세자가 왕위를 계승한다는 발표와 동시에 일 년간 국왕 서거에 따른 애도기간으로 정했다. 그러면서 태국 관광당국은 애도기간에 외국인 관광객에게 최소한의 예의를 지켜 주기를 바라는 권고사항을 내놓았다.

한밤중에 도착한 방콕

우리를 태운 미니밴은 북쪽으로 달리고 또 달렸다. 도중에 4차선 왕복으로 잘 닦여진 도로 위에 바가지로 퍼부어 대듯 강한 스콜이 지나갔다. 또한 길을 건너는 가축떼를 기다리느라 길이 지체되기도 했다. 운전기사는 맘에 들지 않았다. 전혀 의사 소통도 안 되고 운전하면서 담배를 쉬지 않고 피워대는 바람에 뒤쪽에 앉은 사람들은 담배연기로 괴로워할 정도였다. 가끔 눌러대는 클랙슨 소리는 나팔을 장착하여 울릴 때마다 무슨 큰 사고라도 일어난 게 아닌가 하고 놀랄 정도였다.

한술 더 떠 음악을 크게 틀어놓고 혼자 어깨춤을 추는 듯 몸을 살짝 흔들어 대기도 하고, 자기가 필요하면 아무 예고 없이 정차하는 등 900km의 여정은 그야말로 고통을 참아야 하는 인내의 길이었다. 그런데 뒷좌석에 앉은 사람들은 한마디 불평 없이 참고 가는 것이 신기했다.

그래도 가는 도중에 특별히 볼 것이 있으면 세워 달라는 부탁은 두어 번 들어주었다. 한 번은 도로변에서 농산물 축제를 하는 현장이었다. 축제현장에 어떤 농산물이 나올까 궁금해서였다. 다른 사람들도 내려 잠시 휴식을 취했다. 축제현장은 농민들이 농산물을 파는 데 도움을 주기 위하여 지역에서 만든 작은 시장이었다.

또 한 번은 도로변의 이동식 손수레 과일가게 앞에 멈춘 일이었다. 길게 늘어선 가게들은 냉차나 과일주스, 식빵 등 간단한 요깃거리와 먹기 편하게 잘라놓은 열대과일 등을 팔았다. 여기서 제일 안전한 마실거리로 생각되는 코코넛 한 통을 주문했다. 같이 탄 사람들도 나를 따라 코코넛을 마시며 장난기 어린 미소로 무언의 소통을 나누었다.

8시간을 넘겨 열심히 달려왔는데도 겨우 반을 왔으니 이 나라의 남북 길이가 엄청나게 길다는 생각이 들었다. 이 나라의 크기가 한반도의 2.3배인

❶ 핫야이에서 방콕까지 타고 간 미니밴
❷ 도로변의 농산물 축제 안내판
❸ 도로를 따라 늘어선 손수레 이동식 가게들

51만km²에 이르고, 인구도 7천만 명이라는 사실을 잊고 있었다. 서서히 어둠이 깔리기 시작했다. 한참 우기여서 비가 내릴 기미가 안 보이다가도 갑자기 구름이 몰려와 비를 뿌리고 사라지는 등 종잡을 수 없는 날씨였다.

드디어 8월 4일 목요일 새벽 2시 방콕 북부터미널에 도착했다. 하루 종일 가늘고도 길게 늘어선 인도차이나반도를 북상하는 드라이브를 즐긴 셈이

인도차이나반도 남행

다. 차만 섰다 하면 어디서 나타났는지 젊은 오토바이 기사와 먹을 것을 머리에 인 여인들이 보이곤 했는데, 깊은 한밤중이라 다가오는 이들은 없었다.

방콕에 머물며 더 둘러볼까 생각했으나, 딱히 보고 싶은 곳이 떠오르지 않았다. 예전에 여러 번 왔던 곳이기 때문이다. 태국 북부지방을 둘러볼까 하다가 다음 기회로 미루고 캄보디아로 가기로 마음먹었다. 구조가 복잡해 물어물어 겨우 캄보디아로 가는 매표구를 찾을 수 있었다.

마침 새벽 3시 30분 캄보디아 국경과 인접한 도시 아랑야프라테트 Aranyaprathet로 가는 버스표를 구했다. 이렇게 일찍 떠나는 교통편이 있다니, 신기하기도 했지만 다행이라 생각했다. 이보다 앞서 편히 가려는 생각에 택시로 가는 편을 알아보았으나, 버스보다 3배나 비싼 80달러를 요구하기에 생각을 접었다.

그때 마침 전남 신지도의 초등학교에 근무하는 젊은 여교사 두 명과 합류하였다. 그들은 방학을 맞이하여 방콕 구경을 마치고 캄보디아 앙코르와트로 가려는 참이었다. 두 선생님의 이야기는 인도차이나를 여행하는 것보다 더 흥미롭고 신선했다. 그리고 젊은 시절 백령도에서 군생활을 하면서 대청도, 소청도 등 서해 옹진군의 여러 섬들을 순방하던 일들이 떠올랐다. 그때 서해 소청도에서 소대장으로 근무하던 동기생과 여교사와의 로맨스 이야기는 이제 옛날이야기가 되었다.

고마운 리틀 타이거의 명성

버스는 방콕을 출발했다. 태국과 캄보디아 국경까지 약 250km를 달리는 버스였다. 방콕에서 캄보디아 프놈펜으로 직접 가는 국제버스도 있지

만, 태국의 국경도시인 아랑야
프라테트와 캄보디아의 국경도
시인 포이펫Poipet에 잠시 들러
보고 싶었다.

어두운 방콕 시내를 빠져 캄
보디아 북서쪽 포이펫으로 향
하였다. 어느덧 어둠이 완전히
걷히고 찬란한 태양 아래 국경
이 가까워지고 있을 무렵 태국
제12보병연대 제3보병대대라
고 새긴 커다란 안내판이 선명

태국 제12보병연대 제3보병대대 정문

하게 보였다. 이 대대는 한국전쟁에 참전했던 제21연대와 같은 왕실 제
2보병사단 소속의 제12연대 휘하 대대였다. 부대 앞을 지나면서 순간적으
로 태국군과 관련된 일들이 스쳐 지나갔다.

한국전쟁 당시 태국군은 미국 다음으로 빠르게 공군수송기 파견을 시작
으로 지상군과 해군을 파병하여 우리를 도왔다. 그것도 바로 눈앞에 보이
는 대대의 상급부대가 한국전쟁에 참전했던 태국 제2보병사단 휘하라는
점에서 남다른 느낌이 와 닿았다. 현재 태국군은 세계적인 군사강국이라
고는 할 수 없지만, 동남아에서 베트남과 인도네시아에 이어 31만 명의 대
군과 동남아시아 유일의 항공모함인 1만2천톤급 경항공모함을 유지하고
있다. 그리고 제2 항모 도입 계획을 세우고 있는 강력한 군사력을 보유하
고 있다.

그러나 당시 태국군은 10만여 명에 지나지 않았다. 그 가운데 1만5천 명
이 지원하여 1,491명이 부산항에 도착하였다 하니, 그들의 사기를 알만 했
다. 당시 우리 국군은 전쟁이 발발한 지 3일 만에 수도 서울을 빼앗기고

인도차이나반도 남행

후퇴에 후퇴를 거듭하고 있었다. 이처럼 빠른 속도로 남하하는 북한군의 공세에 눌려 바로 적화통일이 되고 말 것처럼 보였다. 그러나 개전 이틀 만에 유엔군 파병이 결정되면서 한국전쟁은 국제전으로 전개되었다.

당시 제2차 세계대전이 끝난 지 얼마 되지 않았던 때여서, 국제사회 분위기는 침략전쟁을 일으킨 북한에 상당히 적대적이었다. 그런 까닭에 전투부대 파병 16개국, 의료지원부대 파병 5개국, 그 외에도 많은 물자지원국 등 당시 전세계 국가의 3/4에 해당되는 67개국이 우리를 돕기 위해 나섰던 것이다.

그런데 전투병 파병국가 대부분이 북미 및 서유럽 국가였고 아시안 국가 중에는 태국과 필리핀이 있었다. 태국은 미국 다음으로 빠르게 전쟁 발발 4개월 만에 최전선에 투입되어 용감한 전투를 벌여 혁혁한 전과를 올렸다.

태국은 자국의 전투부대를 파병하기 이전에도 유엔이 한국 지원을 결정하자 바로 전쟁 발발 5일 후인 6월 30일, 쌀 4만 톤을 지원하는 등 발빠른 지원에 나섰다. 한편, 육군보다 먼저 파견된 공군은 유엔군의 일원으로 부상자들을 일본으로 수송하고 물자수송도 담당했다.

그 외에 태국군의 전과는 수없이 많다. 중공군을 상대로 1952년 10월 31일부터 11월 11일까지 벌인 폭찹 힐Pork chop hill 전투는 유명하다. 강원도 철원과 연천에 걸친 철의 삼각지 내의 해발 300m 되는 언덕인 폭찹 고지를 두고 중공군과 태국군이 포함된 유엔군이 함께 벌인 처절한 사투였다.

이때 태국군 1개 대대는 중공군의 5차례에 걸친 공세를 수적인 열세에도 불구하고 용감히 싸워 수백 명의 전사자를 낸 중공군을 패퇴시켜 고지를 사수한 일이다. 이 고지전에서 태국군은 많은 무공훈장 수훈자를 배출했다. 이에 작은 체구의 병사들이 호랑이처럼 무섭게 싸운다는 뜻으로, 공군 조종사였던 외아들을 한국전쟁에서 잃은 미8군 사령관 밴 플리트James A. Van Fleet 장군이 리틀 타이거Little Tigers라는 별칭을 붙여 주며 그들의 용맹을 세계에 알렸던 것이다.

이후 태국군은 휴전 뒤에도 1956년까지 대대 규모의 병력이 주둔하면서 전후 복구를 지원하였고, 1972년에 마지막으로 남았던 중대병력이 철수하여 22년간에 걸친 긴 한국 파병을 마친다. 한국전쟁 기간 중 태국군은 총 15,708명이 참전하여 136명이 전사하고 1,160명의 부상자와 5명이 실종되는 피해를 입은 우리와는 혈맹관계이다.

우리나라 사람들은 백마고지나 도솔산 전투 등은 잘 알고 있지만, 이 폭찹 힐 전투는 사실 나도 생소했다. 그런데 '폭찹 힐 전투'라는 이름의 영화가 1959년에 만들어졌다. 전쟁 말기의 의미 없는 고지전에서 수많은 청춘들이 피를 흘린 장면을 묘사하고 있다. 특히 이 영화는 태국군도 함께한 전투이긴 하나 미군이 중심이 된 영화로 한국전쟁이 끝나가는 1953년 판문점 휴전협정 회담이 진행되는 상황에서 서로 한 치의 땅이라도 더 차지하려고 처절한 전투를 벌이는 것이 배경이다.

휴전이 이루어지자 우리 정부는 태국을 최우선 수교 대상국으로 지정하여 1958년 수교를 맺었다. 1974년에는 경기도 포천에 타일랜드군 참전기념비를 건립하여 전몰장병들의 넋을 기리고 있다. 동시에 태국에서도 당시의 전훈을 왕실 주관으로 때마다 기리고 있다.

2012년 이명박 대통령은 동남아 순방 중 우리나라 대통령으로서는 처음으로 태국 방콕을 공식 방문하고, 태국의 한국전 참전기념비도 찾았다. 그리고 80대 전후의 참전용사와 그 가족들에 대해 감사의 뜻을 표했다.

한편, 한국인이 자주 찾는 관광지 파타야 인근에 한국참전기념탑과 기념관이 있다는 사실을 모르는 한국인이 너무 많다는 사실에 놀랐다는 보고도 있다. 한국인 관광객이 연간 수십만 명이 오가는데 이들 기념물을 그냥 지나치는 것은 여간 무심한 일이 아니다.

한국 참전용사로서 전후 우리나라를 방문한 태국인들은 한국의 발전상에 놀란다. 그때의 참전이 오늘날의 눈부신 경제발전에 기여했다는 것을 생각하면 기쁜 일이다. 그리고 태국은 베트남전쟁에도 참전했으나 공산화된 베트남에 비하면 한국은 정말로 대단한 민족이다. 그래서 긍지와 보람을 느낀다는 얘기를 아낌없이 전하고 있다.

그런데 태국은 이미 임진왜란 당시에도 일본을 견제하기 위해 조선으로 출병했다는 흥미 있는 주장이다. 부산대 조흥국 교수는《한국과 동남아시아의 교류사》에서 중국 명나라 사료를 바탕으로 당시 사정을 설명하고 있다. 하지만 당시 아유타야 왕국은 미얀마의 침공에 대비해야 했고, 한편으로는 캄보디아 정복 야욕으로 원거리의 동아시아에 출병할 여력이 거의 없었다고 한다. 다만, 선조실록을 근거로 중국에서 활동하던 아유타야 출신 병사들이 임진왜란에 참전한 것은 분명하다는 것이다. 이는 우리와 태국과의 관계는 이미 오래전부터 이어져 왔다는 것을 의미하고 있다.

쿠데타에서 쿠데타로 이어지는 태국의 현대사

수도 방콕에서 그다지 멀지 않은 군부대 앞을 지나면서 한국전쟁 당시 태국군의 활약상을 더듬어 보았다. 동시에 태국에서 빈번하게 일어난 군 쿠데타 얘기도 빼놓을 수 없는 일이다.

태국은 1912년 이래 무려 21번이나 쿠데타가 있었다. 그리고 1932년 입헌군주제 실시 이후부터 최근 2014년의 쿠데타까지 82년간 19회에 걸쳐 평균 4년에 한 번 쿠데타가 있었다.

라마 6세 와치라웃 국왕은 즉위 직후인 1912년에 육군과 해군 장교들의 소위 궁중반란Palace Revolt of 1912이라 일컫는 군사반란에 직면했다. 이 반란군은 1911년에 발생한 중국 신해혁명의 영향으로 처우개선과 민주적

개혁을 요구했지만, 곧 진압되었다. 이렇게 시작된 태국의 군 쿠데타는 1932년 법학자와 군 장교들이 쿠데타를 일으켜 입헌군주제 국가로 바꾼 이래 2014년 5월까지 무려 19번이나 반복된다.

우리도 경험했던 쿠데타의 명확한 정의가 무엇인지 가려내기가 쉽지 않다고 한다. 그래서 성공한 쿠데타는 쿠데타 또는 혁명으로 불리며, 실패한 쿠데타는 반란으로 규정짓는 것도 이런 맥락이다. 또한 세계적으로 쿠데타라는 용어를 사용함에 있어 이것이 성공이냐 실패냐로 구분한다. 쿠데타는 권력을 빼앗으려는 쪽과 이를 지키려는 쪽의 충돌이 불가피하여 유혈사태가 발생하기 마련이다.

19세기 이후 세계 각국에서는 수많은 쿠데타가 일어난다. 쿠데타 회수가 가장 많은 나라는 의외로 스페인으로 32회나 된다. 이어 하이티 27회, 그리스 22번, 파라과이 19회, 중국과 프랑스가 각각 15회, 볼리비아 14회, 필리핀 13회, 이란 10회, 아프카니스탄과 아르헨티나 그리고 나이제리아는 각각 8회, 방글라데시와 파키스탄이 각각 6회, 에티오피아 5회, 한국과 캄보디아가 각각 2회를 기록하고 있다.

이렇듯 일일이 셀 수 없을 정도의 쿠데타로 정권이 바뀐 사례는 부지기수다. 즉 세계 역사 자체가 바로 쿠데타의 역사인 듯한 느낌을 지울 수 없다. 그리고 쿠데타 세력에 대해 반대하는 세력이 쿠데타 정권을 다시 뒤엎는 역쿠데타도 있다. 통일되기 전의 남베트남은 북베트남과 싸우는 가운데에도 5번이나 쿠데타와 역쿠데타가 발생하여 나라가 망하는 길을 재촉했다. 이렇듯 한 해도 거르지 않고 세계 어디선가 쿠데타가 발생하거나 시도되고 있다. 가장 최근의 쿠데타로는 실패한 2016년 7월의 터키 쿠데타가 있다.

1957년 태국 왕실의 권위를 되찾기 위해 국왕은 사리트 타나라트 장군의 쿠데타를 돕는다. 결과적으로 실권은 총리가 된 장군에게 넘어갔지만, 푸미폰 국왕은 그 보답으로 많은 권한과 경제적 이익을 취한다. 이렇게 생긴 경제력을 바탕으로 국왕은 열악한 농촌을 개발하기 위하여 농업기술 발전과 의료단을 지원하고, 수력발전소를 짓는 데 아낌없이 왕실의 돈을 푼다. 이러한 국왕의 행적은 국민의 지지로 이어진다.

실제로 왕실은 태국 최대의 부호로 세계에서도 손꼽히는 부자이다. 왕실의 재산을 관리하는 왕실재산국은 부동산 등 다양한 수익사업에 손을 대고 있다. 그리고 이런 왕실의 수입은 소득세가 면제되어 국왕이 국민에게 베푸는 시혜는 그렇게 크지 않다는 중론도 있다.

그러나 국왕은 1932년 입헌민주제가 실시된 이후부터 혼미스러운 군사쿠데타가 일어날 때마다 정치세력 간의 갈등을 무마시켜 정국을 안정시켰다. 한편, 푸미폰 국왕은 자신의 권력을 키우기 위하여 쿠데타를 이용했다는 비판도 적지 않다. 왜냐하면 입헌군주제는 왕이 존재하나 통치하지 않는다는 원칙을 어기고 군사쿠데타가 일어나면 거기에 동의하거나 거부하면서 태국 정치에 큰 영향을 미쳤기 때문이다.

이렇게 국민적 지지를 받고 있던 푸미폰 국왕이 서거한 뒤, 왕위를 계승한 와치랄롱콘 국왕은 이혼 등의 사생활과 성격 등으로 정치세력의 갈등을 어떻게 조절해 나갈지 모든 이들의 관심사가 되고 있다.

최근 19번째 쿠데타는 과거와는 달리 친국왕 세력을 지지하는 노란 셔츠Yellow Shirts와 친탁신 세력을 의미하는 붉은 셔츠Red Shirts 간 대립이 어느 때보다 날카로웠다. 바로 직전 2006년의 군부에 의한 쿠데타는 당시 시골과 빈민지역 등의 압도적 지지를 받고 있던 친탁신 세력을 부정부패의 온상이라며 축출하는 데 성공한다.

이렇게 축출된 친탁신 계열은 레드 셔츠라는 이름으로 전국적으로 지지자들을 조직화하는 데 성공한다. 즉 수적으로 더 많은 지지를 받고 있는 친탁신 세력은 2006년 이후 치러진 모든 선거에서 다수의 지지를 받아 재집권에 성공한다. 붉은 셔츠를 지지하는 세력의 수적 우위로 인해 선거에서의 승리는 거의 보장되어 있었다.

그런데 붉은 셔츠에 반대하는 노란 셔츠의 도시 중산층 및 기존 엘리트 등 기득권 세력은 수적 열세에도 불구하고 실질적으로 국가를 운영하는 중추인 관료제, 법원 그리고 군을 장악하고 있다. 이들은 선거에서 이긴 친탁신 정부를 그냥 두지 않았다. 자신들이 장악한 법원의 판결을 통해서 총리 자격을 정지시키고 임시정부를 구성하여 새로운 선거를 통해 다시 권력을 통제하려 시도해 왔다.

2006년 쿠데타 이후 이런 식으로 총리가 해임되고 정부가 바뀐 것만 이번 친탁신 정권인 잉락 총리까지 세 번째였다. 다시 말해 2014년 5월 군사쿠데타는 친탁신파인 잉락 총리를 대법원에서 일차로 자격 정지시킨 뒤, 친탁신 계열을 더욱 무력화시키기 위해 취해진 조치이다.

그러나 과거의 선거 결과를 놓고 볼 때, 법원에서 아무리 친탁신 계열을 축출한다고 해도 결국 선거를 할 수밖에 없다는 사실이다. 그러면 다시 친탁신 세력들이 집권하는 과정이 되풀이될 가능성이 높다. 그리하여 노란 셔츠와 친국왕 세력들은 이러한 전철을 밟지 않고 확실한 권력을 장악하기 위해 새로운 쿠데타를 선택한 것으로 보인다.

즉 계엄령을 발표한 2014년 쿠데타 군사정부는 선거를 회피할 수는 없다. 국민의 눈높이나 국제사회의 이목 때문이다. 선거 전까지 헌법과 의회의 기본구조를 뜯어고쳐, 친탁신 세력이 다시 권력을 잡는 것을 차단하려 하고 있다는 점이다. 선거를 통해서 의회와 정부를 구성하는 큰 줄기는 바뀌지 않겠지만, 새로운 장치들을 통해 기득권 세력의 의석수를 늘리려 할 것이다.

설사 그렇게 된다고 할지라도 근본적인 모순과 대립이 해결되지 않는

한 친탁신 세력이 가진 숫자의 힘과 친국왕 세력이 가진 실질적 권력이 향후에도 지속적으로 충돌할 것으로 보는 견해가 많다. 이를 들여다보면 지역 간 계급 간의 정치체제를 둘러싼 뿌리 깊은 대립이었다.

이렇게 깊이 깔린 내재적인 문제로 여전히 태국은 만성적인 쿠데타 내전에 시달리게 될 것이라. 따라서 암울한 정치 상황은 태국 경제를 흔들 수밖에 없다.

태국과 캄보디아의 국경지역

군부대 앞을 지나 서서히 태국과 캄보디아 국경지역인 사케오주의 아랑이라고 불리는 아랑야프라테트에 도착했다. 어두운 새벽에 출발하여 서서히 어둠이 걷히는 주변의 모습은 마치 영화가 본격화되기 전의 초기 장면과 같았다.

아랑야프라테트는 태국어로 '외따로 뚝 떨어져 있는 궁벽한 땅'이란 뜻으로 예전에는 수도 방콕에서 멀리 떨어져 있어 교통이 불편하고 문화의 혜택이 적은 곳을 가리키는 국경지역이었다. 과거에는 태국 열차를 타고 방콕에서 캄보디아 프놈펜까지 갈 수 있었지만, 1970년대 캄보디아의 크메르루즈 공산정권의 출현으로 기차 운행이 중단되었다. 현재는 방콕에서 아랑까지만 운행되고 있다.

캄보디아에 내란 중에는 태국으로 피란 오는 캄보디아 난민의 통과지점이었으며, 국내외 매스컴의 주목을 받던 곳 중의 하나이다. 캄보디아 내란이 종식된 지금은 반대로 아랑의 맞은편 포이펫에는 캄보디아의 법률 아래 합법적으로 카지노가 운영되고 있어, 많은 태국인들이 국경을 넘고 있다. 이는 태국 내에는 도박이 금지되어 있기 때문이다.

우리는 국경으로부터 6km 떨어진 곳으로 툭툭이를 타고 국경까지 이동해야 했다. 기다란 손수레 위에 쌓인 짐, 양쪽에 짐을 매단 스쿠터, 트럭, 미니버스 등 온갖 운반 수단을 동원한 노동자들은 국경의 시장으로 가거나 또는 국경을 넘으려고 서두르는 모습이었다. 이곳 시장의 주요 거래상품 중의 하나가 곳곳에 걸려 있는 바로 우리가 입던 중고 옷이거나, 오래전에 만든 이월 의류품이라는 얘기를 들으니 마음이 짠했다.

특히 양국의 국경시장을 거의 매일 넘나드는 보따리 장사꾼이나 손수레 짐꾼들과 길게 늘어선 오토바이 행렬은 보기 드문 볼거리였다. 여기에 더하여 캄보디아를 관광하고 나오는 사람들과 앙코르와트를 보려고 캄보디아로 들어가려는 관광객들의 육로 관문인 이곳을 통과하기 위하여 진땀을 흘리고 있다.

이러한 활기 넘치는 사람들의 모습을 보니 마음이 괜히 들뜬다. 신지도 여선생님들과 국경을 넘기 위하여 태국 이민국에서 출국 스탬프를 받았다. 그리고 걸어서 국경을 넘어 캄보디아 이민국으로 갔다. 출입국 절차를 밟으려는 사람들로 붐볐다.

나도 입국비자를 받고 철망으로 된 좁은 길을 따라 캄보디아 입국장으로 향했다.

치앙마이로 떠난 교수 워크숍

2017년 1학기가 끝난 6월 마지막 주, 강원대 주진호 학장과 우리 학과의 이병오, 고종대, 신효중, 이종인 교수 등 27명은 농대 발전, 나아가 농촌농업 진흥을 위한 공동주제를 가지고 3박5일간 태국 북부지방의 치앙마이로 워크숍을 떠났다. 몇 년 만의 폭염이었지만, 모두 6년 만의 해외 워크숍에

❶ 태국의 출국수속장

❷ 태국에서 바라본 캄보디아

❸ 캄보디아에서 바라본 태국

❹ 아랑의 거리 풍경

❺ 태국에서 캄보디아로 들어가기 위해
　입국절차를 기다리는 오토바이 행렬

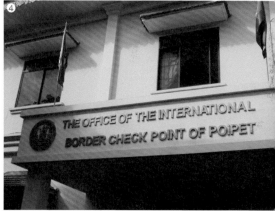

❶ 태국에서 캄보디아로 입국하기 위해 수속을
　밟는 관광객들
❷ 캄보디아로 도보 입국하는 모습
❸ 태국에서 캄보디아로 넘어가는 짐들
❹ 캄보디아 포이펫 입국심사장
❺ 캄보디아 입국 통로

기대를 걸고 있었다. 왜냐하면 같은 농대라도 옆에서 무슨 연구를 하는지 또는 무슨 생각을 하고 있는지 알 수 있는 기회가 많지 않기 때문이다. 나는 또 다른 의미가 있었다. 교수생활을 마무리하는 정년여행이었던 것이다.

비행기는 밤 11시쯤 치앙마이에 내렸다. 룸메이트는 이병오 교수였다. 그는 늘 겸손하게 학문적 열정을 불태우는 학구파이다. 내일부터 빡빡한 일정을 소화해야 한다. 두 교수의 발표를 듣고 유기농업을 중점적으로 연구하고 실행하는 메조농업대학 등을 방문하여 간담회 등도 가져야 한다. 그러나 이러한 학구적인 일도 중요하지만, 모처럼의 현장 탐방을 은근히 더 기대하고 있었다.

이튿날 입담 좋은 가이드의 설명은 귀를 솔깃하게 만들었다. 치앙마이의 특징은 은퇴이민 도시라는 것이었다. 과거 탁신 정부의 글로벌 비즈니스를 위한 실버마이스Silver MICE의 상징적인 곳이라 했다. 인구는 30만에 지나지 않는 오지에 매일 유동인구 250만 명을 수용하고 있다고 한다. 특히 외국인 은퇴이민을 위한 타운이 조성되는 등 제도가 잘 마련되어 있다고 힘주어 설명했다. 즉 한 타운 안에 같은 언어를 쓰는 비중이 20%를 넘지 않도록 분양하되, 등록금 없이 치앙마이대학의 학생이 될 수 있다. 20년 뒤에는 은퇴타운 분양대금 전액인 2억 원을 되돌려 받는다고도 했다. 그리고 타인에게는 양도가 안 되지만 가족에게는 되고 의료관광 수준이 높아 북유럽 이민자가 많다는 것이다.

이곳이 사람들의 인기를 끄는 또 하나의 이유는 오후 6시 이후 경찰도 파출소 문을 닫고 퇴근할 정도로 치안상태가 좋다는 것, 그리고 이웃 주민과 물이 좋다는 것이었다. 더 나아가 도시 자동차의 클랙슨 소리가 나지 않고, 거리에 쓰레기가 보이지 않을 정도로 주민들은 내 집 청소를 유별나게 깨끗이 한다는 얘기였다. 이병오 교수와 새벽에 일어나 거리에 나가보았더니 과연 가이드 말대로 거리가 청결하여 시민의식이 높다는 것을 실감하였다. 오히려 우리 애연가 교수들이 꽁초를 어떻게 처리할까 하는 것이 걱정될 정도였다.

그는 이곳의 역사도 잘 알고 있었다. 13세기 초 치앙라이에서 건국한 란나 왕국이 1296년 성벽과 해자로 둘러싸인 태국어로 '신도시'라는 뜻의 치앙마이로 천도한다. 이후 치앙마이는 란나 왕국의 수도로서 태국 북부 불교문화의 중심지로서 역할을 한다. 그러나 1556년 버마의 침공으로 약 200년간 버마의 속국이 된다. 이후 1774년 탁신왕이 버마를 몰아내고 통치권을 행사한다. 그러나 1939년 란나의 마지막 왕이 죽자, 태국 정부에서 지사가 파견되어 태국으로 완전히 편입되는 역사를 가지고 있다.

깊이는 없어도 폭넓게 알아야 된다는 가이드의 말은 일리가 있었다. 사실 나는 패키지 여행은 거의 하지 않는 편이었다. 그런데 굳이 수고를 하지 않고도 이런저런 구경도 하고 가이드의 얘기를 편히 앉아 듣고 있자니 재미가 있었다. 그리고 연일 이어지는 그의 입담에 지루한 줄 모르고 따라다녔다.

메조대학에서의 유기농업 관련 견학도 유익했지만, 치앙마이에서 50km 정도 떨어진 매땡 지역에서 코끼리와 우마차 그리고 뗏목을 타는 것도 재미있었다. 여기서 코에 붓을 쥐고 물감을 묻혀 가며 나무를 그려대는 코끼리 쇼는 신기한 볼거리였다.

이어서 고산족으로 목이 긴 카렌족 마을에 닿았다. 얼마 전 미얀마의 민속마을에서 만난 바로 카렌족 여인들이었다. 언덕길을 따라 길게 이어진 초가지붕 아래 목이 긴 카렌족 여인들이 수공예품을 팔고 있었다. 신주로 된 목걸이 링을 매년 늘여 간 까닭에 머리가 기린처럼 허공에 떠 있는 듯하다. 이러한 기형적인 모양은 척추신경을 눌러 균형잡기가 만만치 않다고 한다. 균형을 잡기 위한 방법으로 팔찌와 무릎찌를 둘러야 한다는 것이다.

이러한 여인들의 목장식은 세계에서 대표적인 악습과 더불어 폐지되어

❶ 치앙마이 코끼리들의 도하   ❷ 코끼리들이 그림을 그리고 있다.

야 할 제도 중의 하나라고 주장하고 있다. 즉 에스키모의 자기 부인을 손님잠자리에 들여보내는 것, 치앙라이의 처녀가 첫 생리를 할 때 밖에서 재우는 일, 그리고 중국에서 여성의 발이 자라지 못하게 하는 전족제도, 에티오피아 남서쪽 키비시 강변 오지의 서마족Surma 여인들의 입술과 귀를 확대하는 제도, 인도 북부 아샘주 등에 거주하는 아파타니족Apatani 여성들의 콧구멍을 변형시키는 일 등은 어린 시절부터 육체적 고통을 겪어야 하는 악습이다.

그런데 이들 악습은 모두 여성에게만 해당된다는 점이다. 이들 모두 미인을 만든다는 설이 있지만, 여성이 귀한 민족이어서 여자가 도망가지 못하게 만든 하나의 폐습이라는 설이 유력하다.

특히 지금은 없어진 어린 소녀나 여성의 발을 인위적으로 묶어 성장을 막았던 중국의 전족纏足 풍습은 무려 10세기 초부터 20세기까지 거의 1천 년 동안이나 지속되었다니, 그 끔찍함에 소름이 끼친다.

전족한 여인들 발의 크기는 10~13cm 정도로 작을 뿐만 아니라, 모양새도 변형된 마름모꼴이어서 거동을 하려면 담에 의지하거나 지팡이 등을 사용해야 하는 등 극심한 고통이 뒤따른다. 그러니 천재지변이나 전쟁이 나면 스스로 도망갈 수가 없어 죽기만을 기다리는 신세였다. 이는 결국 여자는 남자에 의존할 수밖에 없는 존재로 만들어 버렸던 것이다.

그리고 눈앞의 카렌족 여성들이 관광객 앞에서 춤을 추는 모습을 보니, 몸짓이 극히 제한적이었다. 이제 더 이상 목긴 아름다운 풍습은 전통이 아닌, 여성을 잡아매는 족쇄일 뿐이다.

우리는 미얀마와 태국을 가르는 히말라야산맥 끝자락에 있는 태국의 최고봉 도이인타논산 정상을 올랐다. 해발 2,565m인 정상까지 자동차가 올라가는 예는 흔치 않아서 정상에 올랐다는 느낌은 들지 않았다. 다만 정상의 정글 트레일을 걷고 나서야 산정상에 올랐음을 조금 느꼈다. 역시 산정상은 땀을 흘리며 올라야 제맛이 난다.

산정상에 자리잡은 마지막 란나 왕의 탑이 숲속에 초라하게 서 있는 모습과 아직 국상중인 푸미폰 왕이 화장 후 잠들 웅장한 탑은 너무나 대조적이었다. 그러나 아직 그의 시신이 방콕에 머물며 정치적인 이유로 제때 장례식이 치러질 수 있을까 우려하는 말이 나오고 있다.

이어서 치앙마이를 보지 않고 태국을 알았다고 할 수 없고, 해발 1,053m에 자리잡은 도이수텝에 오르지 않았다면 치앙마이를 보았다고 할 수 없다는 도이수텝 사원에 올랐다. 걸어서 온 것이 아니라 케이블카로 타고 올랐다. 폭우가 쏟아진 뒤 맑은 하늘과 흰 구름이 어우러진 화려한 황금빛 불탑들과 불상이 갑자기 눈앞에 다가온다.

사원 경내에 들어가기 위해서는 신발을 벗어야 한다. 입구에 걸린 닭 사진은 그 옛날 신발을 신고 들어오는 사람에게 닭을 풀어 신발을 벗을 때까지 발을 쪼아댔다는 전설에 따른 것이라 한다. 이 사원의 아름다운 불교

❶ 목이 긴 카렌족 여인들의 공연 모습
❷ 태국의 최고봉 해발 2,565m인 도이인타논산 정상의 정글
❸ 도이인타논산 정상 인근의 계단식 논
❹ 화려한 도이수텝 사원에서 기도하는 승려들

문화를 접하는 일도 중요하지만, 더 좋은 것은 대평원 한가운데 펼쳐진 치앙마이 시내를 굽어 볼 수 있는 탁 트인 전경으로 하산하기가 아까울 정도였다.

그러나 사원을 뒤로 하고 시내로 들어오면서 태국 북부에 설립된 종합 지방국립대학의 아름다운 캠퍼스를 보았다. 여기에 무려 35,000여 명의 학생들이 다니고 있단다. 이름과 얼굴은 잊었지만, 10여 년 전에 캐나다 앨버타대학 농촌경제학과에 객원교수로 갔을 때 만난 이 대학 교수의 얼굴을 기억해 내려고 애를 썼다.

이제 치앙마이에서의 마지막 날을 보냈다. 춘천과 같은 30만 정도의 인구가 살고 있지만, 다양성면에서는 춘천보다 낫다는 생각을 했다. 은퇴도시로서의 이미지와 의료관광, 태국 최고봉과 열대 정글이 있는 공원, 과거 찬란한 왕국의 수도로서의 사원이나 성곽과 해저, 인근 산간지대의 거대한 왕립 농장과 수려한 계단식 논 등은 사람의 마음을 사로잡을 만했다.

그리고 수없이 많은 전통공예 공장과 상점들, 잘 꾸며 놓은 골프장들, 엄청난 규모의 야시장과 곱게 치장한 트랜스젠더들의 손짓, 그리고 청결한 시내 모습, 큰 규모의 컨벤션 시설 등 개방성과 국제성을 띤 도시가 태국 북부 오지에서 화려하게 꽃 피우고 있었다.

다시 찾은 앙코르와트의 나라 캄보디아

역시 사람은 옛 사람

태국과 캄보디아를 오가는 인파에 밀리다시피 이민국에서 입국수속을 마치고 캄보디아를 상징하는 앙코르와트 모양의 국경문을 넘어 캄보디아 땅을 밟았다. 사람들의 복장과 표정 그리고 건물 등 열악한 모습은 그대로였다. 그러나 마중 나온 사람은 없어도 반가움이 앞섰다.

잠시 동행한 신지도의 초등학교 여선생님들은 앙코르와트로, 나는 수도 프놈펜으로 가는 버스를 예매했다. 대부분의 외국인들은 프놈펜보다는 죽기 전에 꼭 봐야 한다는 앙코르와트로 향한다. 나는 이미 여러 번 갔었지만 또 보고 싶은 미련은 남아 있었다. 그만큼 앙코르와트가 지닌 의미가 크기 때문이다.

버스가 떠날 때까지 남은 시간을 이용하여 다시 포이펫 시장을 둘러보았다. 예전에는 제대로 된 건물도 없이 햇빛을 가리는 천막이 시장 안을 가득 메우고 있었다. 천막시장 안은 지저분하고 악취가 풍겨 발 내딛기가 망설여질 정도였다. 마치 영화 '국제시장'에서 본 한국전쟁 직후의 우리 시장 모습이었다. 그런데 지금은 그런 시장 건물 안에 물건들이 가지런히 정리되어 있었다.

버스 출발시간이 되어 여교사들과 헤어졌다. 나는 그녀들에게 앙코르와트를 둘러보고 프놈펜으로 올 때는 톤레삽 호수를 거쳐 삽강을 따라 내려오는 배를 타면 좋다고 알려 주었다.

내가 탄 완행버스는 남쪽으로 방향을 잡았다. 가는 도중에 손님을 한 명이라도 더 태우려고 했는지, 버스 성능이 그랬는지 답답할 정도로 천천히 움직였다. 그래서 오후 6시 도착 예정이던 차는 3시간 이상 늦어졌다. 그렇다고 서두를 일은 없었다. 캐나다에서 버스로 대륙을 횡단할 때 버스가 시골마을 구석구석을 돌며 우편물과 수하물을 일일이 수발하고 있었다. 그 바람에 캐나다 대초원의 시골길을 들여다본 기억이 남아 있다.

간이휴게소 옆에 나란히 놓여 있는 물항아리들을 보니 캄보디아의 정취가 느껴졌다. 가뭄은 물론 평소에도 물을 저장했다가 쓰는 물항아리들은 이 나라 농촌의 지혜이자 생명단지였다. 이는 긴 건조기의 물부족에 대비한 것으로 동남아 여러 나라 중에서도 캄보디아에서 주로 볼 수 있는 것이다.

차창 밖은 그야말로 산 하나 없는 대평원이다. 거기서 자라고 있는 벼와 여러 작물 등은 뜨거운 햇볕 아래 싱그러운 빛을 발하고 있다. 그런데 아직도 농촌마을의 실상은 빈곤을 벗어나지 못하고 있는 모습이다. 농기계화 대신 물소 등 축력에 의지한 전근대적인 방법을 그대로 쓰고 있었다.

농산물 집산지인 바탐방에 멈추었다. 시내 중심지에 자리잡은 큰 불상들이 이 나라가 불교국가임을 잘 나타내고 있다. 이곳은 동남아시아 최대 담수호인 톤레삽 호수 서쪽 분지에 자리하여 물이 풍부하고 토양이 비옥하여 캄보디아 최대 쌀 생산지대이다. 이곳에서 이 나라 정부의 농촌개발부 소속으로 우리의 개발경험을 전파할 목적으로 오토바이를 타고 흙먼지가 이는 길을 수없이 왕래했었다. 그리고 이곳에서 프놈펜까지 믿기 어려

❶ 캄보디아 국도변의 간이휴게소
❷ 포이펫과 프놈펜 중간 간이휴게소의 물항아리
❸ 포이펫 시장으로 숯을 팔러 가는 우차
❹ 캄보디아 어디에서나 쉽게 볼 수 있는 메뚜기나 귀뚜라미 요리

울 정도로 최악의 기차를 타고 갔던 기적도 되살아났다. 그 철로가 어떻게 변했는지 보고 싶었지만 버스도로와는 떨어져 있었다. 나중에 들어보니 철도보다는 우선 도로사업에 치중하여 크게 변하지 않았다고 한다. 그런 열차를 타고 장거리 여행을 할 사람은 많지 않아 보인다. 그러나 낙후된 기관차나 선로 사정으로 천천히 달릴 수밖에 없는 열차 뒤에 줄을 던져 매달려 따라오거나, 양수기 모터 엔진으로 달리던 노리라는 열차가 갑자기 생각났다.

'노리'라는 말은 트럭을 뜻하는 'Lorry'에서 나온 것으로 프랑스 식민지 시절과 캄보디아 내전 당시 인력과 물자를 수송하기 위해 기차바퀴 위에 대나무 등의 나무를 얹어 만든 운송수단이다. 단선 철로인지라 선로에서 마주 오는 기차를 만나거나 짐을 많이 실은 다른 노리를 만나면, 노리를 들어서 밖으로 내어 주는 등 양보해 가면서 달렸었다. 지금은 물건과 농민을 나르는 용도도 있지만, 관광객의 인기가 있다는 말을 듣고는 그럴 만도 하다고 생각했다. 우리나라 관광지에 설치되어 있는 레일 바이크처럼….

프놈펜으로 가면서 방진기 박사에게 연락을 하기 위해 옆자리에 앉은 아낙네에게 휴대전화를 써도 되느냐고 물었다. 그녀는 흘깃 나를 보더니 전화기를 내주었다. 스마트폰이 아닌 단순 무선전화 기능만 있는 손때가 잔뜩 묻은 낡은 기기였다. 사실 우리나라 후불요금제도와는 달리 선불요금 제도를 택하고 있는 캄보디아에서 전화를 쓰겠다는 것은 경제적 부담을 주는 일임을 알고도 부탁했다. 방 박사에게 언제 어디에 도착할지는 알려 줘야 했기 때문이다. 최소 전화요금을 내야겠다고 생각했다.

프놈펜 터미널에 도착하자, 농촌진흥청 해외농업기술개발사업KOPIA 캄보디아 센터장인 방 박사와 송기욱 전문관이 마중을 나와 주었다. 방 박사는 내가 준정부기관인 농업기술실용화재단 초대이사장으로 있을 때 종자

인도차이나반도 남행

사업을 책임지고 있었다. 근면하고 추진력이 강한 그를 나는 늘 신임했다. 검게 탄 그의 얼굴빛은 여전히 성실함을 보여 주고 있었다.

그러면서 오늘밤은 호텔에서 쉬고, 내일은 자기 집에 묵으라고 권한다. 마침 가족이 모두 유럽 여행을 떠나고 당분간 혼자 지내고 있다는 것이다. 나는 폐를 끼치는 것 같아 내키지는 않았으나, 프놈펜의 부촌이 어떤 곳인지, 그리고 그가 어떻게 사나 궁금하기도 했다.

우리는 늦은 저녁을 먹으로 메콩강이 잘 보이는 강변 식당으로 갔다. 이곳에서 3개월간 농촌빈곤퇴치사업을 한답시고 동분서주하던 일이 떠올랐다. 이제 이런 일을 방 박사가 하고 있다. 그때 나는 농업경제전문가로 일했지만, 방 박사는 우리의 선진 종자기술을 통한 농촌개발사업을 하고 있다.

이튿날 프놈펜 교외 들판 한가운데 자리잡은 캄보디아 농업연구개발연구소에 있는 코피아 사무실을 찾았다. 그곳에는 이제 대학을 갓 졸업하고 온 충남대, 충북대, 영남대 농대 출신 인턴 4명과 우리 연구원 3명이 있다. 이들은 주로 우리 종자를 이곳으로 가져와 현지 적응 시험을 통해 얻은 좋은 종자를 농민과 농촌지도기관에게 전수하는 일을 하고 있었다.

작은 농업기술이 인류문명을 밝힌다

우리는 세미나용 탁자에 둘러앉았다. 좋은 얘기 한마디 부탁한다는 방 박사의 말에 평소에 생각하던 '하나의 작은 농업기술이 인류문명을 밝힌다'는 간단한 소회를 밝혔다.

나는 대학에서 '위기의 지구촌과 국제협력'이라는 교양특화과목을 개설하여 담당하고 있다. 그런데 본격적인 강의를 시작하기 전에 "만일 그것

❶ 바탐방 시내 전경
❷ 바탐방 인근의 광활한 평야지대
❸ 캄보디아 국경도시 포이펫의 카지노와 리조트 입구

이 없다면 지구촌의 인간을 중심으로 위협이 되는 것 4가지를 순서대로 지적해 보라"는 질문을 던지곤 한다. 그리고 영조의 아들 사도세자는 뒤주에 갇혀 죽었는데, 목이 말라 죽었을까 배가 고파 죽었을까 하는 우문도 곁들인다. 물론 학생들은 갑자기 받은 질문이라 대개 우물쭈물한다.

첫째는 빛이다. 태양빛이 사라지면 모든 동식물을 포함하여 사람도 삽시간에 보이지 않게 될 것이다. 둘째는 공기이다. 갑자기 우리 주변의

인도차이나반도 남행

공기가 없어진다면 인간은 몇 분 안에 질식할 것이다. 셋째는 물이다. 물을 마시지 못하면 인간은 3~4일 안에 갈증으로 죽고 만다. 그리고 넷째는 식량이다. 먹을 것을 구하지 못하면 사람은 15일 정도까지는 견딜 수 있지만 끝내 아사하고 만다.

빛과 공기는 사람이 만들어 낼 수 없다. 물은 사람에 의해 이용조절이 가능하다. 그런데 식량은 사람이 기존의 빛과 공기 그리고 물을 합성하여 만들어 낼 수 있다. 문제는 식량을 생산하는 데는 사람의 두뇌활동을 필요로 한다. 즉 과학을 바탕으로 하는 농업기술의 진보에 의존하고 있다는 것이다.

재러드 다이아몬드 교수의 세계적인 명저《총, 균, 쇠》에 의하면, 약 700만 년 전에 초기 인류가 아프리카에 출현했다. 이들은 지금부터 약 50만 년 전에 현대인의 두개골과 상당히 유사한 '생각하는 사람'이란 뜻의 '호모 사피엔스'로 진화한다. 이렇게 진화하면서 인류는 매우 조잡하긴 하나 석기와 불을 발견한다. 이에 우리는 10~5만 년 전에 우리 조상들이 이룩한 중대한 기술적 변화의 시기를 대약진이라고 명명하기에 이른다.

이후 인류는 BC 11,000년경에는 전 지구적으로 퍼져 살기 시작하면서 불을 이용한 약탈농업인 화전농경을 시작한다. 이는 인류가 자연생태계로부터 이탈하여 독자적인 농경문화를 갖게 된 계기로 보고 있다. 다시 인류는 유축농경시대로 들어가면서 수작업으로 하던 농작업을 소와 말 등을 이용하여 왔으나, 최근에는 농기구의 발달은 물론 첨단농업으로 이어진 식량증산으로 지구적 차원에서의 절대량 부족을 면하고 있다.

특히 식량확보는 인류문명의 발전은 물론 사람들의 인성을 높이는 데 매우 중요한 전제조건이다. 인도의 간디는 "빵이 있어야 신도 보인다"라는 말을 남겼다. 이후 산업혁명에 따른 기계화에 의한 농경으로 식량공급이 안정됨에 따라 인구가 급증하여 11,000년 전의 약 500만 명에서 현재 약 70억에 달하였다. 이는 농업기술의 진보로 인한 식량생산 증가가 늘어난 인구를 부양하는 데 그치지 않고 인류문명을 성큼성큼 발전시키는 원동력이 되어 왔음을 보여 주고 있다.

그러나 이러한 현대 농업기술의 발달에도 불구하고 개도국을 중심으로 하는 식량난은 우리 인류가 나누어 가져야 할 과제이다. 이러한 때 캄보디아 등의 코피아 사업현장에서 직접 본 우수한 종자 선별과 보급 등을 포함한 농업기술을 전수하기 위해 헌신적인 노력을 하고 있는 여러분의 모습에 가슴이 찡하다. 개도국의 낮은 농업기술 수준을 끌어올리기 위한 코피아의 농업기술 전수사업은 단순한 빈곤퇴치와 식량난의 타개를 넘는 인류 문명 발달 차원에서도 매우 귀중하고도 가치있는 일로 지속적인 지원사업이 이어지길 바라고 있다. 이는 남을 돕는 일은 결국은 자신을 돕는 일이다.

방 박사는 이 센터에서 발행하는 농업기술정보지에 원고를 부탁했다. 이곳에 와서 진 신세를 갚는다는 생각으로 이 내용을 정리하여 보냈다.

킬링필드와 왕립농대

캄보디아에 처음 오기 전 이 나라에 대한 선입관은 온통 부정적인 것으로 가득했다. 식민지 경험, 빈곤, 정치적 혼란, 내전과 베트남과의 전쟁, 그리고 사회주의 정권하에 저질러진 대량살인 등이 머릿속에 선명하게 새겨져 있었기 때문이다.

그런대로 호기심으로 남아 있던 것은 중세 크메르제국이 남겨 놓은 위대한 앙코르와트였다. 그마저도 길에 각종 지뢰가 깔려 있어 접근하려면 죽기를 각오하고 가야 한다는 등의 도움이 될 것 같지 않은 말을 들어야 했다. 마치 캄보디아에 들어간다는 것은 21세기까지 남은 불모지대를 가는 듯한 이야기들이 대부분이었다. 그러나 막상 와 보니 가난과 열악한 환경 속에서 많은 사람들이 시달리고 있었다. 그렇다고 미래나 희망이 없는 것은 아니었다.

당장은 자본과 기술 부족 등으로 어려움은 겪고 있지만, 우선 잘 살아봐야겠다는 의지 못지않게 다양한 자원 보유국으로 결코 잠재력은 작지 않다. 특히 캄보디아의 지정학적 위치로 보아 외교역량을 어떻게 보이느냐에 따라 경제발전을 앞당길 수도 있는 기회는 얼마든지 있다. 생명에 위협을 가하는 공포정치를 폈던 폴 포트 정권조차 불교사원을 탄압했지만, 이에 굴하지 않고 꿋꿋이 지켜 캄보디아에만 대략 4,100개의 불교사원과 6만명 가까운 승려들의 역할로 정신적인 삶을 포기하지 않았던 것이다. 이런 과거의 상처를 안은 이 나라의 어려운 사정을 염두에 두고 코피아 사무실을 방문했었다.

이어 킬링필드의 대명사인 프놈펜 근교의 쯔응아익Cheung Ek에 다시 한번 가보기로 했다. 수년 전 이곳을 방문하여 차에서 내리면, 내전 당시 매설된 지뢰나 고폭탄의 폭발로 다리가 잘린 장애자들이 목발에 몸을 의지하고 관광객들에게 손을 내밀고 있었다. 이들을 보는 순간 내 어린 시절 한국전쟁으로 부상당한 수많은 상이군경들이 시장거리를 배회하면서 구걸하며 어려운 삶을 이어가던 모습이 떠올랐다.

그런데 이번에는 주변이 말끔히 정리되어 있었다. 경내 견학도 학살되기 전의 연행되는 순간부터 수용과정을 거쳐 사형이 집행되는 모습을 그린 그림을 관람코스를 따라 세워놓고 당시 상황을 이해하는 데 도움을 주었다. 그리고 당시 여기에서 무슨 일이 일어났었는지 설명해 주는 헤드폰도 준비되어 있었다. 한편 당시 죽은 사람들이 묻힌 장소나 해골을 전시해 놓은 높은 기념탑은 그대로 세월을 지키고 있었다. 그리고 많은 탐방객들은 경건한 자세로 그들의 숭고한 죽음을 애도하고 있는 듯했다.

기념탑은 평야지대 한가운데 약 80미터 높이의 사각형으로 각 층 유리

안에는 죽창으로 찔린 듯한 구멍이 난 해골 등이 잘 보이도록 진열되어 있었다. 이렇게 죽은 자를 전시하는 것은 다시금 이러한 비극적인 일이 재발되지 않고 공산정권에 의한 만행을 고발하려는 것이다.

이런 유골탑이 전국 200여 곳에 만들어져 있어 과거의 잘못된 일을 거울로 삼고 있었다. 즉 바탐방 근처의 어느 절을 방문하였을 때도 수백 개의 유골이 작은 유리 위령탑에 안치되어 있었다. 위령탑을 나와 집단학살당하여 매장된 웅덩이를 찾았다. 크고 작은 웅덩이가 위령탑 주위에 흩어져 있어 당시의 비참한 상황을 전해 주었다. 이곳에 생매장당했던 영혼들이 아직도 잠들지 못하고 주위를 떠다니는 것 같았다.

이러한 참상을 저지른 핵심 인물인 폴 포트는 캄보디아를 침공한 베트남군에게 쫓겨 북부 산악지대로 도망갔다. 그리고 게릴라전으로 정권 재탈환을 노리다가 결국 정부군에 의해 체포되어 1998년 4월 사망했다. 영국의 필립 쇼트는 《폴 포트 평전-대참사의 해부》에서 킬링필드의 대참사의 책임을 폴 포트 등의 정권 실세들에게만 돌리지 않았다. 모택동주의와 스탈린주의 그리고 프랑스혁명의 유산 등 외부로부터 들어온 사상과 소수의 사악한 이들의 비뚤어진 마음이 빚어 낸 것이라고 했다.

그런데 당시 엄청난 지식인의 대학살은 양질의 인적자원인 교사, 관리, 기술자, 경영자, 의사 등이 절대 부족한 인재 기근 사회로 만들어 오늘날 경제발전을 추진하는 데 장애요인이 되었다. 아울러 200만 명 이상의 학살로 인한 급격한 인구감소는 농업기반의 유지와 운영에도 막대한 영향을 주어 오랜 시간 어려움이 이어지고 있다.

나는 방 박사와 함께 킬링필드에서 머지않은 곳에 자리한 5천여 명의 학생들이 공부하는 왕립농대를 찾았다. 우리를 만난 총장을 비롯한 대학의 지휘부와 방 박사가 협력관계가 잘 이루어지고 있음을 알 수 있었다. 그들은 여러 번 대학 발전에 도움을 주어 감사하다는 말을 해 오히려 면구스러울 정도였다.

이들이 안내하는 농장실습장은 실험 포장답게 잘 정리되어 있었고, 재배 실습하는 학생들의 모습도 진지했다. 그 옆에는 우리 코피아와 대학이 공동으로 씨감자 생산 연구를 위한 컨테이너 설치 준비를 하고 있었다.

나는 커다란 나무그늘 아래서 담소하는 학생들에게 무슨 공부를 하고 있는지, 장래 어떤 일을 하고 싶은지를 물었다. 서로 우물쭈물 미루며 대답을 못했다. 나도 영어가 제대로 안 되기는 마찬가지지만, 기본적인 회화마저 통하지 않았다.

이러한 대학 사정을 보면서, 만일 폴 포트의 대량학살이 없었다면 인재 양성을 통해 지금보다 훨씬 나은 대학에서의 교육과 연구 등이 이루어져 국가발전에 기여했을 거라는 생각이 들었다. 그래도 지금 부족한 기자재나 재정 속에서 미래를 구축해 나가는 그들의 모습이 참으로 갸륵하다는 생각이 들었다.

아리랑농장의 망고나무

대학 방문을 마치고 프놈펜에서 시아누크빌로 가는 4번 국도를 타고 90km 지점에 있는 아리랑농장 마을로 향했다. 이 국도는 캄보디아에서 가장 잘 정비된 길로 양쪽에 망고, 파인애플, 바나나 등의 플랜테이션 작물이 줄을 잇고 있다. 여기에 우리나라의 아리랑농장, 무학양돈장, CJ의 전분 생산을 위한 작물인 카사바 농장 등이 있었다.

캄보디아를 포함하는 인도차이나반도에 오기 전에는 이토록 많은 한국인이 진출해 있는지 상상조차 못했다. 그런데 우리나라 사람들이 봉제공장, 농장, 목장, 은행, 건설업, 교육부문, 선교활동 등 수많은 분야에서

❶ 프놈펜 근교의 쯔응아익 위령탑
❷ 당시 죽은 사람의 해골과 옷가지들을
　들여다보는 관광객
❸ 왕립농대 본관
❹ 캄보디아 왕립농대생과 함께한 필자

활동하고 있었다. 특히 섬유 및 봉제공장은 건설, 부동산, 관광 등과 더불어 캄보디아 경제성장의 원동력이었다. 2004년 말 캄보디아 내의 220여 개 수준이던 섬유 및 봉제공장은 크게 늘어 약 32만 명의 고용효과를 보이고 있다. 이는 중국과 베트남의 섬유제품에 대해 수입국들의 규제가 커지고 있는 데 비해 캄보디아는 관세 및 반덤핑 등에서 최빈국 대우를 받고 있기 때문에 우리나라를 비롯한 중국 등에서의 투자가 많이 이루어지고 있다.

특히 여기서 이야기하려는 한국인 농장은 나에게 깊은 인상을 주었다. 농업의 해외진출이라는 이야기가 나오기 전부터 대규모 농장이 이곳에 진출하고 있었기 때문이다. 국도변의 '아리랑농장' 안내판을 따라 비포장길을 한참 들어갔다. 길 양쪽으로는 카사바가 잘 자라고 있었다.

농장주인은 일하다 나온 작업복 차림이었다. 그는 프놈펜 한국인 교회 신용하 장로로 그야말로 해외농업의 개척자이다. 처음 왔을 때인 10여 년 전보다는 세월의 흐름을 속일 수 없나보다. 첫 말씀이 이제는 힘들어서 정리를 할 때가 되었다고 한다.

농장을 개척할 당시에는 세 가족이 한 가구당 500만 평씩 30년간 장기임대 형식으로 땅을 구입했다고 했다. 그리고 오렌지와 후추 등 작목을 심는 등의 시행착오를 거치면서 지금에 이르게 되었다는 고충담도 털어놓았다. 세월이 흐르면서 여러 변수가 생겨 두 집은 한국으로 돌아가고, 지금 혼자 남았다고 한다. 어쩐지 세 집이 대문을 맞대고 있었는데, 두 집은 인기척이 없었다. 지금은 현대종합개발과 CJ 등이 각각 45만 평에 해당하는 150ha와 90만평에 이르는 300ha를 임대하여 망고를 식재하고 있어 그런대로 견딜 만하단다.

내가 이곳을 처음 방문했을 때는 숲을 개간하여 망고 묘목을 심은 지 얼마 되지 않은 때였다. 여기까지 오는 과정이 정말 힘들었다며, 당시 내가 건넨 명함을 꺼내 보였다. 오랜 시간 간직해 준 나의 이름 석자가 부끄러웠다. 뭔가 도움을 드리겠다고 약속한 것 같은데, 미안함이 몰려왔다. 사실 나는 이 집을 떠나면서 너무 어린 망고 묘목들이 잡초 속에 묻혀 버리지 않을까 하는 걱정만 하고 있었다.

농원을 둘러보기 위해 차에 올랐다. 가로 세로를 잘 맞춰 질서정연하게 도열한 망고나무를 사열하는 기분이 들었다. 농원 한가운데 차를 세웠다. 망고나무는 끝이 안 보일 정도로 길게 줄지어 있었다. 이 넓은 농원을 혼자 관리하기 힘들어 일부를 임대했다고 한다. 세대교체 시기가 임박했음을 알 수 있었다.

그럼에도 그는 혈기와 열정으로 어려운 문제점을 하나씩 해결해 가며 농장을 가꾸는 데 성공한 좋은 사례로 평가받아야 할 것이다. 그런데 농장을 이을 후계자가 마땅치 않다고 하니 안타까운 마음이 앞섰다.

한편, 최근 선진국들이 개발도상국의 토지 취득에 따른 문제점을 짚어 볼 필요가 있다. 이는 식량이 부족한 우리나라 등은 식료의 안정적인 확보를 위해 해외토지를 취득하려는 움직임은 당연한 일로 보인다. 그러나 이에 따른 국제적인 문제를 가볍게 볼 수만은 없다. 정부 차원에서나 또는 대기업 등의 민간이 개도국의 토지를 취득했을 때, 여기에서 거주하던 농민을 생각하지 않을 수 없기 때문이다.

처음 이 농장을 방문했을 때, 농장 외곽 주위에 무장한 군인들이 이곳을 지키고 있었다. 이는 이곳을 삶의 터전으로 여기던 주민들은 쫓겨나 도시 빈민으로 유입되었거나, 주변에 농지 없는 농민으로 살아갈 수밖에 없기 때문이었다. 그런데 농장 주변에 사는 농민들의 진입을 막기 위해 군대의 힘을 빌려야 했다. 왜냐하면 선진국의 자본이 개발도상국에 진출하여 농장을 조성하는 과정에서 현지 주민과의 마찰이 많이 일어나기 때문이다.

그래서 이 농장뿐만 아니라 당시 주변의 대규모 농장 외곽을 지키기 위해 군인들이 보초를 서고 있었다. 나는 초소에 다가가 그들을 만나보았었다. 군화도 군복도 제대로 갖춘 것이 하나도 없었다. 옆에 세워 둔 총도 언제 제작되었는지 모를 정도로 구식이었다. 보초병과 함께 생활하는 어린 딸의 초롱초롱한 눈망울은 뭔가를 갈구하는 듯했다. 그러나 세월이 흐르고 농장을 지키던 군대가 귀대하면서부터 스스로 그 일을 해야 했다.

그런데 기억에 남는 것은 무학농장에 파견 나온 군인은 외곽 경비보다는 돼지사육 기술을 익히는 데 더 열성적인 것 같았다. 아마도 그는 이곳에서 익힌 기술로 새로운 삶의 터전을 마련하지 않았을까 하는 기대감을 가져 보았다.

농장 방문을 마치고 나오면서 본 아리랑마을 간판은 희미해서 잘 보이지 않았다. 예전에 농장 방문을 마치고 나올 때 손을 올려 경례하던 군인의 모습도 더 이상 보이지 않았다.

생각해 보면 아리랑농장의 경우 개인 차원에서 이루어진 것이나, 기업투자에 의한 대규모 농장개발은 국제가격에 따른 수익성 여부에 따라 작목을 바꾸거나 철수하는 등 변신이 빠르다. 우리나라를 포함한 식료자원 수입국들은 아프리카나 동남아시아 등에 진출하여 대규모의 토지를 매입하거나 임차하는 일이 왕왕 있다. 이때 조상대대로 이곳에서 살아오던 원주민들은 이러한 매매나 임차 사실을 모르고 있다가 쫓겨나기 직전에야 알게 되는 일이 비일비재하였다. 그래서 땅을 잃은 빈농들은 폭동을 일으키거나 도시로 흘러들어가 새로운 도시문제를 야기하는 등 사회갈등의 원인이 되고 있다.

이렇게 최근 해외에서 토지를 구입하거나 임대에 관심이 많은 나라 중에는 사우디아라비아, 중국, 한국, 인도 등이 포함된다. 이외에 서구 여러나라들은 이미 코코아, 커피, 고무, 사탕수수 등과 같은 열대작물을 상업적으로 재배하는 플랜테이션의 진출은 이미 오래전 일이다.

❶ 빛바랜 한국인 아리랑마을 입구 간판 ❷ 망고 농가의 로비

이러한 토지거래 행위로 최근 외국인에 대한 혐오, 폭동, 쿠데타로 이어지고, 배고픔은 더욱 악화되어 심각한 공포 분위기 조성으로 국제개발, 식량안보, 자원관리 모두 위태롭게 될 가능성 있다는 데 문제가 있다.

이에 수많은 NGO연합체는 선진제국에 의한 토지 취득을 반대하고, 나아가 농기업들의 자본집약적 농업을 개도국에 도입할 필요성이 없다고 주장하고 있다. 대신에 개도국들은 노동집약적인 가족단위 위주의 지방마을 수준의 농업을 위한 국제적 지원이 필요하다는 주장을 펴고 있다.

봉제공장 여공과 부촌

농장 견학을 마치고 우리는 프놈펜으로 돌아오고 있었다. 도로변의 허름한 가게들에서 과일이나 과자 그리고 아이스크림 또는 냉차 등을 파는 모습은 이제 더 이상 낯설지 않았다.

227

❶ 중국 다국적기업인 화신그룹에서 퇴근하는 여공   ❷ 트럭을 타고 퇴근하는 여공들

프놈펜에 가까워 오면서 퇴근시간이 막 지났는지 사람들의 왕래가 많았다. 이는 중국의 다국적기업으로 스포츠웨어와 신발 등을 제조하는 화신그룹華新集團의 프놈펜 봉제공장에서 퇴근하는 인파와 섞였기 때문이다. 공장 문을 계속 빠져나오는 오토바이를 탄 여공들과 맨몸으로 나온 여공들이 트럭 뒤에 빼곡하게 실려 집으로 가고 있었다. 정문 앞에는 퇴근하는 여공들을 상대로 과일 등 다양한 먹을거리나 옷가지 등을 파는 상인들이 얽혀 매우 복잡했다. 하루 힘든 일을 마치고 귀가하는 작은 키에 까무잡잡한 이들의 뒷모습은 어려운 삶을 이어가고 있음이 역력했다. 이들의 모습을 보면서, 1973년 한국 최초로 1억 달러 수출에 성공했지만 지금은 몰락한 마산 한일합섬 공장에서 본 수많은 여공들의 퇴근 모습이 눈에 선했다.

사실 동남아 여러 나라를 다니면서 캄보디아와 미얀마 그리고 라오스의 봉제공장과 신발공장을 여러 번 찾았었다. 그녀들은 재봉을 하거나, 재단을 하거나, 세탁기 또는 건조기 앞에서 똑같은 일을 하루 종일 반복했다. 그런데 생각보다 훨씬 낮은 임금에도 불만 없이 묵묵히 일하는 그들에게 연민의 정이 갔다. 그렇게 저임금으로 일하는 덕에 우리는 좋은 옷을 싸게 사 입을 수 있는 것이다.

혼잡한 공장 앞을 지나 '둥지'라는 한국식당을 찾았다. 한국인은 물론이고 중국사람이 많이 보였다. 여기에서 이번의 인도차이나반도 남행 중에 막걸리를 입에 대보기는 처음이었다. 사실 여행 중에는 술을 마시지 않는 것을 원칙으로 삼고 있다.

이어 방 박사가 이끄는 대로 그가 세들어 사는 아파트로 갔다. 동네 분위기가 예사롭지 않았다. 각 집마다 담벽도 높았고, 건물 앞에는 큼직한 쇠 대문이 기다리고 있었다. 주변 집들이 마치 하나의 성처럼 보였다. 경비가 문을 열어 주어야 들어갈 수 있는 구조이다.

이러한 집들이 모여 마을을 형성하고 있다. 우선 밤이면 치안도 치안이지만, 다른 지역에 비하여 정전의 염려가 없다고 한다. 사실 나도 캄보디아나 라오스에서 장기 체류할 때, 일반 서민층이 사는 마을 한복판에 들어가 살면서 그들과 어울리고 싶은 마음도 있었다. 그러나 주위 사람들은 신변안전 문제와 인터넷 등을 제대로 쓰려면 비싸더라도 치안이 안전한 외국인이 모여 사는 마을에 집을 얻어야 한다고 했다. 이는 도둑 침입은 그렇다 치더라도 만에 하나 아이들이 인질로 잡히기라도 하면 속수무책일 수밖에 없기 때문이다. 따라서 이 나라 중산층 이상과 외국인은 가능한 한 안전한 지역이라고 생각되는 곳에 몰려 사는 이유이다.

이튿날 아침, 4층 침실에서 창밖을 내다보았다. 순간 이곳이 프놈펜의 부자들이 사는 동네임을 알았다. 잘 지은 2층은 물론 3층 개인가옥이 늘어섰다. 집 크기는 바로 부의 크기였다. 동시에 조용하고 아름다운 녹색마을로 잘 조성되어 있었다. 위에서 내려다보니, 출근 준비를 하는지 마당에 자동차 운전기사들의 움직임이 분주하다. 어떤 집은 자가용 자동차가 몇 대 나란히 서 있었다.

그래도 나은 것은 부촌 전부를 마치 성곽처럼 높은 울타리를 치고 군대 검문소처럼 총을 움켜쥐고 마을 출입을 체크하는 필리핀 마닐라의 부촌처럼 마을 전체를 감싸는 담벼락은 설치되어 있지는 않았다. 방 박사가 머물러 있는 이 아파트 건물도 경찰청 고위관리 소유라고 한다. 하긴 내가 이곳에서 일할 때, 나의 상대 파트너였던 정부의 국장은 자신의 봉급만큼이나 월급을 주어야 하는 두 명의 가정부를 두고 있었다. 이는 개도국에서 이해가 되지 않는 많은 일 중의 하나이다.

국경도시 스퉁트렝과 경이로운 소펙미트 폭포

이제 프놈펜을 떠나야 한다. 예전에 3개월가량이나 살았으니 특별히 보고 싶은 곳은 없었다. 그래도 이곳을 떠나기 전에 한 번 더 시내를 천천히 돌아보며 왕궁과 메콩강변의 모습을 눈에 담아두고 싶었다.

시내 중심지는 고층건물과 자동차가 많이 늘어나 현대적인 모습을 보이고 있지만, 왕궁 등은 예전 그대로였다. 그 사이 국민의 존경을 받던 노르돔 시아누크 국왕이 2012년 10월 지병인 당뇨와 고혈압으로 북경에서 심장마비로 타계했다. 지금의 노로돔 시하모니 Norodom Sihamoni 왕은 시아누크 국왕의 6번째 왕비인 모니끄의 큰아들로 이미 2004년부터 왕위를 물려받았다.

시내를 돌아보고 혼잡한 시외버스터미널로 왔다. 이제 방 박사와 작별할 시간이다. 여기저기 함께 다니면서 많은 정보를 알려 준 것은 두고두고 감사해야 할 일이었다. 힘찬 악수를 나눈 나의 다음 행선지는 프놈펜에서 450km 정도 떨어진 스퉁트렝인데, 라오스 국경과는 불과 40km 정도 떨어진 변경도시이다.

❶ 프놈펜에서 스퉁트렝으로 가는 현대자동차 중고버스와 승객들

❷ 스퉁트렝으로 가는 도중의 크라이티에 중심지

❸ 스퉁트렝 인근 초등학생의 하교 모습

❹ 프놈펜과 스퉁트렝 중간에 있는 농촌 주유소

인도차이나반도 남행

버스에 올라 창문 위를 쳐다보니 비상탈출용 망치를 가리키는 우리말 안내 스티커가 붙어 있었다. 바로 현대자동차 중고버스였다. 그런데 이들이 우리말을 알 리도 없건만, 망치가 놓여 있던 자리에는 아무것도 없었다. 대개의 장거리 운행버스는 우리나라에서 들여온 중고버스였다. 그래서 그런지 행여 운행 도중에 멈춰설까 봐 은근히 걱정되었다.

손님 중 1/3은 큰 배낭을 둘러멘 유럽에서 온 백인들이었다. 깃발을 따라다니는 패키지여행보다는 스스로 찾아가는 수고를 즐기는 그들의 손에는 항상 지도가 들려 있었다. 차가 휴게소에 정차하여 쉴 때마다 그들은 나에게 관심을 보였다. 머리가 허연 내가 배낭을 짊어진 모습이 호감을 주는 것 같았다. 우리는 목적지에 도착하여 헤어질 때까지는 동료이자 친구였다.

차는 메콩강을 카페리로 건너 평야의 한가운데를 지나는 시골도로와 거대한 메콩강변을 따라 북상하였다. 도중에 길을 메운 물소나 양 등의 가축들이 길을 내주기를 기다리기도 했다. 귀가하는 학생들의 당당한 모습도 보였다.

도중에 메콩강변에 자리잡은 크라이티에Kratie에 섰다. 프랑스 건축양식 건물들이 늘어서 있고, 바로 곁에는 광대한 메콩강과 흐르고 있었다. 강변 공원에는 이곳에 서식하는 이라와디 돌고래의 고향임을 강조하는 돌핀투어를 안내하는 간판이 돌고래 사진과 나란히 세워져 있다. 돌고래를 보기 위해 백인 관광객의 반은 여기에서 하차하였다.

나도 예전에 프놈펜에서부터 배를 타고 이곳을 지나 스퉁트렝으로 간 적이 있었다. 그때도 이곳 크라이티에를 지났었다. 당시 돌고래가 지나가면서 일으키는 물살을 보며 신기해했던 기억이 새롭다. 한참동안 강변 공원에 서서 말없이 흐르는 메콩강을 보고 있는데 이곳 청년들이 말을 걸어왔다. 돌고래 투어를 하지 않겠느냐고….

드디어 스퉁트렝에 도착해 중심가인 시장 근처에서 내렸다. 우선 내일 라오스로 넘어가는 버스표부터 예매해 두어야 했다. 다행히도 시장 안에는 여행사가 포진해 있었다. 한 여행사에서 라오스 남부의 중심도시 팍세로 가는 12시 30분발 버스표를 구했다. 그리고 호텔도 정해 두었다. 지금까지 다닌 숙소 중 가장 싼 7달러였지만, 에어컨과 와이파이도 되는 등 불편함은 없었다.

시장은 생각보다 큰 규모였다. 그런데 시설은 시장 가운데만 엉성하게 지붕이 설치되어 있을 뿐, 밖으로는 천막으로 가린 가게들이 닥지닥지 붙어 있었다. 그런데 갑자기 굵은 빗줄기가 강풍과 함께 시장을 덮쳤다. 더위를 식혀 주는 스콜이었다.

강풍에 천막은 어지럽게 날리고 진열해 놓은 물건들은 물에 젖는 등 난리법석이었다. 비바람이 멈추자 다시 시장은 활기를 띠기 시작했다. 기르던 닭 몇 마리와 강에서 잡은 물고기를 가지고 와서 파는 모습은 옛 우리의 시장 분위기였다.

이렇게 하루가 지나고 밤이 찾아왔다. 밀린 빨래를 빨아 선풍기와 에어컨 앞에 널었다. 이튿날 아침 일찍 라오스로 넘어가기 전에 캄보디아의 감춰진 보물인 소펙미트Sopheak Mitt 폭포를 보고 싶었다. 호텔 안에 있는 여행사 직원은 마침 그곳을 가려는 중국 해남성에서 온 신혼부부가 있다면서 동행하면 싸게 갈 수 있다고 권한다. 각각 20달러씩 내고 여행사의 자동차를 타고 그곳으로 향했다.

드디어 소펙미트 폭포에 닿았다. 이렇게 장대한 폭포가 숲속에 숨어 있을 줄은 몰랐다. 폭포는 수천 개의 돌섬과 셀 수 없을 만큼 작은 수로로 넘쳐나고 있다. 특히 우기여서 그런지 엄청나게 밀려 내려오는 강물은 뭐든지 집어삼키려는 듯한 강한 기세로 폭포수가 되어 떨어지고 있다. 떨어지는 폭포수 소리의 웅장함은 백만 대군의 말발굽 소리와 같았다.

이 폭포는 라오스 남부 캄보디아와의 국경 인근에 널리 퍼져 있는 시판돈이라 부르는 4천 섬의 서쪽 끝머리에 자리 잡고 있다. 이렇게 많은 섬 사이를 빠져 나오면서 물길은 수없이 갈라져 흐른다. 그중에서도 가장 넓은 강폭에 이 폭포가 형성되었던 것이다. 그리고 이렇게 갈라져 흐르는 강은 캄보디아 국경으로 흘러들어가면서 하나의 강으로 합류한다.

　이 거대한 폭포를 구경하기 위해서는 캄보디아 쪽에서 접근해야 한다. 폭포의 거의 대부분은 라오스 영역이다. 동남아 최대의 폭포라고 부르며, 시판돈 동쪽 끝머리에 자리 잡고 있는 라오스 영내의 콘파펭 폭포보다 커 보였다. 동서로 길게 나누어진 폭포는 19세기 프랑스 식민정부가 보트를 타고 상류로 여러 번 올라가려는 시도를 번번히 실패하게 만들었다. 이렇게 경이로운 폭포에 그간 접근하기 힘들다는 이유로 관광지로 개발되지 못했다는 것이 이상할 지경이다.

　폭포가 잘 보이는 언덕 위에 제법 크고 디자인이 잘 된 식당 겸 전망대가 있었으나 제대로 관리가 되어 있지 않았다. 이곳을 찾는 관광객의 숫자가 많지 않아 수지가 맞지 않는 듯하였다. 그날도 이곳을 찾은 사람이라고는 중국인 부부와 나 그리고 10여 명 정도로 적적하기만 했다. 나는 폭포가 제일 잘 보이는 자리에 앉아 커피 한잔을 주문했다. 모처럼 주문을 받았는지 종업원은 어색하기까지 한 표정을 지었다.

　이렇게 사람의 왕래가 적은 이유 중의 하나는 몇 년 전인가 관광객 2명이 이 폭포에 빠져 죽은 뒤에 잠시 폐쇄했다가 다시 오픈했다고 한다. 아직도 시설이 미비하여 여전히 위험하기는 마찬가지였다. 안전시설과 편의시설을 갖추고 홍보만 잘하면 관광객이 얼마든지 올 것 같았다.

　사실 라오스에서 1년간 지내면서 메콩강 동쪽 끝의 콘파펭 폭포만 두어 번 찾았지, 이곳의 존재는 잘 모르고 있었다. 폭포 쪽으로 내려가는 길은 그야말로 아무런 안전시설이 없는 자연 그대로 울퉁불퉁한 길이었다. 발을

❶ 메콩강에 서식하는 이라와디 돌고래
❷ 스퉁트렝 시장 모습
❸ 스퉁트렝의 메콩강 대교
❹ 메콩강을 건너기 위해 차례를 기다리는 손님들에게 음식을 팔려고 몰려든 아낙네들

인도차이나반도 남행

잘못 헛디디면 큰일날 것만 같았다. 그래도 늦게나마 이곳을 찾아 한번 더 메콩강의 위대함을 깨닫게 된 것은 기쁘고 다행스런 일이었다.

이 폭포를 이곳 사람들은 캄보디아에서 라오스로 또는 라오스에서 캄보디아로 넘어가는 친구라고 부른다고 한다. 이렇게 감추어진 폭포의 비밀을 알았다는 만족감이 온몸을 감쌌다. 중국인 부부도 만족한 얼굴을 하고 있었다. 이제는 구경을 끝내고 라오스로 넘어가는 국제버스를 탈 시간에 맞추어야 했다. 우리는 스퉁트렝으로 되돌아오기 시작했다.

캄보디아 국경을 넘어 라오스의 팍세로

버스는 북쪽으로 약 240km 떨어진 라오스의 팍세를 향해 정시에 출발했다. 이 버스 역시 중고 현대자동차였지만 더위를 식혀 주는 에어컨은 잘 가동되었다. 차창 밖은 워낙 인구가 희박한 변방지역이라 주로 숲이 우거져 농경지는 눈에 많이 띄지 않았다.

스퉁트렝은 국경을 넘어 라오스로 가거나 베트남과 맞붙어 있는 캄보디아 안남산맥 속의 산간지대인 라타나키리와 몬델끼리주로 가는 교통의 요지이다. 안남산맥에는 소수민족이 다수 모여 사는 인구가 아주 희박한 지역이다. 동시에 산간지대에서 잘 성장하는 고무나무와 후추 등의 주요 산지이기도 하다.

버스 대신 보트를 이용하여 라오스로 들어가는 길은 스퉁트렝에서 작은 보트를 이용하여 라오스 국경마을인 벤캄 Veunkham까지 가서 다시 육로 교통수단을 이용하는 방법이 있다.

지난날 이곳에서 활동하던 생각을 하면서, 지금도 여전히 가난을 벗어나지 못하는 이들을 보며 과연 이들에게도 희망은 있는 것인지 의문스러울 때가 많다. 평야지대의 농민도 그렇지만, 아직도 화전으로 먹고 살아가는 화전민들을 생각하면 가슴이 아프다.

비행기가 비포장 활주로에 이착륙하면서 일으키는 산더미 같은 먼지와 비행기 타이어가 펑크나 기울어진 채 활주로 끝에 멈춰서던 장면이 자꾸 머리에 떠올랐다. 버스는 출발한지 1시간여 만에 국경검문소에 도착했다. 차에서 모두 내려 출국수속을 받아야 했다. 출입국 관리직원은 여권 등을 보면서 필요한 사항을 일일이 수작업으로 노트에 적고 나서야 스탬프를 찍어 주었다. 이러니 더딜 수밖에. 그래도 관광객들은 말없이 수속이 끝나기를 기다렸다.

출국수속을 마치고 300m 정도 떨어진 라오스 국경사무소로 걸어갔다. 차는 차대로 짐 검사를 따로 받고 있었다. 라오스 전통양식에 따라 지은 국경사무소에서도 역시 일일이 수작업으로 진행했다. 이렇게 출입국 수속을 받는 데 각각 2달러씩 들었다.

그래서 사전에 비자 없이 올 수 있다는 것만 해도 다행이었다. 예전에 여행했던 선배들이 입국비자를 받기 위해 애쓰던 생각을 하면, 편하게 여행하는 지금은 글로벌 시대의 한복판에 와 있음을 실감하고 있다. 때는 2016년 8월 7일 뜨거운 태양이 내리쬐는 일요일 오후였다.

출입국 수속을 마친 승객들은 모두 차에 올랐다. 여기서 팍세까지 150km는 더 가야 했다. 라오스의 농촌 풍경은 왠지 캄보디아보다는 여유로움이 느껴졌다. 같은 소득수준임에도 라오스 농촌의 고상가옥이 좋게 보였기 때문이다.

❶ 캄보디아 국경사무소

❷ 캄보디아 출국수속을 받는 관광객

❸ 캄보디아에서 출국수속을 마치고 걸어서
   라오스 국경사무소로 가는 버스 승객들

인도차이나반도 유일의 내륙국 라오스

은둔의 나라 라오스로 들어가면서

캄보디아 국경을 넘어 라오스 남부 중심도시인 참파삭주의 팍세로 가는 길은 낯설지 않았다. 10여 년 전에 라오스 정부의 농촌개발전문가로 1년, 그리고 수파누봉대학 설립을 위하여 3년간 활동하면서 수없이 왕래하던 길이었기 때문이다. 그러나 국경선을 넘어가는 일은 인간이 그어 넣은 지도상의 선을 넘는 단순한 느낌은 아니었다. 국경을 넘을 때마다 국가 간의 차이에서 오는 새로운 기대감이 클 수밖에 없다.

라오스의 최남단으로 입국한 나는 내륙을 세로 질러 북상하면서 수도 비엔티안을 거쳐 북부 중심도시인 루앙프라방까지 갈 생각이었다. 그리고 거기서 베트남 하노이로 빠질 계획이었다. 마치 인체의 항문으로 들어갔다가 대소 창자를 거쳐 입으로 나오는 종단 길이었다.

이렇듯 인도차이나반도에서 유일한 내륙국인 라오스를 들어가면서, 문득 세계의 내륙국에 대한 여러 가지 궁금증이 생겨났다. 2016년 8월 5일부터 21일까지 열린 제31회 브라질 리우데자네이루 하계올림픽 입장식에 참석한 나라는 206개국으로 현재 유엔회원국 193개국보다도 많았다. 이는 유엔에 가입하지 못한 대만, 교황청, 코소보 등이 포함되었기 때문이다.

이렇게 많은 나라 중에 바다를 끼지 않은 내륙국은 현재 44개국인데, 공교롭게도 내륙국 가운데 세계 최빈국에 속하는 나라가 17개국, 이제 막 최빈국을 졸업하고 개발도상국으로 진입한 나라는 16개국이다. 이러니 내륙국의 70%에 해당하는 33개국은 경제적으로 매우 어려운 상황에 처해 있음을 알 수 있다. 그만큼 지정학적 위치가 경제발전에 주는 영향이 크다는 의미이다.

이 가운데는 1개국 안에 갇힌 스위스, 파라과이, 레소토, 바티칸 시국, 산마리노와 몽골 등이 있는가 하면, 2중 내륙국도 있다. 즉 2중 내륙국은 바다로 나가기 위해서는 다른 두 나라 이상을 거쳐야 되는 나라인데, 리히텐슈타인과 우즈베키스탄 등이 여기에 속한다. 그리고 이들 내륙국은 해양에 접근하기가 어려워 세계시장으로부터 고립되기 쉽다. 그들은 무역거래를 하려면 다른 나라를 통과해야 하기 때문에 운송비 등의 비용을 추가로 부담해야 한다. 카자흐스탄의 경우 바다까지 3,750km 떨어져 있고 아프카니스탄, 차드, 니제르, 잠비아, 짐바브웨 등도 해안가에서 2,000km 이상 떨어져 있다.

뿐만 아니라 항구까지 접근하는 도로나 철도 상황도 매우 불량한 상태이다. 대부분 내륙국의 이웃 나라 역시 경제적으로 낙후되어 있는 경우가 많다. 따라서 해안국가에 비해 2배 내지 3배 이상 물류비용과 보험을 지불하지 않으면 안 된다. 이는 관세보다도 높은 무역장벽이라고 할 수 있다. 그래서 캐나다, 유럽연합, 일본과 미국 등은 이들 나라의 상품에 대하여 3~7%의 낮은 관세를 부과하고 있다.

이리하여 내륙국은 바다로 나아가기 위한 항구를 얻기 위해 노력하고 있다. 1960년대 이전만 해도 내륙국이었던 요르단은 1965년 홍해로 연결되는 좁은 아카바만의 아카바Aqaba 항구를 얻기 위하여 사우디아라비아와 영토 교환 협정을 맺어 내륙국의 신세를 면하였다.

그런데 이렇게 바꾼 사우디아라비아의 사막 땅에서 석유가 쏟아져 나왔지만, 항구를 바라던 요르단에선 바다에 접한다는 사실에 그다지 아까워하지 않고 있다. 라오스의 경우는 영토를 교환할 수 있는 주변 상황은 아니나, 이웃나라인 베트남이나 태국의 항구를 이용하는 경제회랑을 얻기 위한 노력을 아끼지 않고 있다.

2003년 카자흐스탄 알마티에서 열린 내륙국 각료회의에서 내륙국의 경제발전을 위한 행동계획을 선언하였다. 이러한 내륙국의 세계시장으로부터의 고립성과 원격성은 빈곤퇴치에 방해 요인으로 작용하므로 이의 개선이 필요함을 선언하고 있다. 이 알마티 행동계획은 모든 교통수단의 바다로부터 안전한 접근, 내륙국의 수출품에 경쟁력을 높여 주기 위한 물류비용 및 서비스의 감소, 수입품에 대한 물류비용 감소, 무역로에 의한 지연 및 불확실성 문제에 대한 고려, 적절한 국가 간 네트워크 개발, 운반 도중에 발생하는 손실, 위험, 저하 등의 감소, 수출 확대를 위한 도로개방, 회랑에서의 인적안전과 도로수송의 안전확보 등이라고 할 수 있었다.

아울러 유엔은 경제적으로 어려운 상황에 처해 있는 세계 최빈국 및 개발도상의 내륙국과 작은 섬나라의 문제를 함께 다루는 고위 사무국을 설치하여 원활한 활동을 돕고 있다. 그런데 유럽의 내륙국들은 옆에 선진국의 좋은 시장을 두고 있어, 아시아나 아프리카의 내륙국에 비하여 사정은 훨씬 나은 편이다.

그런데 흥미로운 것은 스위스의 경우 내륙국임에도 불구하고 세계 3위의 선대船隊를 보유한 선사국船社國이며, 몽골도 해양선원 문제에 많은 관심을 가지고 있다. 또한 내륙국은 유엔 해양법에 의하여 공해에서 광구를 설정할 수 있는 권한도 가지고 있다. 이러한 점을 고려하면서 내륙국인 라오스의 여러 사정을 감안하여 볼 필요가 있었다.

　캄보디아에서와 마찬가지로 이 나라에 오기 전에는 이 나라에 대한 지식이라고는 사회주의 국가로서 경제적으로 매우 빈곤하다는 정도의 상식뿐이었다. 그러나 2004년 9월부터 수년간 변화무쌍하게 다양한 모습으로 바뀌는 메콩강을 대략 1,500km를 오르내리며, 북부 산악지대와 남서부의 평야지대, 그리고 동부 산간지대 마을 등 라오스의 전국 농촌현장을 누볐었다. 대부분의 국민들이 심한 가난에 시달리고 있었다. 가난은 나라님도 못 구한다는 말을 이제는 유엔이나 선진국도 가난을 구하지 못한다는 말로 바꾸어야 할 것 같았다.

　2014년 현재 세계은행 자료에 보면, 라오스 면적은 한반도의 1.1배에 인구 약 670만, 1인당 국민소득GNI는 1,660달러로 총 조사대상국 213개국 중 168위의 낮은 수준에 머물러 있다. 이는 2004년 1인당 GDP 500달러 정도인 것을 2015년까지 800달러 이상으로 높여 세계 최빈국 그룹에서 졸업하자는 것이 이 나라의 국가목표였다. 그러나 다시 2020년까지 최빈국 지위를 졸업하겠다는 목표로 수정하는 등 경제적 어려움이 지속되고 있다. 각 가정의 평균 엥겔지수도 무려 60%나 되는 등 소득 대부분을 식재료 구입에 쓰는, 생계를 유지하기 위한 고달픔이 이어지고 있다.

　이처럼 라오스가 처한 상황을 생각하면, 아무리 이곳이 때 묻지 않은 자연과 사람이 사는 평온한 곳이고 배낭여행자의 천국이라고 해도 마음 한구석은 여전히 불편한 것은 사실이다. 왜냐하면 도시에서 조금 떨어진 농촌을 들여다보면, 부엌은 아궁이조차 없이 화로에서 음식을 만들어 온통 검댕이 투성이고, 찌그러지고 낡은 그릇 몇 개만이 보인다.

　그래도 누군가 가난하지만 생활만족도가 높은 곳은 선진국이 아니라 빈국에 있다는 주장을 하는 모양이다. 이는 수도승이나 일부 사람의 경우는 그럴지 몰라도 당치도 않는 미사여구를 늘어놓은 것이라는 생각이 든다.

이는 기본적인 생활만 충족되면 행복은 소득과 비례하지 않는다는 이스털린의 역설Easterlin paradox이 틀리다는 것을 현장 방문을 통하여 수없이 보았기 때문이다. 그들도 삶의 질에 많은 관심을 가지고 있으며, 가난으로부터 벗어나려고 몸부림치고 있었다. 그런데 얼마 전 미국 펜실베이나아대 워튼스쿨의 경제학교수인 벳시 스티븐슨과 저스틴 울퍼스는 돈 많은 나라 국민들이 더 행복하고, 그중에서도 돈을 많이 버는 사람일수록 더 행복하다는 조사결과를 발표한 일이 있는데, 이는 전적으로 나의 생각과 다르지 않았다.

이렇게 달리면서도 주위에서 쉽게 볼 수 있는 빈곤문제가 머리를 떠나지 않았다. 갑자기 쨍쨍하던 맑은 하늘에 구름이 몰려들더니 비를 퍼붓는다. 동남아의 우기에 흔히 볼 수 있는 광경이다. 국경에서 출발한 지 3시간 정도 지나 팍세에 도착했다. 도로는 흠뻑 젖어 있었다. 줄곧 내 옆자리에 앉아 온 노부부는 이곳에서 하루를 묵으려는지 어디로 가야 할지 주저하고 있다. 나는 그들을 가까운 곳의 작은 호텔로 안내해 주었다.

시내 모습은 이전과 크게 달라진 것은 없었다. 정갈하게 차려입은 수줍은 듯한 아가씨 같은 모습도 여전하였다. 그러나 이러한 고요함 속에만 머무는 것이 아니라, 역동성을 지닌 정중동의 나라로 은둔을 벗어나 국익을 추구하는 방향으로 변신 중임이 여기저기서 나타나고 있다.

이는 풍부한 천연자원을 밑거름 삼아 수력발전, 광물생산, 서비스 관광 분야 등에서 평균 7%대의 높은 경제성장률을 기록하고 있음이다. 또한 우리나라와는 1995년 외교관계 수립, 2008년 한국인 라오스 입국비자 면제, 2011년 12월 양국 간 직항이 생기면서 라오스를 방문하는 한국인이 갈수록 많아지고 16만 명을 넘고 있다. 이는 관광을 통해서 간접적으로 이 나라의 경제발전에 기여하는 한 단면이기도 하다.

비엔티안으로 가는 길

인구 10만도 채 안 되는 팍세 터미널에 내리자마자 이 나라의 수도인 비엔티안으로 가는 저녁 8시 슬리핑 버스를 예매했다. 각각 다른 회사 소속의 버스 6대 앞 유리창에 '비엔티안 행'이라고 쓰여진 것으로 보아 거의 동시에 출발하려는 듯 줄지어 서 있다. 아직 버스 출발까지는 3시간 이상이나 남아 버스 문은 굳게 닫혀 있었다.

배낭을 터미널 앞 가게에 잠시 맡기는 대신 물건을 팔아 주었다. 그리고 시장 구경을 나섰다. 저녁 무렵이고 비마저 내린 탓인지 시장 안은 한산하기만 하다. 열대과일이 풍성하게 쌓여 있다. 차 안에서 간단히 먹으려고 바나나를 두서너 개 샀다. 그리고 주변에 손님으로 꽉 찬 식당으로 들어가 저녁을 주문했다. 밤 버스를 타려는 외국인 관광객들로 식당 안은 복잡했다.

버스 떠날 시간이 가까워지자 터미널은 사람들로 가득했다. 승객의 반 이상은 유럽인들이었다. 그런데 내가 탈 차는 다른 버스와는 달리 앞 유리창에 여러 갈래로 금이 간 낡은 차량이었다. 하필이면 이런 차를 예매했을까 하는 불안감마저 일었다. 그러나 비엔티안 행 모든 버스는 만석으로 어쩔 도리가 없었다.

버스에 올라 자리를 찾아갔다. 2층으로 된 침대 맨 뒤쪽 아래 칸에 네 명이 눕도록 되어 있다. 이미 양쪽 창가에는 50대 전후의 사람이 누워 있다. 내 자리는 그들 틈에 낀 50cm 폭도 안 될 만큼만 남아 있었다. 자리에 눕고 싶다는 생각이 달아났다. 더구나 누워 있는 사람들은 짙게 탄 얼굴에 시꺼먼 기름때가 묻은 작업복을 입은 사람들로 무척 어렵게 사는 사람들 같았다.

아무튼 네 명이 나란히 누웠다. 발 8개가 앞쪽을 향해 나란히 놓여졌다. 시꺼멓게 물든 발과 종아리 사이로 내 종아리는 유난히 희게 보였다. 그들이 내 흰 종아리를 힐끔힐끔 훔쳐보았다. 나란히 누워 가면서 마치 아프리카의 흑인들이 노예로 북미대륙을 향해 끌려가는 노예선을 체험하는 듯한 생각마저 들었다.

아닌 게 아니라 도중에 차가 고장나고 말았다. 노예선이 풍랑을 만나 표류하는 듯한 묘한 느낌이 들었다. 냉각장치 고장으로 새벽 3시경 도로 한가운데 멈춰서고 말았다. 에어컨도 꺼져 차 안은 금세 찜통으로 변하였다. 더위와 냄새로 안에 있을 수 없을 지경이었다.

차 밖으로 나오니 운전기사는 작은 만년필 플래시를 입에 물고 차를 고치고 있었다. 결국은 부품이 없다며 손을 놓고 말았다. 한참 뒤에 지나가는 버스를 세워 도움을 받고 나서야 다시 움직일 수 있었다. 개도국에서 장거리 버스여행 때 늘 각오해야 할 일을 겪은 것뿐이다.

이렇게 소동을 겪고 나니 잠이 달아나고 말았다. 창밖의 구름은 어디론가 사라지고 별이 보였다. 깜깜한 시골 밤하늘에 이 나라에서 일하면서 방문했던 마을들이 떠올랐다. 당시 18개 주 중에서 17개 주의 11,000개 마을 가운데 36개 마을을 선정하여 각 주를 순회했었다. 그러니 이 나라 구석구석을 방문했다고 해도 과언은 아니었다. 방문 중에 농촌마을의 빈곤 원인과 대처방안 등을 제시함과 동시에 이들의 생활상도 조사했다. 이렇게 나와 함께 전국을 돌아다닌 차는 1년간 렌트한 4륜 구동의 94년식 SUV형으로 라오스에 머무는 동안 5만km 이상 달렸다.

버스는 우리나라 대관령 고령지에 해당하는 볼라벤 고원을 오른쪽으로 끼고 라오스의 3대 평야지대인 참파삭, 사바나켓 평야를 지나 비엔티안 평야로 접어들고 있었다. 이 평야들은 메콩강이 태국이나 캄보디아와의 국경을 이루고 있기 때문에 강 동쪽으로 산이 맞닿는 곳까지 좁게는 1km, 넓은 곳은 20~30km 정도로 남북으로 길게 펼쳐져 있다. 특히 볼라벤 고원은 이 나라의 대표적인 커피 산지이자 채소류 생산지로 유명하다.

❶ 중국이 건립해 준 비엔티안의 국립극장
❷ 비엔티안의 빠뚜싸이라고 불리는 개선문
❸ 비엔티안 메콩강의 보트 경주
❹ 비엔티안 근교의 내륙 소금공장

도로는 왕복 2차선으로 일본의 원조로 건설된 것으로, 비포장도로일 때는 3~4일 걸렸었다. 그러나 포장된 지금은 7~8시간 정도면 충분하다. 도로 곳곳에는 일본의 원조사업으로 확포장되었다는 팻말이 세워져 있다. 그런데 몇 해 전 우리 대학 일본연구센터 초청으로 온 고故 다카하시 다에코 주한 일본공사와 함께 점심을 먹을 기회가 있었다. 일본 외무성 동남아 과장과 미얀마 등의 현지 대사관에서 근무하여 동남아 사정을 잘 알고 있는 그녀는 몇 가지 기억에 남을 이야기를 들려주었다.

일본은 원조 수원국인 동남아 여러 나라에 규모가 큰 다리나 도로를 많이 건설해 주었다. 그런데 이러한 사회간접자본 시설을 이용하는 사람들은 일본의 사업가보다 한국의 사업가가 더 많다는 것이다. 이는 이 지역에 진출한 한국인들이 무임승차를 하고 있다는 말로 들리기도 하고, 일본 사업가의 분발을 촉구하는 말로도 들렸다.

팍세를 출발한 버스는 새벽 6시경 비엔티안 남부터미널에 도착했다. 8년 만에 다시 왔지만 낯익은 건물들이 반가웠다. 아무 망설임 없이 툭툭이를 타고 시 중심가에 자리잡은 4층짜리 호텔을 노크했다. 건물은 작지만 베란다가 달린 운치 있는 숙소였다.

도로변에 길게 늘어선 작은 호텔들은 배낭여행자들로 북적였다. 메콩강 변도 걸어서 5분이면 충분했다. 하긴 나는 배낭여행 시 낯선 도시에 내리면 무조건 시내 중심가로 간다. 그곳에는 작은 호텔과 여행사들이 줄지어 있어 여행 정보를 쉽게 얻을 수 있다.

비엔티안에는 여러 지인이 있었지만, 우선 춘천에서 고교교사로 은퇴한 후배 허진 선생과 자동차정비업과 변압기 조립공장 등 여러 업체를 운영하는 박홍신 사장에게 도착을 알렸다. 그들은 박 사장의 현대모하비 SUV를 몰고 나왔다. 나는 그동안 시내가 어떻게 변했는지 궁금했다. 아시안 정상회의 등 굵직한 국제회의가 열리는 등 국제도시의 면모를 갖추기

인도차이나반도 남행

위하여 도로는 여기저기 뚫리거나 확장되어 있었다. 고층건물도 많이 늘었다. 특히 우리나라의 투자도 많이 증가했지만, 중국인에 의한 호텔, 기업 등의 투자는 물론이고 국가 차원에서의 지원도 크게 눈에 띄었다.

비엔티안의 테러와 소수민족 몽족

우리는 시내 중심가의 망고주스 가게에 앉아 거리를 오가는 배낭족을 바라보고 있었다. 지금은 라오스 어딜 가든지 치안상의 문제는 없어졌지만, 2000년대 초기만 해도 비엔티안 중심부에서는 수류탄 테러로 영국인 등을 포함한 외국인 관광객이 바로 우리가 앉아 있는 이 자리에서 부상을 당한 일이 있었다.

이와 같은 테러행위는 1960년대 내전 당시 미국의 지원을 받은 몽족의 반정부 게릴라에 의한 것으로 간주되었다. 이후 20여 건의 폭탄사건이 발생했으나, 2001년 1월 24일 라오스와 태국을 잇는 메콩강의 우정의 다리 사건을 끝으로 테러활동은 잠잠해지기 시작하였다.

이처럼 테러리스트로 간주된 몽족 반정부 게릴라는 라오스가 걸어온 현대사와 밀접한 관련이 있다. 제2차 세계대전 이후 라오스는 고난의 역사를 밟아 왔다. 특히 제1차 인도차이나전쟁이 종결을 고한 1954년부터 더욱 심했다. 제1차 인도차이나전쟁이라는 것은 프랑스 식민지였던 베트남, 캄보디아, 라오스가 독립을 얻기 위하여 각각 벌인 싸움이었다. 이는 1954년 5월 보쿠엔 지압 장군이 이끄는 베트남군이 베트남 북서부 산악지대의 디엔 비엔 푸Dien Bien Phu 전투에서 프랑스군의 항복을 받아 7월에 평화조약인 제1차 제네바협정이 체결되어 프랑스군은 철수했다.

한편 라오스에서는 1949년 7월 프랑스 식민지에서 자치가 허용되어 루앙프라방 왕이 라오스를 대표하게 되었다. 그러나 이에 불만을 가진 파테트 라오Pathet Lao는 게릴라전을 시작하여 프랑스군과 라오스왕국 정부군에 대항하였다. 1950년 8월 파테트 라오는 베트남 북부지방과 인접한 라오스 북동부의 삼누아Sam Neua에 임시 항전정부를 수립하여 디엔 비엔 푸와 이웃한 라오스 최북단의 풍사리Phongsali주와 함께 해방구를 확보하여 거점활동으로 삼았다.

이러한 거점활동의 확보는 북베트남군이 1954년 디엔 비엔 푸 전투에서 승리하도록 이끄는 데 커다란 역할을 했다. 왜냐하면 파테트 라오군의 북부 라오스 지역 점령은 북베트남의 산악지역에 집결하고 있던 프랑스군의 후방을 차단시켜 결과적으로 프랑스군은 공산군에 포위된 상황이었기 때문이다.

1954년 제네바협정의 라오스 조항은 외국군의 철퇴, 파테트 라오군의 북부 2개 주 집결, 총선거에 의한 통일과 라오스의 중립화가 결정되었다. 그러나 미국은 이 협정에 조인하지 않았으며, 오히려 동남아시아조약기구SEATO를 발족시켜 라오왕국 정부에의 군사원조를 시작하였다.

제네바협정을 맺고 3년 5개월이 지난 1957년 11월, 왕국 정부와 파테트 라오의 합의에 의한 제1차 연합정부가 성립되었으나, 혼란이 계속 이어져 1958년 8월 다시 내전이 시작되었다. 이후 중립파를 더한 3파 대립과 불신은 더욱 격화되어 미국과 소련의 양 진영으로부터 원조를 받는 등 대립의 그림자는 더욱 짙어졌다. 이는 베트남전쟁과 얽혀 대리전의 양상을 나타내기 시작하였다.

이러한 움직임 가운데 1962년 3파에 의한 정전이 이루어져, 제2차 연합정부가 성립되어 7월에는 라오스의 중립을 정한 제2차 제네바협정이 체결되었다. 미국도 제2차 제네바협정에는 조인하였다. 그러나 이에 앞서 1961년에 케네디 대통령은 400명의 특수부대인 그린베레를 비밀리에 라오스에 들여보냈다. 산악지대 전투에 강한 소수민족인 몽족을 훈련시켜 파테트 라오와 북베트남군을 상대로 싸우게 하는 것이 그들의 목적이었다.

이러한 라오스의 몽족은 19세기 초 중국 남부에서 이주해 왔다. 라오스는 다민족국가로 인구 대부분을 점하고 있는 라오족을 포함하여 68민족 정부 발표는 49민족이 거주하고 있으나, 몽족은 총인구의 6.9%로 최대의 소수민족이라고 할 수 있다. 산악지대에서 화전농업을 영위하면서 아편을 만들어 파는 것으로 잘 알려져 있다. 몽족 자체도 우파와 좌파로 나누어져 있으며, 우파의 몽족이 미 CIA의 직접 지휘 하에 들어가 왕국정부군과 협력하여 파테트 라오군과 싸웠던 것이다.

말하자면 미국의 비밀 개입이었다. 1962년 제네바협정에서 미국, 소련, 프랑스 등의 외국세력은 인도차이나에 개입하지 않는다는 약속을 서로 교환했기 때문이다. 한편 1963년 미군의 직접 개입에 의하여 베트남전쟁이 본격화되었다. 이에 라오스는 1964년부터 미군에 의한 라오스 해방구에서 폭격을 받기 시작하였다. 1965년 2월 이후의 북베트남에 대한 폭격, 이른바 북폭 시작과 함께 파테트 라오의 거점인 라오스 북부와 호찌민 루트가 통하는 라오스 남부를 중심으로 심한 공중폭격이 1973년까지 계속되었다.

이때 라오스에서는 우파와 좌파로 나뉘어 일진일퇴의 공방전이 전개되고 있었다. 베트남전쟁의 격화와 캄보디아 내전이 확대되는 가운데, 1965년부터 파리에서 베트남 평화회담이 시작되었다. 1973년 1월 미군 철수를 주요 내용으로 하는 파리협정을 받아들인 라오스에는 1974년 4월 제3차 연합정부가 탄생하였다. 이 협정에서는 파테트 라오의 주장이 대폭 수용되어, 1년 8개월 후에 발족하게 될 라오스인민민주공화국의 밑거름이 되었다.

1975년 4월 캄보디아에서 공산세력의 프놈펜 입성, 베트남에서는 같은 해 5월 공산군에 의한 사이공 함락, 라오스에서는 6월에 좌익의 파테트 라오가 라오스 전국을 제압하여 8월에 수도 비엔티안에 입성하였다. 이로

써 이 해 12월에 라오스인민민주공화국이 성립하였다.

이때 몽족의 비극이 시작되었다. 미국에서 무기와 자금을 받아 대리전쟁을 하였던 몽족 병사와 그 가족에 대한 북베트남군과 파테트 라오로부터 보복이 잇따랐다. 미군이 철수하고 난 뒤 그들은 버려졌으며 스스로 살길을 찾아야 했다. 그들을 기다리고 있었던 것은 전사, 아사, 처형, 익사, 정치 재교육 등이었다. 그들 다수는 메콩강을 건너 태국의 난민수용소로 도망갔고, 그 후 그들은 미국으로 다시 건너갔다. 그 수는 5만 명에서 10만 명에 이르며 내전으로 죽은 몽족은 약 20만 명으로 추산하고 있다.

라오스에 머물고 있을 때, 캄보디아의 킬링필드와 같은 무수한 사람들이 희생되었다는 이야기가 회자되고 있었다. 다만, 캄보디아는 공산정권이 민주정권으로 바뀌면서 과거 정부에서 행한 사건 등이 파헤쳐져 그 내용이 낱낱이 공개되어 악랄한 죄상이 세상에 알려졌다. 그러나 라오스의 경우 계속적인 좌익정부의 집권으로 그러한 사실이 철저히 밝혀지지 않아 실상을 알기 어렵다는 이야기였다.

어찌되었든지 일부 몽족은 다시 산악지대로 들어가 반정부 게릴라 활동을 하게 되었으며, 미국과 태국에 있는 몽족이 이들을 지원했다고 한다. 2000년은 라오스 정부 건국 25주년에 해당되는 해였다. 건국기념일인 12월 2일에는 성대한 퍼레이드가 파탓 루앙 광장에서 열려 서서히 안정된 치안 확보를 내외에 과시하였다. 그러나 이 해 3월부터 계속되고 있던 폭탄사건이 몽족 반정부 게릴라에 의한 것이 아닌가 하는 것은 바로 이와 같은 역사적 배경이 있기 때문이다.

그 후 라오스 정부의 지속적인 국가경제 발전을 위한 노력과 인접국가와의 평화 및 경제협력 강화로 국내 치안의 안정을 찾을 수 있었다. 그리하여 반정부 활동의 거점으로 간주하여 접근을 금지하고 있었던 사이솜분 특별지구를 2006년 이웃 주에 셋으로 나누어 각각 편입시켰는데, 이는

라오스 남부와 태국 사이의 국경시장

반정부 테러활동의 종식을 의미하는 것이었다. 실제로 농촌활동을 위하여 전국을 순회해 본 결과 정치적이거나 종교적인 활동을 하지 않는 이상 어느 누구로부터도 위협을 느끼지 않을 만큼 평화로웠다.

농촌을 방문하다 보면 마을에 새로 지은 좋은 집과 낡은 집이 있다. 좋은 집은 미국에 있는 친척들이 보내 준 돈으로 새로 지었다는 것이다. 친척이 없는 사람들은 그냥 낡은 집일 수밖에 없었다.

이 나라가 공산화되어 전쟁 중에 미군을 지원했던 몽족은 대부분 좌익 정권이 들어서면서부터 핍박을 받아 왔다. 그러나 이 핍박을 피해 태국으로 갔던 몽족들은 정치적 난민 신분으로 미국으로 들어갈 수 있었다. 미국으로 건너간 몽족들은 돈을 벌어, 정부의 핍박이 중단된 1988년 이후 라오스에 남아 있는 친척들에게 돈을 송금할 수 있게 되었다.

이는 베트남이 통일되면서 남베트남에서 수많은 보트피플이 미국 등으로 건너가, 자수성가한 난민들이 고향에 남은 가족에게 돈을 송금함은 물론 개발투자를 하여 전후 베트남의 경제성장에 도움을 준 일과 다름이 없었다. 그런데 1988년 이후 라오스 정부가 몽족에 대한 핍박을 중단하였다. 이에 더 이상 몽족을 정치적 난민으로 볼 필요성이 없어지자 미국은 몽족에 대한 정치적 이민 유입을 중단하였다.

내륙국인 라오스에도 염전이 있다

비엔티안에서 하루 머물 예정이지만, 볼 것도 보고 만나볼 사람도 만나보고 싶었다. 예전에 보았던 것들이 어떻게 변했는지도 궁금했다.

나는 뇌리에 깊이 박혀 있던 근교의 소금공장을 보고 싶었다. 내륙국인 라오스는 바다와는 인연이 없다. 그런데 이들은 강을 바다라고 생각하며 메콩강 나루터를 항구라고 한다. 그래서 그랬을까? 바닷가에만 있는 염전을 내륙 깊숙한 곳에서 만날 수 있다. 비엔티안에서 남쪽으로 20km 정도 가면 도로 양쪽에 소금 자루를 쌓아놓고 파는 것을 쉽게 볼 수 있다.

쓰러질 듯한 초막지붕의 소금공장이 눈에 들어왔다. 100m 이상 길게 늘어선 소금공장 두서너 동이 늘어서 있었다. 높이 30cm, 가로 3m, 세로 2m의 사각형 가마가 아궁이 위에 수십 개 걸려 있다. 그 앞에는 땔감나무들이 아궁이 속으로 들어갈 차례를 기다리고 있었다.

옆에는 방금 가마에서 걷어 올린 흰 소금이 대형 바구니에 담겨 있다. 그리고 가마 가장자리에 소금이 고드름처럼 주렁주렁 걸려 있다. 걷어 올린 소금을 모아 놓은 창고에는 흰 소금을 산처럼 쌓아놓고 간단한 가공과정을 거쳐 포장하고 있었다.

이 소금은 지하 30m 이하에서 끌어올린 소금물을 가마에서 끓여 증발시킨 것이었다. 건조기에는 바닷가 염전처럼 시멘트로 염전을 만들어 천일염을 생산하기도 한다. 15m 높은 타워 꼭대기의 소금물 탱크에 지하 소금물을 올려 저장했다가 각 가마솥으로 물을 보내거나 노지 시멘트 염전으로 보내고 있다. 소금타워는 온통 하얀 소금으로 둘러싸여 마치 만년빙을 보는 듯하였다.

이 내륙염전에서 만들어진 소금은 요드가 결핍되어 있다고는 하지만, 예전에 우리는 이 소금을 사다가 김치를 담가 먹었다. 이 지역은 오래전

인도차이나반도 남행

대륙의 지각 변동 전에는 바다였다. 페루의 깊은 산속에서도, 티베트의 높은 고원지대에서도 소금이 생산되고 있다. 이 지역이 태곳적에 바다였다는 것은 지질학적으로 확인된 사실이지만, 내륙국 한가운데 염전이 있다는 사실은 흥미로운 일이었다.

그런데 8여 년 전의 생산시설이 하나도 개선되지 않은 채 그대로인 사실이 더 놀라웠다. 그리고 일하는 사람들의 열악한 조건도 진전된 것이 전혀 없다는 것은 안타까운 일이었다. 이곳에서 일하는 사람들의 얼굴에 웃음기라고는 찾아보기 힘든 이유이기도 했다. 단순히 소금만을 생산한다는 개념에 더하여 내륙 깊숙한 곳에 위치한 소금공장을 관광자원화한다면 그야말로 우리가 얘기하는 6차산업의 좋은 사례로 남을 만한 일이다. 오세영 회장이 이끄는 코라오는 눈여겨볼 만한 일이라 했다.

소금공장에서 나온 우리는 비엔티안에서 38km 지점에 있는 박 사장 변압기 공장을 견학하였다. 이 공장을 오픈할 때 이 나라 산업부장관과 함께 축사를 하기도 했었다. 당시 이 나라의 전기보급율이 낮았던 터라 변압기 수요가 클 것으로 기대하고 있었다. 그러나 잘 가꾸어져 있던 넓은 잔디밭에 잡초가 자라고 있었다. 나중에 중국의 값싼 변압기가 들어오면서 사업 성과가 크게 나지 않았다는 섭섭한 얘기였다. 그래도 현상유지는 하고 있으니 다행이었다.

이어 비엔티안의 라오스국립대학을 찾았다. 예전부터 알고 지내던 농업경제학과 실링톤 교수를 만나기 위해서였다. 그녀는 이곳에서 떨어진 농대 나봉캠퍼스에서 회의차 대학본부에 왔다고 해서 잠시 얘기를 나눌 생각이었다. 당시 유일한 프랑스 농업경제박사로서 농촌과 농업 관련 기관과의 인맥을 넓혀 주는 데 큰 도움을 주었었다. 지금은 이 나라의 농정에 깊숙이 관여하는 중진교수가 되어 있었다. 그런데 실링톤 교수는 국가농정회의가 길어져 시간을 내기 어렵다며 내일 만나자고 했다. 나는 내일 아침 일찍 비엔티안을 떠나 루앙프라방으로 가야 했기에 아쉽지만 전화로만 얘기를 나눌 수밖에 없었다.

저녁에는 농촌진흥청의 코피아 라오스 초대 사무소장으로 온 조명철 박사와 만나 식사를 하면서 이 나라의 농촌개발과 경제성장에 관한 많은 얘기를 나누었다. 그는 전문가가 아니면 지적할 수 없을 정도의 학구적인 면모를 여지없이 잘 보여 주었다.

루앙프라방으로 가는 스카이웨이와 화전민

이튿날 아침, 예약해 둔 버스를 타러 북부버스터미널로 가기 위해 툭툭이를 불렀다. 그리고 대통령궁과 개선문을 일부러 돌아보았다. 색깔 하나 변하지 않은 꿋꿋하고 당당한 모습 그대로였다. 터미널에는 각지로 떠나려는 배낭족들이 버스를 기다리고 있었다.

이미 지나온 중남부 지방은 주로 메콩강을 끼고 발달한 평야지대지만, 북부지방으로 가는 길은 90% 이상이 산악지대로 도로사정 등 모든 것이 열악하다. 같은 거리라도 평야지대보다 2배 이상의 이동시간이 필요하다. 400km 편도를 10시간 정도 걸린다니 대충 이해할 만하다.

비엔티안 북쪽 약 80km까지는 평지지만, 그 이후부터는 산악지대로 굴곡이 매우 심한 도로구조이다. 그곳까지 가기 위해서는 해발 1,000m 정도의 산등성이를 타고 달려야 한다. 마치 비행기를 타고 날아가는 것과 같은 느낌이다. 도로 좌우로는 수백 미터 낭떠러지가 이어져 아찔한 느낌이 들 때가 한두 번이 아니다.

더욱이 화전경작을 위해 나무를 잘라 태워 버린 거대한 산은 피부가 벗겨진 살처럼 아픔으로 다가왔다. 낭떠러지에 세운 고산족 마을을 지날 때마다 어떻게 이런 척박한 환경에서 살 수 있을까 하는 의구심이 생겨 이들에 대한 연민의 정이 더해졌다.

특히 고산지대 소수민족이 사는 도로변의 초등학교 앞을 지났다. 통풍이나 채광이 안 되는 어두운 실내 흙바닥에서 책상은 고사하고 공책과 책도 변변히 갖추지 못하고 공부하는 어린이들의 모습은 그야말로 측은하기 짝이 없을 정도였다. 그래도 이곳은 그들이 더 이상 갈 곳 없는 삶의 터전이니 어쩌랴.

지금은 그런 일이 없어졌지만, 처음 이곳에 와서 산악도로를 탈 때는 무장한 군인들이 일정 간격으로 배치되어 반정부 게릴라의 공격에 대비하고 있었다. 그들은 도로 위에 엉성하게 친 천막에서 기거하며 왕래하는 차를 정지시키곤 하였다. 검문을 하기 위해서라기보다는 뭔가를 얻기 내기 위한 것이라는 얘기를 들었다. 나는 이들과 혹시 조우하면 줄 담배나 간단한 먹을 것을 따로 챙겨 넣어 두기까지 했었다. 역시 산악도로 주행 중 몇 번 정지신호를 받았다. 그때마다 미리 준비한 담배나 먹을 것을 수고한다는 말과 함께 주곤 했다. 그들도 약간의 선물을 받고는 감사하다는 눈짓을 보내며 통과시켜 주었다.

그런데 군인들의 행색은 이들이 과연 군인인가 의구심이 들 때가 한두 번이 아니었다. 우선 군복 차림새로 보거나 흐트러진 자세로 보거나, 군화 대신 슬리퍼를 질질 끌고 다니는 등 군기와 사기는 영 말이 아닌 것처럼 보였다. 정규군이라기보다는 게릴라나 의용군 같다는 생각을 하였다. 엄격하고 질서정연한 군생활을 경험한 나로서는 이해되지 않는 일이었다.

광범위하게 펼쳐진 산간의 화전경작지 사이를 지났다. 이는 라오스뿐만 아니라 캄보디아, 태국, 미얀마, 인도네시아 등 동남아시아 산지 대부분은 전통적인 화전농업을 오랫동안 이용해 왔다. 비록 소수민족과 지역에 따라 다소 변화해 왔지만, 산지사람들의 주요한 생활형태이다.

❶ 산 정상부까지 올라간 비탈진 화전밭   ❷ 화전민 부부가 물건을 운반하는 모습
❸ 물소를 타고 노는 어린이들   ❹ 우리나라 봉고트럭을 버스로 개조한 시골 노선 버스터미널

2000년도까지만 해도 화전경작 총면적은 국토의 13%인 약 320만ha로 현재 우리나라 총경지면적 약 160만ha의 2배에 이르고 있었다. 전 국민의 37% 그리고 농촌인구의 약 43%가 화전경작을 통해 생계를 유지하고 있다. 이에 정부는 화전농업이 갖는 폐해를 근절시키기 위한 여러 정책을 실시하기 시작하였다. 1979년 산림보호를 위한 국가정책은 산의 정상부를 중심으로 하는 분수령 지역에서의 화전금지와 산림자원 축적을 위한 벌목을 허가제로 하였다. 이러한 화전농업의 억제는 1986년에 신경제제도가 도입되면서 본격적으로 시도되었다.

　제2차 사회경제발전계획에 두 번째 우선순위로 채택될 정도로 화전농업 문제는 국가적 당면과제였다. 평지에서의 식량생산 증가로 화전농업을 억제시키고 화전민의 생활을 안정화시키는 것이었다. 왜냐하면 화전농업으로 매년 광대한 면적의 산림을 파괴하고 있었기 때문이다.

　그리하여 화전민에게 토지분배와 마을의 효율적인 산림이용과 화전농업을 대체할 작목을 도입하였다. 문제는 정착지의 토지를 분배받은 농가가 분배받은 토지면적으로는 식구를 부양할 수 없게 되자 다시 화전농업을 재개하고 있다는 것이다. 화전농업인구의 증가는 이를 더욱 어렵게 만들어 쉽게 해결될 것으로 보이지 않았다.

　2010년까지 화전농업을 근절하는 것으로 되어 있지만, 이의 달성은 어려워 보였다. 특히 산악지대인 북부 5개 주에 주로 초점이 맞추어져 있는데, 산에서 내려온 화전민들이 일할 마땅한 직업을 얻거나, 대체할 작목 선정이 하루 아침에 되는 일은 더더욱 아니기 때문이다.

　그런데 산간마을의 화전민을 이주시켜 정착화하려는 정책은 외부와 내부로부터 많은 저항을 받았다. 외부의 비판은 화전민의 이주는 고대 동남아시아의 전통적인 우위의 저지대문화가 고지대 소수민족을 계속적으로 지배하려는 사업으로 보았기 때문이다. 어떠한 일에 있어도 고지대 사람들의 강제적인 재정착은 국제적인 토착인 문제로 보아야 했다. 따라서 세계은행과 아시아개발은행은 사람들을 강제적으로 재정착시키는 프로젝트를 수행하는 데 신중을 기하고 있는 이유를 알았다. 이처럼 화전농업은 더 이상 갈 데 없는 소작농민의 선택이다.

어쨌거나 장거리를 왕래하는 차들이 적은 탓인지 대개의 차는 평지에서는 속도제한이 있으나마나 시속 100km로 달리기 일쑤이고, 산악지대에서도 막무내기로 빨리 달리려고 한다. 이럴 때 농가에서 기르는 소, 돼지, 물소, 오리, 닭 등의 가축들이 도로 위에 올라와 서성이고 있으면 순간적으로 놀라 소리를 지른 적이 한두 번이 아니다.

만일 가축을 다치기라도 하면 골치가 아프다. 차에 치여 희생된 닭이나 개 등에 대한 책임은 그 주인에게 있다. 작은 닭이나 개, 오리 등이 로드킬을 당하면 주인은 아무 내색도 하지 않는다. 그러나 돼지, 소, 물소, 염소와 같은 중대 동물은 값을 톡톡히 물어야 한다. 특히 외국인이 탄 차량은 더 돈을 요구한다고 한다.

북부 산악지대의 아편 재배 근절

산간지대의 화전 얘기를 하면서 아편 얘기를 빼놓을 수 없다. 논이 전혀 없이 오로지 화전으로만 살아가는 마을은 일 년 먹을 식량의 약 4개월분 정도만 생산하고 있다. 따라서 부족한 식량은 돼지나 임산물을 판매하여 쌀을 구입해야 한다. 그런데 아편 재배는 손쉽게 현금을 쥘 수 있어 유혹이 매우 크다.

현재 이 나라의 아편정책은 유엔마약통제프로그램을 기초로 하여 1999년 아편 근절을 위한 것이다. 고산지대의 아편생산은 역사적인 문제로 라오스를 포함한 태국과 미얀마가 지닌 공통문제이다. 그래서 마약거래의 중심지를 골든 트라이앵글이라 불렀다. 고산지대 사람들의 아편 재배는 그들의 주요 소득원으로 쌀 재배의 저생산성에 따른 보상으로 인식하였다. 실제로 아편은 산지인들에게 현금을 줄 수 있는 유일한 수단이었다.

따라서 아편 재배를 줄이려면 소득이 되는 대체작물의 선정이 중요하다. 이에 메콩강 유역의 선두주자로서의 역할을 하고 있는 태국에서 마약통제를 위한 프로그램이 개발되어 왔다. 이 프로그램은 대체 소득원과 소셜서비스를 마련하여 인프라 개선, 농법체계를 기초로 하는 아편이 아닌 타작물의 재배기술, 시장과 신용의 접근, 교육기회와 보건증진, 작물재배와 가축사양의 개선, 식료와 전통적인 것과 새로운 활동 목적으로 하는 현금 수입을 창출하는 것 등이었다.

그리고 기존의 마약중독자를 치료하여 새로운 마약중독자가 생기는 것을 막는 적절한 문화개발을 통한 마약수요 감소를 실행하는 일이다. 현재 이 정책들은 2015년까지 마약으로부터 해방되는 아시안의 지역목표와 맞물려 있었다. 그러나 라오스는 아편 재배 근절을 앞당기는 마약거래 금지를 위한 종합적인 명령을 2000년에 발표하였다. 이 명령은 라오스 모든 주는 2005년까지 근절해야 한다는 목표를 담고 있었다. 이미 중독된 노인들에게만 자가소비를 목적으로 하는 것만 허용하였다. 실제로 아편에 심하게 중독된 사람이 극히 제한적으로 생산된 아편을 흡연하는 현장을 보기도 했다.

한편, 2001년에 형법 135조에 의거 마약통제를 강화하였다. 이 법에 따르면 마약사범에 대한 벌금이 크게 늘었고, 마약생산, 헤로인 500g 이상과 엠페타민 3,000g 이상의 불법거래와 분배 등은 사형에 처하는 등 신체를 구속하는 처벌을 강화하였다. 이러한 노력의 결과 2005년 5월 아편을 재배했던 모든 주들은 4월과 5월에 각각 아편 재배가 완전히 근절되었다는 선언식을 가졌다. 각 주는 정부로부터 아편 근절을 인정받는 증명서를 받아 완전히 아편 재배는 없어졌다고 선언하였다.

그러나 아편 근절을 위하여 화전농업을 근절하고 다양한 국제기관의 지원을 받았으나, 여전히 아편을 대체하는 작물 선정과 재배에 많은 취약점을 지니고 있다. 아편 대신 선정된 적당한 과수나 고무나무나 티크 등을 심을 경우 소득을 얻기까지는 적어도 20년이 걸린다는 사실이다. 그래서 그런지 비엔티안의 밤거리를 걷다 보면, 마약을 사지 않겠느냐는 유혹이 여전히 이어지고 있음은 무엇을 의미하는 것일까.

찹쌀을 주식으로 삼는 유일한 나라

우리가 탄 버스는 비엔티안을 떠나 금강산이나 중국의 계림에 버금간다는 방비엥에 닿았다. 버스 승객 중 1/3은 이곳에서 내린다. 사실 이곳은 수려한 산수와 래프팅에 매료되어 며칠씩 묵는 사람이 많다. 예전에 지인이나 친척들이 오면 이곳은 꼭 안내하던 명소였다.

그때 모두들 루앙프라방으로 가면서 차장 밖의 아름다운 광경과 험준한 산악도로 양쪽 아래로 펼쳐진 화전밭의 신기함에 탄복하곤 했다. 이렇게 높고 첩첩이 싸인 경사지에 곡식을 심고 수확하는 이들을 보면 인간의 능력이 어디까지인지 알기 힘들다. 이것도 결국은 먹을거리 확보라는 절대절명의 문제를 풀기 위한 인간의 몸부림이리라. 산허리에서 산정상까지 전개되는 화전밭의 파노라마에 다시금 삶의 의미를 되새겨 보았다.

화전농사의 주작목은 옥수수와 찹쌀이다. 특히 라오스에 처음 와서 신기한 것 중의 하나가 찹쌀을 주식으로 세끼를 먹는다는 것이었다. 찹쌀을 주식으로 삼는 곳은 이 나라 말고는 기억이 없다. 그 넓은 평야에서 자라는

찹쌀을 찌는 라오스 농가의 일반적인 부엌 모습

벼도 거의 대부분이 멥쌀이 아닌 찹쌀이다. 또 높은 산꼭대기까지 나무를 베어 만든 화전밭에도 찹쌀이 재배되고 있다.

평야지대 논의 벼는 우기가 시작되면 논을 갈아 직파를 하거나 모내기를 한다. 그리고 산간의 화전밭은 우기가 시작되기 직전인 3월 또는 4월에 산에 불을 질러 밭을 만든다. 큰 나무들은 미처 타지 않아 커다란 그루터기로 밭 한가운데 그냥 남아 있는 모습은 흉물스럽기까지 하다.

라오스에서는 필리핀이나 인도네시아 또는 네팔의 히말라야 산기슭 그리고 중국 운남성에서 많이 볼 수 있는 계단식 논밭을 만나기란 쉽지 않다. 그냥 경사진 채로 산을 밭으로 만들어 볍씨를 파종한다. 3~5월 건조한 날이 계속 이어질 때는 온통 천지가 연기로 가득해진다.

10여 년 전까지만 해도 4~5월이 되면 화전을 일구기 위해 산에 불을 질러 연기 때문에 루앙프라방 비행장의 비행기 이착륙이 어려웠던 적도 있다고 한다. 하기는 몇 년 전에 인도네시아에서 화전을 일구기 위해 산에 불을 질렀다가 말레이반도 전체가 매연으로 휩싸였던 일도 있으니 그럴 만하다.

라오스 화전민들은 일단 산에 볍씨를 파종하면 잡초를 자주 제거하는 등 정성을 다하여 가꾼다. 문제는 우기에 발생한다. 비가 내리기 시작하면 빗물이 경사진 밭의 토양을 훑어 내린다. 이는 결국 산골짜기마다 붉은 흙탕물이 되어 메콩강으로 흘러 들어간다. 거의 모든 산이 헐벗어 정도가 너무

심하다. 화전을 금지하거나 억
제하는 정책을 쓰고 있으나, 가
족을 부양하기 위해서는 화전
농업 외에 선택의 여지가 없다.

라오스의 계림이라고 불리는 방비엥

우기가 지나 9~10월의 건기
가 시작되면 수확을 시작한다.
멀리 화전밭을 오가는 일과 수
확 후의 찹쌀을 운반하는 일도
여간한 일이 아니다. 그래서 산
위에 임시 움막을 짓고 수확할
때까지 몇 개월을 지내기도 한다.

또한 라오스는 세계 10대 생물다양성 보유국이다. 세계 4대 작물인 밀,
옥수수, 쌀, 감자 가운데 라오스에 있는 쌀 품종만 해도 야생종과 잡종을
포함하여 3천 종에 이른다. 이러한 것을 감안한 라오스 정부는 라오스의
쌀 문화는 이 나라의 독특한 유산이자 보물이라는 긍지를 갖고 있다.

보고 또 봐도 매력적인 루앙프라방

비엔티안을 출발한 지 거의 10시간 만인 저녁 무렵에 루앙프라방에 도
착했다. 터미널에는 미리 연락받은 수파누봉대학의 분미 박사 부부가 오
토바이를 각각 타고 나와 기다리고 있었다. 그는 강원대에서 축산학으로
석사와 박사학위를 받은 지한파 교수로 우리말 사용도 불편함이 없을 정
도이다.

먼저 가까운 다른 터미널에서 다음 날 오후 6시 베트남 하노이행 국제버

스를 48달러에 예매했다. 그리고 오토바이 뒤에 매달려 메콩강이 보이는 작은 호텔에 여장을 풀고는 바로 한국식당으로 갔다. 도시 모습은 옛 그대로였다.

역시 루앙프라방은 여러 번 보고 또 보았지만, 유네스코가 도시 전체를 인류문화유산으로 지정할 만큼 매력적인 도시임을 다시 느꼈다. 신성한 불상의 도시인 루앙프라방은 1353년 파늠왕에 의해 란쌍 왕국의 수도가 되면서 800여 년의 영화가 시작되었다. 한때는 황금의 도시라는 씨앵통으로 불리었고, 위쑨 왕 때 신성한 불상인 프라방을 가져오면서 루앙프라방으로 불리게 되었다.

유구한 역사와 전통이 넘치는 볼거리, 프랑스 식민지를 거치면서 지은 유럽식 건물들이 줄지어 있다. 거리를 거닐다 보면 유럽의 어느 도시에 와 있다는 착각이 들 정도이다. 그리고 거리에서 만나는 수많은 외국인 관광객과 주민들의 친절한 미소는 편안함을 안겨 주었다. 거기에다 도도히 흐르는 메콩강과 사원들과의 절묘한 조화는 우리 마음을 끌고 남을 만했다. 다만, 나라 경제력이 약하여 스스로 문화재를 지키지 못하고 유네스코의 지원을 받아야 하는 것이 이들의 자존심을 상하게 하는지도 모르겠다.

현재 남아 있는 화려한 32개 사원을 다 보려면 한이 없고, 대략 1559년에 세워진 가장 아름답다는 왓 싸앙통과 황금 본당 입구를 가진 왓 마이 사원 등이면 충분하다. 그리고 빼놓을 수 없는 곳은 왕궁박물관이다. 이는 오랜 란쌍 왕국의 역사와는 달리 1904년에 시작하여 20년에 걸쳐 완성했다.

이 건물은 프랑스 지배 당시 라오스 왕정이 식민지 정책과 유착되도록 만들어진 것으로 유럽 양식과 라오 양식이 혼합되어 있는 독특한 건물구조로 매우 아름답다. 입구의 쭉 뻗은 야자수는 왕궁의 미를 더해 준다. 왕궁치고는 규모가 작은 편이지만, 내부에는 역대 왕이 남긴 유물과 란쌍 왕국의 다양한 유물들을 살펴볼 수 있다.

이렇게 루앙프라방의 화려하고 웅장한 절에 비하여, 그동안 농촌지역의 수많은 사원을 방문한 결과 재미있는 현상을 발견했다. 즉 절은 그 마을의 빈부를 나타내는 잣대였다. 부자 마을의 절은 시주금이 많아 내외관을 잘 치장하여 호화롭고, 가난한 마을에 있는 절은 그야말로 쓰러져 가는 절도 있었다. 절의 외관은 바로 마을의 빈부 차이를 보여 주는 바로미터였다.

이러한 생각을 하면서 도시 중심지 사원 곁을 지나 '김삿갓'이란 한국식당 문을 열고 들어갔다. 모처럼 김치찌개에 막걸리를 마시고 싶었다. 식당 주인의 어서 오라는 따뜻한 말 한마디에 여독이 풀리는 듯했다. 분미 박사 부인은 초등학교에 다니는 딸을 혼자 두고 나올 수 없어서 같이 나왔다며 미안한 듯한 표정을 지었다.

나는 똘똘하게 생긴 그의 딸에게 용돈을 쥐어주고 저녁은 내가 살 테니 많이 먹으라고 했다. 이런 말을 미리 하지 않으면, 월급도 얼마 되지 않는 그에게 큰 부담이 되리라는 것을 너무 잘 알고 있기 때문이다.

그런데 뜻밖에 평소에 잘 알고 지내던 장지순 박사와 한국수출입은행 일행이 식당으로 들어왔다. 장 박사는 이 나라 두 번째 종합국립대학을 건설하는 데 감리를 맡고 있었고, 나는 농대 건립 책임자로 3년간이나 호흡을 맞추던 사이였다. 은행팀은 새로운 원조지원사업을 모색하러 왔다고 했다. 이들과는 다음 날 대학에서 만나기로 하고 헤어졌다.

이어서 유명한 야시장을 둘러보았다. 이곳의 분위기를 느끼기 위해 관광객이 총출동했나 싶을 정도로 북적였다. 나는 물건을 사는 것보다 사람 구경하는 일이 재미있었다.

이튿날 새벽 5시 30분. 벌써 집을 떠난 지 3주째 되는 날로 여행의 반환점을 지나고 있었다. 이곳 스님들의 새벽 탁발 행렬을 보고 싶어 카메라를 메고 나섰다. 각 절에서 나온 맨발의 스님들 행렬이 길게 이어졌다. 그리고 무릎을 꿇고 앉아 스님들이 오기를 기다리는 불자들의 모습이 더 정성스럽다. 거기에 스님의 행렬과 불자들의 시주하는 광경을 카메라에 담으려는 관광객들의 열성 또한 만만치 않았다. 나도 그들 틈에 끼어 열심히 셔터를 눌러댔다.

해가 떠오르자 탁발승들의 긴 행렬도 모습을 감추었다. 기왕에 일찍 나온 김에 도시 가운데에 위치한 푸시산에 올랐다. 새벽 탁발 광경을 본 많은 관광객들이 정상을 차지하고 있었다. 그곳에서 내려다보이는 황토색 메콩강은 고즈넉한 도시를 포근히 안고 잠에서 깨어날 줄 모르는 듯 아무 말이 없다.

말없이 흐르는 메콩강은 예전에 가본 적이 있는 빡우 동굴 안의 불상과 꽝시 폭포에서의 기억을 되살려 주었다. 또 미얀마와 태국 그리고 라오스 국경의 트라이앵글 지역과 중국과의 국경지역을 찾으면서 중국의 큰 투자에 깜짝 놀란 기억도 살아났다. 특히 오우강 상류 지점의 베트남 국경 근처 험준한 산중에 자리잡은 카뮤족 마을을 찾았을 때의 기억도 생생했다. 그곳을 찾은 나에게 촌장은 마을이 생긴 이래 처음으로 귀한 손님이 왔다며 잘 익힌 닭고기와 찹쌀밥, 채소류, 돼지고기 등 푸짐한 식사를 대접했었다. 그리고 식사가 끝나자 전통술을 마시게 하고는 열아홉 살 된 처녀와 같이 자라고 권했다. 동행한 안내 공무원에게도 똑같이 권유하며 처녀를 옆에 앉혀 주는 바람에 곤란했던 기억도 났다.

이때 나는 도저히 있을 수 없는 일이라며 두 개의 봉투를 내밀었다. 하나는 마을 발전기금으로, 또 하나는 처녀의 집안 일에 써달라고 했다. 그녀의 집안 형편이 어렵다는 얘기를 엿들었기 때문이다. 그리고 이 마을을 탈출하다시피 칠흑같이 어두운 깊은 계곡을 배를 타고 내려왔었다. 그 처녀는 지금은 어떤 모습일까 문득 궁금한 생각이 들었다.

우리나라 최초로 해외에 건립한 수파누봉대학

루앙프라방은 나에게 보람을 느끼게 해 준 특별한 일이 있다. 이 도시에 우리 정부의 유상지원 사업으로 라오스 두 번째 종합대학인 수파누봉대학 Souphanouvong University을 건립하는 데 농대를 책임졌던 것이다. 이때 강원대의 박철호, 이재선, 박춘근 교수는 농대 농림축 분야를 각각 책임지고 있었다.

이 대학 이름인 수파누봉은 이 나라 초대 대통령의 이름에서 따왔다. 2006년부터 2년간에 걸쳐 건물 등을 짓는 일은 포스코에서 맡았다. 그리고 대학을 실제로 움직이는 콘텐츠 개발은 대전의 우송대학 부총장 조원권 박사와 전주대학과 함께 컨소시엄을 이루었다.

강원대는 농대 설립에 따른 수파누봉대학의 교수를 우리 대학에 초청하여 연수와 학위를 이수케 하는 프로그램을 운영했다. 그리고 교재와 커리큘럼을 개발해 주고, 나아가 우리 대학 교수 수십 명이 현지에 가서 지도를 하는 등 루앙프라방과는 떼어 낼 수 없는 관계를 맺었다. 이는 과거 미국 미네소타 주립대학이 서울농대를 지원하는 시스템과 다름없었다.

개도국을 개발함에 있어 무엇보다도 중요한 것은 인적자원의 개발이다. 그런데 이 나라의 실정은 당시 정규 대학으로는 비엔티안에 국립라오스대학 하나뿐이었다. 이마저도 교수 자원의 부족으로 인재양성과는 거리가 멀었었다. 우선 박사학위 소지자 교수는 전체의 10%에도 미치지 못하고 있었다.

그래도 공부에 대한 성취욕은 매우 높았다. 농경제학과의 실링톤 교수의 주선으로 대학 전체 학생을 대상으로 특강과 본 캠퍼스의 한국어를 전공하는 학생들에게 강의를 하기도 했다. 대강당에 수백 명이 모인 특강에서는 학생들의 열띤 질문으로 정해진 시간을 넘기곤 했다. 이 특강을 주선

루앙프라방의 수파누봉대학

한 실링톤 박사는 프랑스에서 박사학위를 한 대단한 열정의 소유자로 라오스의 자존심이랄 만한 여교수이다.

수파누봉대학의 경우는 이보다도 더욱 열악하여 이제 갓 대학을 졸업한 사람을 교수로 임용할 정도였다. 이렇게 시작한 대학 설립 기공식을 계기로 건설공사는 착착 진행되었다. 그리고 2008년 3월 라오스의 모든 국민이 지켜보는 가운데 성대히 준공식을 갖고, 키를 라오스 정부에게 인계하였다. 이때 초대총장으로 임용된 캄파이 박사는 얼마나 좋았던지 매일 건물을 바꿔 가면서 잤다는 이야기가 들려왔다.

이렇게 인연을 맺은 대학에 다시 들어서니 가슴이 뿌듯했다. 어제 만난 분미 박사는 이 대학의 산학협력 연구를 책임지고 있다. 이어 총장을 비롯한 부총장 등 대학 운영을 책임지고 있는 교수들을 만나 많은 얘기를 나누었다. 나는 이 자리에서 설립 초기에 빠졌던 농업경제학과와 농화학과 등을 설립해 줄 것을 부탁했다. 그러면서 총장을 포함한 강원대 제자 동문 교수 10여 명과 번개 모임을 제안하였다.

이어 캠퍼스를 둘러보았다. 준공 당시의 어수선함은 간데없고 하나씩 정상화되어 가는 모습이었다. 그럼에도 실험실 등은 여전히 빈약해 보였다. 이러한 열세를 지원하기 위하여 서울대 장지순 박사를 중심으로 코이카의 ODA 후속지원사업이 진행되고 있었다. 점심때 캄파이 총장을 비롯하여 장지순 박사 그리고 강원대에서 석사 또는 박사학위를 받은 교수 등

10여 명이 메콩강변의 식당에 모여 번개 동문회를 갖게 되었다.

우리는 춘천에서의 추억을 되살리며 즐거운 시간을 보냈다. 총장 역시 강원대를 여러 번 방문했었다. 그는 강원대에서 학위를 취득한 교수들의 교육에 대한 진지함과 연구 열의에 대해서도 찬사를 아끼지 않았다. 나중에 귀국하여 캄파이 총장이 대학 설립과 운영에 대한 높은 평가를 받아 교육부 차관으로 영전했다는 좋은 소식을 전해 듣고, 제자 동문 교수들의 성장과 대학의 무궁한 발전을 기원했다.

이제 루앙프라방을 떠날 시간이 되었다. 여러 분들이 버스터미널로 배웅을 나와 주었다. 만나면 헤어지는 것이 정한 이치이고, 떠나간 자는 반드시 돌아온다는 회자정리 거자필반會者定離 去者必返이라는 말이 실감났다. 베트남 하노이까지 24시간 걸린다는 버스 안으로 들어갔다. 버스는 정확히 6시에 출발했다.

씨앙쿠앙 대고원의 분화구와
5개의 호찌민 루트 그리고 돌항아리 평원

현대자동차 중고버스를 개조한 슬리핑 버스 안은 천장 아래 창가 양쪽과 가운데에 2층 침대를 만들어 일어나 앉으면 목에 걸릴 정도로 낮았다. 그래서 모두 스키보드 선수처럼 누워서 앞을 봐야 했다. 또 창밖이 제대로 보이지 않을 정도로 짙게 선팅을 해 갑갑했다.

승차할 때 조수는 자기 마음대로 명령하듯 자리를 지정해 주었다. 덩치 큰 유럽인들은 차라리 침대에 눕기를 포기한 듯 복도에 앉아 있다. 그리고 더 심한 것은 가는 도중에 사람을 자꾸 태워 좁은 복도까지 누워서 갔다.

만일 산악지대를 지나다가 사고라도 나면 대형사고일 수밖에 없는 상황이었다. 안전벨트는 처음부터 아예 없다. 갑자기 급정거라도 하면, 2층 침대에 누워 있던 나는 앞으로 날아갈 판이다. 그야말로 목숨을 하늘이 아닌 운전수의 손에 맡겨야 하는 신세가 되고 말았다.

버스는 루앙프라방 분지를 벗어나 일단 남쪽으로 달리다가 동쪽 방향으로 차머리를 돌렸다. 그리고 계속 라오스 북부 산악지대의 꾸불꾸불한 산악 길을 타기 시작했다. 석양에 물든 산악지대의 거대한 화전밭은 또 다른 장엄함을 보여 주었다.

한밤중에 해발 1,200m의 씨앙쿠앙주 폰사반에 도착했다. 밖은 어두워서 보이지 않았지만, 예전에 이곳에서 본 일들이 머리를 스치고 지나갔다. 당시 제일 놀란 것은 비행기에서 내려다본 이 지역의 분화구였다. 마치 달 표면의 수많은 분화구처럼 대평원에 대형 웅덩이가 수없이 깔려 있었다.

이는 베트남전쟁이 한창이던 1964~1973년 사이에 막대한 양의 폭탄이 공중에서 투하되어 만들어진 구덩이였다. 당시 북베트남은 남베트남에 엄청 많은 전쟁물자와 월맹 정규군을 남북 분단의 기점인 북위 17도선으로 바로 침투시키지 않고, 미군의 공습을 피해 길게 남북으로 뻗은 베트남 국경을 따라 라오스와 캄보디아의 산악지대로 우회하는 이른바 호찌민 루트를 이용하고 있었다.

그런데 이렇게 미군으로부터 공습을 받은 호찌민 루트였지만, 결국은 이 루트 때문에 북베트남은 남베트남을 이길 수 있었다. 2012년에 출판된 《5개의 호찌민 루트》라는 책을 보면, 사람들은 호찌민 루트를 북베트남에서 라오스를 거쳐 캄보디아에 이르는 안남산맥 속의 1,100km에 이르는 인적·물적 루트로만 생각하고 있는데, 여기에 보이지 않는 또 다른 4개의 호찌민 루트가 있다는 것이다. 즉 두 번째는 군용 연료 공급을 위하여 중국 국경에서 북베트남을 지나 남베트남의 게릴라본부에 이르는 5,000km의 석유 파이프 라인이다. 세 번째는 강력한 미해군함과 남베트남 해군을 속이기 위해 위장한 어선이나 상선을 이용하여 북쪽에서 남쪽으로 인적 · 물적 자원을 보내는 해상 루트이고, 네 번째는 군 고위간부들이나 남베트남의 기간요원들을 교육시키기 위해 북베트남으로 사람을 보내는 항공 루트이다. 이 루트는 기계류나 의약품을 공급하거나 부상자나 군가족을 위하여 프놈펜, 홍콩, 중국 광주廣州 그리고 하노이를 잇고 있었다. 다섯 번째는 신비스럽고 보이지 않는 루트이다. 즉 남베트남에서 활동하는 베트콩을 돕기 위해 세계 각지로부터 남베트남으로 보내기 위하여 서방의 은행을 이용하는 길이다. 단지 이는 파리, 런던, 홍콩, 방콕, 모스크바, 북경으로부터의 전화나 코드로 사이공의 베트콩 혁명전선에 보내는 루트였다. 이는 누구도 몰랐기 때문에 이로 인하여 체포된 사람은 없었다는 것이다.

이렇게 교묘하게 숨겨진 또 다른 4개의 루트를 위하여 안남산맥의 호찌민 루트는 미군에게 던진 미끼였는지도 모르겠다는 생각을 했다. 아무튼 이를 안 미군은 물자와 인적 자원의 남하를 막기 위하여 이곳에 대대적인 공습을 가하여 만들어진 웅덩이였던 것이다. 그래서 베트남전쟁은 베트남에서가 아니라 라오스가 주무대였다고까지 말할 정도이다.

미군은 라오스에 약 210만 톤의 폭탄을 투하하였다. 그 투하량은 제2차 세계대전 중 미군이 유럽과 태평양 전선 두 곳에 투하한 양과 필적할 만한 것이었다고 한다. 월남전의 주무대였던 북베트남에 공중 투하된 폭탄의 양은 약 100만 톤에 지나지 않았다. 폭탄 투하 임무를 띤 전폭기가 라오스와 베트남 국경지역으로 총 58만 회 이상 출격하였다. 이는 폭탄을 가득 실은 비행기가 9년 동안 매 8분마다 폭탄을 투하했다는 이야기다.

그런데 문제는 이때 투하된 폭탄 가운데 폭발하지 않은 막대한 양과 지뢰가 땅속에 남아 있다는 것이다. 이는 오늘날까지도 전쟁후유증으로 공포의 대상이다. 전쟁이 끝난 지 반세기가 가까워졌지만, 라오스 국민들은 미폭발 폭탄과 맞서야 하는 위험을 늘 안고 있다. 국토의 50% 이상이 폭발

❶ 씨앙쿠앙주의 돌항아리 평원에 미공군의
　폭탄 투하로 생긴 분화구들
❷ 돌항아리 평원의 다양한 돌항아리 모습
❸ 불발 네이팜탄을 분해하여 세운 집 기둥들

물에 노출되어 있다는 것은 농업개발은 물론 장기적인 경제개발에 커다란
장애요인이라고 할 수 있다. 따라서 라오스 정부의 국가 미폭발물 프로그
램은 전국에 걸친 UXO지뢰와 미폭발 폭탄의 제거와 나아가 이를 위한 교육
내용으로 짜여 있다. 이는 유엔개발계획UNDP, 유엔아동긴급기금UNICEF
의 지원을 받아 라오스 정부가 1996년에 시작했는데, UXO로 인한 부상자
를 줄이고 농업개발 목적을 위한 토지이용량을 증가시키기 위한 것이다.

❶ 라오스 루앙프라방과 베트남 하노이를 잊는 국제버스 내부　❷ 라오스와 베트남 국경

이에 2000년 743ha를 포함하여 첫 5년 동안에 1,824ha 지역에서 UXO가 제거되었고, UXO의 위험에 대한 교육이 전국에 걸쳐 실시되었다. 현재까지도 UXO가 묻혀 있는 9개 주에 많은 인력을 투입해 제거작업을 하고 있다. 그래서 폭발물이 제거된 안전한 지역은 백색선 안쪽이라는 표시를 해놓았다. 웃지 못할 일은, 미공군이 투하한 UXO를 분해하여 집 기둥과 가재도구나 가축의 먹이통으로 이용하고 있다는 것이다. 분해된 네이팜탄은 그 어떤 재질보다 튼튼해 보였으나 전쟁이 끝난 지 수십 년 지나 점점 녹슬어 가고 있었다. 사실 네이팜탄이 투하되면 발화 · 폭발되어 800도 이상의 고열과 격렬한 연소로 폭발지점의 산소를 결핍시켜 주변 지역을 태우고 사람을 질식하게 하는 살상폭탄이었다. 주로 정글 속의 베트콩 토벌에 사용되었는데, 비전투원인 민간인에게 주는 피해가 커서 국제여론의 비난 대상이 되기도 했다.

　그런데 집집의 마루 밑에 크고 작은 포탄들을 군대의 탄약고 모양으로 쌓아 놓은 것을 보고 놀란 적이 한두 번이 아니었다. 폰사반 시내의 여행사는 아예 입구부터 분해된 포탄으로 치장하였으며, 당시 내가 묵었던 호텔 로비와 방도 포탄이나 총알로 꾸며져 있었다.

씨앙쿠앙 하면 이와 같은 예기치 않은 불행한 장애물이 있지만, 한편 폰 사반 시내에서 차로 10분 정도만 가도 고대 선사시대에 만들어진 돌항아 리 평원Plain of jar 유적지를 만날 수 있다. 이 유적지에는 인도차이나전쟁 으로 마을을 떠났던 소수의 가족만 돌아와 대개 쌀농사를 지으며 어렵게 살고 있다.

그래서 마을과 주정부에서는 마을 주위에 산재한 2,500~3,000년 전에 만들어진 돌항아리 단지를 이용한 소위 농촌관광과 연계하여 농가수입을 올리려 하고 있다. 주도인 폰사반에만 3개의 돌항아리 단지가 흩어져 있는 데, 각각 334개, 90개 그리고 70여 개가 몰려 있다. 큰 돌항아리는 무게가 15톤에 이르며 6톤 정도의 크기는 수두룩하다. 이외에 씨앙쿠앙주에는 136개소에 4천여 개의 돌항아리가 산재해 있어 그야말로 돌항아리 주라고 불릴 만하다.

이러한 돌항아리가 왜 만들졌는지에 대한 전설로는 전승을 기념하기 위 하여 술을 빚어 넣어 두는 용기설과 사람의 시신을 넣어 두는 무덤설이 있 다. 이 위대한 선사유적지 돌항아리 평원은 오로지 씨앙쿠앙에만 있는 것 으로 이곳 주민들에게 고대 선사인이 준 최대의 선물이 아닐 수 없었다.

뿐만 아니라 폰사반 인근에 1935년 불란서 고고학자 코라니Madeleine Colani가 발견하여 고고학계에 수직입석군이라고 보고한 유적지도 있다. 이는 높이 2m 이상의 비석 수십 개가 똑바로 하늘을 향해 서 있는데, 돌항 아리군과 마찬가지로 고고학적인 수수께끼로 알려져 있다. 이와 같은 거 석군은 적어도 1,500년 전 이상으로 거슬러 올라간다.

영국 남부 솔즈베리 평야 한가운데 BC 3100년경부터 세워지기 시작했다

월남전 당시 공산 파테트 라오의 삼누아 동굴사령부

는 스톤헨지를 방문한 적이 있는데, 나는 이곳의 거석들을 보는 순간 바로 이것이 라오스의 스톤헨지가 아닐까 하는 생각이 퍼뜩 떠올랐었다.

이렇듯 이곳의 전쟁 흔적지와 돌항아리 단지 그리고 수직입석군 등을 보고 나서 이곳 노천 온천탕에 몸을 담그면 피로가 눈 녹듯 사르르 사라질 것이다. 나는 작열하는 햇볕 아래 논으로 둘러싸인 노천온천장에서 홀로 황제온천을 즐긴 기분을 느끼듯 좁은 버스 안에서 버티고 있었다.

폰사반과 마찬가지로 라오스 최북동 쪽에 베트남과 국경을 접한 2,000m 이상의 준봉이 버티고 있는 후아판주의 삼누아도 가볼 만한 곳이다. 좌우에 의한 내전 당시 공산군의 최대 활동거점으로 라오스 정치지도자들이 이곳을 정치적 고향으로 삼고 있는 자연이 수려한 곳이다.

이 삼누아 지역도 베트남전쟁 당시 씨앙쿠앙주와 마찬가지로 공산군의 활동거점으로 수많은 미공군의 공습을 받아 그 흔적이 많이 남아 있다. 미공군의 공습을 피하기 위해 수많은 동굴을 파고 피신하였던 곳으로 카이손, 수파누봉, 푸미 봉비치트 등 인도차이나전쟁 당시 라오스 공산군을 이끌던 지도자들의 거주지이자 지휘소였다.

나중에 이들은 차례로 통일 라오스의 대통령이 되었다. 지금은 이것이 라오스의 국가적 자존심으로, 중국공산당이 대장정 끝에 오랫동안 본거지로 삼았던 섬서성의 연안시와 같은 라오스 공산당의 고난의 장소로 국민의 사랑을 받고 있으며, 많은 관광객이 이곳을 방문하고 있다.

이처럼 전쟁의 아픔과 미래의 희망을 동시에 지니고 있는 역사적 현장인 씨앙쿠앙주를 지나고 있다. 우리를 태운 만원버스는 폰사반에서 사람을 더 태우고 라오스와 베트남 국경을 향해 밤새 달리고 있었다.

버스는 더 이상 입추의 여지가 없을 정도로 꽉 찼다. 흔들리는 버스 2층 침대에 누운 나는 팔을 손잡이 안에 넣어 몸이 움직이지 않게 고정시키려고 애를 쓰고 있었다.

어느새 날이 밝았다. 2016년 8월 11일 목요일 아침, 집을 떠난 지 24일째 되는 날이다. 버스는 산중 깊숙한 곳에 멈추어 섰다. 라오스와 베트남의 국경검문소 앞이었다. 우리보다 먼저 온 버스에서 내린 승객들이 뭔가를 기다리고 있다. 알고 보니 국경검문소 이민국 직원들이 출근하기를 기다리는 중이었다.

사돈의 나라 베트남

베트남 첫 방문 첫날의 추억

밤새 산등성이를 깎아 만든 꾸불꾸불한 산길을 따라 라오스와 베트남 국경검문소에 도착했다. 승객들도 잠에서 깨어 국경 통과 준비를 하고 있다. 양국 검문소는 높은 산 계곡 아래 남칸이라는 개울을 경계로 서로 마주보고 있었다. 라오스와 베트남 사이의 국경검문소는 여러 곳이 있지만, 대부분 양국 간을 남북으로 1,100km나 길게 뻗어 있는 안남산맥 속에 있다.

드디어 라오스 쪽의 직원이 자리를 잡았다. 그들은 검문소 건물 뒤 숙소에 머물고 있었다. 이곳 역시 캄보디아에서 라오스로 입국할 때와 마찬가지로 길게 늘어선 사람들의 인적사항을 일일이 손으로 적고 있었다. 아무튼 아무 이상 없이 라오스를 떠나는 출국수속을 밟았다.

이어서 개울 위 다리를 걸어서 베트남 영역으로 들어섰다. 다리 아래로는 어느 나라 소유인지 모르는 물소들이 풀을 뜯어 먹느라 다리를 건너는 사람들에게는 눈길 한번 주지 않았다. 베트남의 이민국 관리는 슬쩍 얼굴을 한번 쳐다보더니 여권에 입국허가 스탬프를 꽝 찍어 주었다.

인도차이나반도 남행

이렇게 베트남에 또 들어왔다. 육로로 베트남을 입국하기는 메콩델타 지역의 캄보디아에서 베트남으로의 월경에 이어 두 번째였다. 마지막 승객이 출입국 수속을 마치고 버스에 탈 때까지 기다려야 했다. 주위는 2,000m 내외의 높은 산들에 첩첩 둘러싸여, 지형상 입출구는 오로지 이 계곡뿐인 것 같았다. 국경 근처에 세워 놓은 국경표지석은 이곳이 베트남의 영역이라는 것을 확실히 말해 주고 있었다.

마지막으로 입국수속을 마친 승객이 버스에 오르자 계곡을 따라 통킹만과 접해 있는 평야지대인 응에안 성 방향으로 출발하였다. 창밖을 바라보면서 우리와 베트남과의 관계는 물론 내가 처음으로 베트남을 방문했던 기억이 생생하게 떠올랐다. 창밖에는 우기철의 비가 퍼붓고 있었다.

지금이야 한국과 베트남은 1992년 외교관계를 맺은 이래 실로 경이롭다고 할 정도로 좋은 관계로 발전해 왔다. 경제적으로 보더라도 한국은 대베트남의 최대 투자국이자 우리의 제3위 수출국으로 급부상하였다. 뿐만 아니라 양국의 상호 방문객은 2016년만 해도 무려 175만 명에 이른다. 이제 베트남은 인도차이나반도에서 한국인들이 가장 많이 방문하는 나라가 되었고, 또한 우리나라를 찾는 베트남 관광객과 유학생도 꾸준히 증가하고 있다. 더욱이 베트남에 거주하는 한인동포만 해도 14만 명에 달한다니, 양국간의 관계가 얼마나 깊고 긴밀한지를 알 수 있다.

역사적으로 보더라도 고려시대에 베트남에서 귀화한 화산이씨와 정선이씨에 얽힌 이야기는 많이 알려져 있다. 거기에 최근 약 5만 명의 베트남 여인이 한국인과 국제결혼을 통해 다문화 가정을 이루고 있는 등 깊은 혈연관계를 맺고 있다. 그리하여 베트남의 고위관리를 만나거나 할 때 한국을 진정한 친구 또는 사돈의 나라라 하며 친근감을 표하고 있다.

나의 첫 베트남 방문은 지금부터 21년 전의 일이다. 당시 베트남은 1975년 통일된 후 10년간 사적소유를 부정하는 농업의 집단화를 꾀하는 등 전형적인 사회주의 노선을 채택한 다양한 정책을 펴고 있었다. 그러다가 결국 사회주의 경제체제에서 오는 모순으로 원활한 경제성장을 이룩하지 못하자, 1980년 중반부터 시장경제체제로 전환한다. 이러한 체제 전환은 베트남뿐만 아니라 중국, 구소련 하의 여러 나라와 동구권도 포함되는 등 세계적인 흐름이었다. 드디어 이러한 세계적인 흐름은 독일 통일로 이어지고 있었다.

베트남이 시장경제로 정책노선을 변경한 지 10년 째 되던 1996년 7월, 나는 무더운 베트남 호찌민에 첫발을 들여놓았다. 방문 목적은 인도차이나반도의 주요한 강의 하나인 메콩강 유역 국가들의 체제전환에 따른 토지제도와 식량관계를 추적하기 위한 학술 조사차였다. 거의 같은 시기에 사회주의 노선을 걷던 라오스와 캄보디아는 물론 미얀마까지도 본격적인 시장경제체제로 돌아가고 있을 때이기도 했다. 이후 여러 번 베트남을 찾아올수록 다른 체제 전환 국가보다도 시장경제체제가 주는 역동적인 변화의 발전상에 놀라고 있었다.

1975년 4월 남베트남이 패망하면서부터 국제사회의 커다란 관심이었던 수많은 난민들이 작은 보트에 의지한 채 남중국해의 망망대해를 떠돌던 보트피플에 대한 의문점이 많았었다. 도대체 그들은 무슨 이유로 정든 고향을 뒤로 하고 목숨을 걸고 탈출할까 하는 궁금증이 많았다. 그러나 이러한 의문점은 현지 방문을 통해 단숨에 풀 수 있었다.

당시 호찌민 탄손누트 국제공항은 베트남전쟁 당시 미군이 사용하던 주요 군기지로, 규모는 컸지만 하루에 몇 편의 비행기만이 이착륙할 정도로 한산하여 공항은 한적한 농촌마을 분위기였다. 입국수속을 마치고 공항 건물 밖으로 나오니, 택시기사와 구걸하는 사람들 틈사이로 '환영! 강원대 전운성 교수'라고 쓴 영어 팻말이 눈에 띄었다. 미리 연락을 받은 컨터대학Canh Tho Univ.의 융Dung 교수와 쑤안Xuan 부총장이 직접 나와 있었

❶ 사이공 중앙시장 앞을 오가는 오토바이족
❷ 호찌민시 차이나타운 촐롱 지구
❸ 거리에 앉아 과일을 파는 여인

다. 쑤안 부총장은 나중에 안쟝대학An Giang Univ. 총장으로 영전했지만, 당시에도 베트남 인민대표위원과 정부 농업대표단장 직함을 가진 농업전문가였다. 나중에 그는 나의 초청으로 강원대와 우리 농촌의 실정을 이해하기 위해 방한하면서, 그때 우리 농촌의 발전상에 깊은 인상을 받고 베트남에 우리 경험을 이식시키고 싶다고도 했다.

그는 하노이에서 열린 제8차 인민대회의에 막 다녀왔다며, 베트남의 경제개혁 정책인 쇄신이라는 의미를 지닌 도이모이Doi Moi 정책을 지속적으로 수행하기로 결정했다면서 얼굴이 상기되어 있었다. 왜냐하면 1986년부터 이어온 경제개혁에 보수세력이 완강히 반대하는 분위기가 컸기 때문이다. 만일 이번 회의에서 다시 보수화로의 회귀를 결정한다면, 그간 수행해 온 시장경제제도의 도입이 중단되어 경제적 혼란이 초래될 게 뻔했던 것이다.

쑤안 부총장은 보수파의 기존 지위를 누리려는 사람과는 반대의 개혁논리를 내세웠던 사람이다. 카페로 자리를 옮겨 베트남 경제사정과 우리 농촌경제에 관한 이야기를 나누면서, 나는 그의 미래를 위한 올바른 결정에 동감을 표하는 등 베트남에서의 방문 첫날을 보내고 있었다.

그리고 메콩델타 내의 최대 도시 컨터 시에 있는 컨터대학으로 가기 위해 메콩강을 두 번씩이나 건너면서 도로를 메우다시피 한 한국제 중고 트럭과 버스, 택시를 보았다. 대학 연구자들보다도 발빠른 기업인들의 해외개척에 놀라면서도, 나는 이 나라의 농업사정에 관한 조사를 했다.

그런데 베트남전쟁이 한창일 때 컨터는 베트콩으로 알려진 베트남 해방군의 중심 활동지였다는 이유로 고엽제와 네이팜탄 등의 폭탄 피해를 받은 지역이기도 하다. 베트남 현대사의 비극의 현장이 이제는 통일 베트남을 밑에서부터 받쳐주는 곡창지대로 변모하였다.

베트남 패망과 보트피플

컨터대학에 머무르면서 여러 교수들과의 대화와 자료를 통해 베트남의 패망과 통일 이후에 취한 하노이 정부의 여러 정책을 이해할 수 있었다. 1975년 봄, 남베트남의 사이공을 함락시킨 북베트남 정권은 승리감에

281 인도차이나반도 남행

도취되어 남베트남 전 지역에 사회주의제도를 강력하고도 철저히 그리고 빠르게 이식시키기 위하여 훈련된 개혁요원을 대량으로 남베트남에 파견하였다. 특히 점령 직후 호찌민으로 개칭된 사이공과 농업 중심지역인 메콩델타가 개혁의 중심 대상지였던 것은 말할 나위 없다. 말하자면 이 지역은 자본주의가 가장 왕성하게 살아 움직이던 지역이었기 때문이다.

통일을 이룩한 공산정권은 우선 개혁의 대상으로 사이공에 사는 70만 명의 화교 중 50여만 명이 살고 있는 큰 시장이란 뜻을 가진 촐론Cholon 지역을 지목하였다. 이곳은 남부 경제의 실권을 장악하고 있는 화교의 중심지로 메콩델타에서 오는 쌀, 기타 농수축산물의 거래 중심지였다. 베트남의 화교는 17세기 명나라가 청나라에 망하자 그 유신들이 메콩델타 지역으로 피란해 온 이래 지금까지 이 지역에 정착하여 살아왔다.

이들은 베트남은 물론 남중국해의 무역을 장악하는 등 19세기 후반부터 20세기 초기에 걸쳐 상인으로서의 명성을 떨쳤다. 또한 베트남 국적을 취득하지 않은 사람도 있는 등 사실상 베트남 정부의 힘이 미치지 않는 일종의 치외법권의 차이나타운으로 행정도 자치조직에 의해 운영되고 있을 정도였다.

베트남 통일 공산정권은 유통부분을 쥐고 있는 자본주의적 중국인 상인의 영향을 배제하지 않고는 사회주의화를 달성할 수 없다고 보았다. 그리고 1978년 12월 베트남이 캄보디아를 공격하자 이를 응징한다는 구실로 1979년 2월 중국이 베트남을 침공하자 화교에 대한 탄압은 더욱 심해졌다. 이에 남베트남에 있던 수많은 중국인들은 박해를 피해 해외로 탈출하기 시작하였다.

한편, 농업의 중심지인 메콩델타의 경우에도 공산정권은 과거의 개인농을 부정하고 집단농장제를 보급하기 시작하였다. 이는 강력한 군대를 배경으로 하노이에서 대량 파견된 토지개혁 요원에 의해 철저히 추진되었

다. 그런데 집단농장제를 반대하는 메콩델타 농민들의 거센 저항에 통일
된 지 10년이 지나도록 메콩델타의 농업집단화율은 10%에도 이르지 못하
였다. 이는 자본주의 생활에 익숙해진 메콩델타 농민들은 체질상 도저히
그것을 받아들일 수 없었던 것이다.

베트남전쟁이 한창일 때 메콩델타 농민들은 부패한 사이공 정부에 등을
돌리고 공산 게릴라인 베트콩에 대한 지지를 아끼지 않았었다. 그러나 통
일 이후의 사회주의체제 이식에는 생각을 달리하여 크게 반발하였던 것이
다. 그러다가 결국은 지속적인 공산정권의 압력에 견디지 못한 많은 농민
과 화교들은 보트피플이란 이름으로 남중국해의 표류 난민 신세가 되었던
것이다. 다시 말해 이들은 북베트남의 사상교육과 강제노동 등으로 조국
을 탈출하기 시작했던 것이다. 탈출은 주로 다낭과 같은 상업도시의 관료
나 군인 또는 교사 등과 같은 지식층과 메콩델타의 농민들이었다. 이들은
보트를 이용하여 싱가포르나 홍콩을 경유하여 유럽이나 미국, 호주 등으
로 망명하는 사례가 많았다.

탈출 때 쓰인 배는 동력이 없거나 규모가 작아 다수의 난민은 인근국에
나포되어 강제로 송환되었다. 그리고 파도에 휩쓸리거나 배에서 굶어죽거
나 해적들에게 죽임을 당하는 이른바 '바다의 아우슈비츠'라고 불릴 정도
였다. 우리 부산에도 이들을 돕던 난민보호소가 있었다. 이 베트남난민보
호소는 1993년 2월 난민들을 뉴질랜드로 보내면서 16년 만에 폐쇄되었다.

이렇게 탈출한 200만 명이 넘는 베트남인들은 현재 탄탄한 부富와 전문
지식으로 무장하고 속속 돌아오고 있다. 또한 미국 등 선진국에 살면서 베
트남 내의 친척 등에 송금을 하는 등 조국에 투자하여 오히려 경제발전에
큰 도움을 주고 있다니, 역사의 아이러니함을 실감할 수 있다. 이러한 것
을 보면서 우리나라로 시집오거나 귀화한 베트남인들이 부자가 되는 등
우리나라 주류사회에서 떳떳하게 사는 모습을 그들의 가족에게 보여 주거

❶ 컨터대학 정문 ❷ 남중국해를 표류하는 보트피플 (자료 : 위키백과, 우리 모두의 백과사전)

나 돕는 날이 오는 것을 그려본다.

그리고 최근에는 해외로 탈출했던 사람들도 자유롭게 귀국할 수 있는 분위기로 바뀌었다. 베트남 농득마인Nong Duc Manh 공산당 서기장이 최근의 베트남 경제성장은 이들의 애국심이 크게 기여했다고 말한 것으로 보아 이들의 위치가 바뀌었음을 시사하고 있다. 과거의 배신자가 애국자로 바뀐 것이다. 그러나 하노이 정권은 살아 돌아온 보트피플들이 사회주의 체제 유지에 훼손을 가하는 민주주의 확산에 촉각을 곤두세우고 있다.

이들의 탈출은 메콩델타의 거미줄 같은 운하망과 공산당 관리의 부패로 가능했던 것으로 믿고 있다. 특히 메콩델타 농민들은 집 바로 뒤에 운하를 끼고 있어, 마음만 먹으면 감시를 피해 언제든지 바다로 나올 수 있다는 사실을 답사를 통해 알 수 있었다.

한편, 외국인에게 베트남 주민 가정을 자유롭게 방문할 수 있도록 허락한 것도 1991년도 이후의 일이다. 이전에는 지금의 북한처럼 외국인은 정해진 호텔이나 안내된 곳만을 방문할 수 있었다. 당시 베트남 지도층은 통일을 이룩한 후 사회주의체제 하의 남북베트남의 정치 및 경제적 통합을 낙관했었다. 그러나 이는 사회경제적 통합과정에 따르는 어려움을 과소평가하고 사회주의체제의 우월성을 과대평가했던 것이다. 오히려 통일 후 10년 뒤에는 남쪽의 시장경제체제가 하노이를 향하여 북상하는 흥미있는 사실을 발견했다.

공산정권 하의 베트남은 1980년대까지만 해도 농업국가임에도 만성적인 식량부족으로 매년 귀중한 외화를 들여 쌀을 수입하지 않으면 안 되었다. 그러던 것이 도이모이 정책으로 1989년 마침내 식량자급을 달성하고 1990년대에 들어서부터 사정이 180도 바뀌어 예전의 세계 3대 쌀수출 대국의 명성을 회복하였다. 즉 베트남 인구 약 8천만이 먹고도 남아 300만 톤 이상의 쌀을 수출하기에 이른 것이다. 이것은 작년의 우리나라 총쌀생산량 약 400만 톤의 반이 훨씬 넘는 엄청난 양이다.

베트남은 원래 식량이 모자라던 나라가 아니었다. 1860년 프랑스에 의해 사이공이 개항되면서 메콩델타에서는 상업적 농업이 급격하게 발달하여 쌀 생산량이 자급량을 훨씬 넘고 있었다. 먹고 남은 쌀은 인근 반식민지 하에 놓여 있던 중국과 네덜란드령 인도네시아, 필리핀 등에 수출하고 있었다. 그러던 것이 1945년 이후 이데올로기 전쟁으로 인해 경작지 감소와 생산의욕 감퇴 등으로 쌀생산량이 급격히 줄어들기 시작하였다. 특히 베트남의 공산통일 이후 쌀 부족현상이 더욱 악화되었다. 그러던 것이 1986년 이후 경제개혁으로 쌀생산량 40%의 일정량을 정부수매에 응하고 나머지 쌀은 자유롭게 시장에 내다 팔 수 있도록 하자 반대로 과잉생산을 걱정하게 되었던 것이다. 불과 30여 년 전까지만 해도 죽음과 절망의 땅이었던 메콩델타의 컨터시였다.

베트남인의 성격

이 대학에서 다양한 사람들과 접하며 나름대로 이 나라 사람들에 대한 성격을 어느 정도 알 수 있었다. 이들은 베트남에 참전한 한국에 대한 나쁜 이미지를 묻어 두고 앞으로 어떻게 하면 잘할 수 있을까를 염두에 두고 있는 것 같았다.

재미있는 것은, 70대는 프랑스어를, 60대는 일본어를, 50대는 러시아어와 중국어를 할 줄 알아야 출세할 수 있었다. 그리고 젊은 층에 속하는 40대 이하는 주로 영어를 구사할 줄 알아야 서바이벌을 할 수 있음도 알았다. 이는 이 나라를 지배했던 순서대로 역사적 관계가 깊다는 것을 의미했다. 즉 짧은 근현대사 속에서 강대국으로부터 겪어야 했던 혼란과 고통이 어떠했는지 말해 주고 있다.

이 대학은 우리 남한의 반 정도에 이르는 400만ha 면적에 1,800만여 명의 인구를 포용한 베트남에서도 최대 농수산물 집산지인 메콩델타 지역의 핵심 대학으로 성장하였다. 설립은 1966년이었지만, 학부생 약 5만 명과 대학원생 약 3천 명 그리고 1,200여 명의 교수가 포진한 베트남 랭킹 3위와 세계 랭킹 1,880위에 오른 거대 대학이다.

다만 아직도 캐나다, 일본, 유럽 등 많은 선진국의 지원을 필요로 하고 있다. 대학 건물과 시설은 외국 원조에 의해 이루어진 것들이 적지 않다. 하긴 강원대의 경우도 한국 내 10대 거점 국립대학으로 첨단연구를 스스로 할 수 있는 능력을 갖추고 있지만, 1960년부터 1970년대 초까지만 해도 변변한 건물도 없이 미군 공병대가 세워 준 함석재료로 지붕을 올린 콘세트 건물을 강의실로 사용했었다.

그리고 남베트남인들이 북베트남에 비해 훨씬 개방적이고 붙임성이 크다는 것을 하노이농업대학에 머물고 있을 때 피부로 느꼈었다. 이들과 접하면서 베트남인들의 성격을 묘사한 어떤 이의 글이 생각났다. 즉 같은 한자 유교권인 중국인은 효孝를, 일본인은 충忠, 한국은 명名을 중시하는 데 비하여 베트남인들은 의義를 앞세운다는 것이다. 다시 말해 베트남인은 명분과 체면을 앞세우는 우리와는 달리 의리를 중히 여긴다는 뜻이다. 정치경제적으로 변화무쌍한 경험을 하고 있는 지금의 베트남인들은 어떠한지 알 수 없으나, 그간 베트남 지인들의 행동에서 의리를 가볍게 여기는 사람을 본 적이 없다.

인도차이나반도의 델타 이야기

인도차이나반도에는 큰 하천을 따라 4개의 거대한 델타가 형성되어 있다. 미얀마의 이라와디델타는 길이 300km에 폭이 250km나 되며 벵골만 해안지대에서 양곤 남서쪽으로 펼쳐진 미얀마 논면적의 52%를 차지하고 있다. 태국의 챠오프라야델타는 남북으로 길이 400km에 폭이 250km, 면적 140만ha로 태국 쌀 생산의 20%를 차지하고 있다.

베트남에는 메콩델타와 홍강델타가 있다. 메콩델타는 길이 300km에 폭이 400km로 호찌민 남쪽의 12개 성과 캄보디아 프놈펜까지 포함하고 있다. 이 델타에만 무려 1,800만 명이 거주하며 400만ha에서 베트남 쌀생산의 50%를 차지하고 있다. 북베트남의 하노이를 중심으로 하는 홍강델타 역시 약 150만ha로 베트남 쌀생산의 18%를 차지하고 있다. 그런데 1호당 평균 농가면적은 불과 0.25ha밖에 안 되어 농촌 빈곤은 도처에서 볼 수 있다. 이 외의 큰 강으로는 중국 티베트에서 발원하여 중국과 미얀마를 통과하여 하류에서 태국과 미얀마의 국경을 이루는 살윈강 등이 있으나, 좁고 깊은 협곡 등으로 급류가 많아 전력생산 및 관개사업에 이용될 수 있는

메콩델타의 운하 (자료 : Du lich S Vietnam)

풍부한 잠재력은 있으나 소규모의 충적 삼각주를 형성하고 있을 뿐이다.

　이처럼 베트남은 동남아의 거대한 4개 델타 가운데 2개의 델타지역을 안고 있어 델타의 나라라고 불러도 이의는 없을 것이다. 물론 델타 외에도 북부 산간지대, 해안지대, 중남부 고원지대 등으로 구분하기는 한다. 전 국토에서 차지하는 델타면적의 비중은 크지 않지만, 인구 대부분이 델타 지역에 모여 살고 있다.

　두 델타에서 생산되는 쌀은 베트남 전체의 약 70% 내외로 전 국민의 식량 해결은 물론 세계 2대 쌀 수출국이 되었다. 이외에도 작은 강을 중심으로 충적토양인 델타가 해안지대에 형성되어 있다. 특히 메콩델타의 크기는 남한면적의 거의 40%나 되며, 베트남의 쌀과 물고기의 바구니로서의 역할을 톡톡히 하고 있다.

　지도를 들여다보면 알 수 있듯이, 메콩강은 티베트 고원의 동쪽 청해성에서 발원하여 중국 운남성과 미얀마, 라오스, 태국, 캄보디아를 지나 베트남에 이르는 국제하천이다. 그런데 이 강은 캄보디아 프놈펜까지는 대체로 한 줄기로 흘러내리나, 프놈펜 조금 남쪽부터 두 갈래로 나누어지다가 베트남에 들어와 9개의 큰 지류로 나뉘어 남중국해로 빠진다. 베트남을 통과하는 강의 길이는 약 200km 정도이나 강의 하구를 차지하고 있어 비옥한 삼각주 평야가 넓게 전개되어 있다.

이러한 비옥한 토지는 프랑스 식민지 시대부터 상업적 농업을 발달하게 하였다. 프랑스는 메콩델타에 운하를 건설하는 일부터 시작하였다. 운하는 메콩강 유역을 거미줄처럼 만들어지도록 계획되었다. 나는 여러 개의 넓고 좁은 크기의 운하에 따라 거기에 맞는 배를 이용하여 다녀보았지만, 운하의 길을 안다는 것은 서울거리를 구석구석 알아야 하는 것처럼 불가능한 일처럼 보였다. 큰 운하를 중심축으로 중간 크기 운하, 작은 운하, 뒷골목 같은 운하 등 델타 전 지역에 핏줄같이 얽혀 있었다.

마을은 운하를 따라 길게 이어진 리본 모양의 취락구조이다. 각 마을은 운하 건너 마을과 연결하기 위하여 아취형의 몽키 브리지라는 구름다리들이 운하 위에 수없이 걸려 있고, 그 아래로 작은 배들이 쉴 새 없이 오가고 있다. 튼튼한 것도 있지만, 많은 다리들이 대나무로 만들어진 외나무다리여서 나 같은 사람은 운하 밑으로 떨어질까 겁이 나 다리 건너기가 내키지 않았다. 그런데도 이들은 한손에 짐을 잔뜩 들고도 사뿐히 건너다녔다.

아무리 둘러보아도 나지막하게 생긴 언덕 하나 보이지 않는 평야지대여서 사람이 죽어도 평야 한가운데 논 일부를 이용하여 공동묘지로 이용하고 있었다. 산이 많은 강원도에서 태어나 여태까지 같은 곳에서 일하고 있는 나로서는 변화가 없는 이곳 풍경이 다소 지루하기는 했으나, 차차 운하를 통해 평면 속의 정중동적靜中動的인 변화야말로 새로운 흥밋거리가 아닐 수 없었다. 농촌 속의 운하는 가히 네덜란드 암스테르담의 도시 속의

❶ 하노이 주변 지역의 홍강델타 논   ❷ 컨터시 메콩강의 수상시장

운하와 비견해 볼 만한 것이었다.

　메콩강변의 평야지대는 해발 5m 이하의 낮은 까닭에 태풍과 상류지방의 범람으로부터 항상 노출되어 있다. 건기에는 바닷물이 역류하여 논으로 들어와 수확량에 영향을 주었다. 최근에는 중국이 메콩강 상류에 수많은 댐을 건설하면서 하류까지 흘러 내려오는 수량이 적어져 바닷물이 역류하여 염해의 피해를 자주 입는다고 한다. 그래서 벼 대신 새우 등의 양식어를 생산하여 줄어든 소득을 보전하고 있다는 얘기를 들었다. 그리고 캄보디아에 메콩강과 연결되는 톤레이샵Tonle Sap Lake 호수가 어느 정도 홍수를 자연적으로 조절할 수 있어 피해를 줄일 수는 있지만, 건기에는 이로 인하여 물부족 현상마저 나타나고 있다.

　그래서 그런지 농가에 모두 크고 작은 연못을 하나 이상 가지고 있었다. 이는 건기에는 물대기로 이용하며, 평소에는 양어장으로 물고기를 길러 시장에 내다 팔아 수익을 올리고 있었다. 그리고 연못에서 오리를 키워 오리농법이 일반화되어 있다. 이 작은 연못은 오리들의 놀이터이자 생태계

유지를 위한 곳이기도 했다.

메콩델타 농가에는 적어도 자가용 배 한 척 이상은 가지고 있다. 이는 농산물을 배에 싣고 운하를 따라 수상시장에 내다 팔기 위해서다. 수상시장은 중간 크기의 운하가 만나는 곳에 형성되기도 하고, 큰 수상시장은 메콩강변의 도시에 형성된다. 아침 일찍 강가로 나가보니 그 큰 강이 배로 꽉 차 있어 강물이 보이지 않을 정도였다.

처녀 뱃사공이 노젓는 배를 타고 수상시장을 찾았다. 역시 수상시장은 이곳에서 제일 흥미있는 볼거리였다. 자기 집에서 가져온 농산물을 팔고 운하를 따라 집으로 노를 저어가는 농민들의 뒷모습을 보니 애잔하기만 했다.

베트남전이 한창인 1967년부터 인기를 누린 가수 김상희가 부른 '메콩강의 포성이 여울져서 흘러간다'로 시작되는 메콩강의 처녀 사공 노래가 들려오는 듯하다. 소양강을 보며 살아온 나는 훗날 인기를 누렸던 가요 '소양강 처녀'도 이 노래에서 영감을 받지 않았을까 하는 생각도 했다.

컨터시 메콩강변의 호찌민 동상

이곳에서 머무는 동안 눈에 띄는 또 하나는 어디를 가나 이 나라의 영웅인 호찌민의 행적을 기리는 동상이나 초상화가 반드시 자리를 잡고 있다. 어디 이뿐인가. 하노이에는 호찌민의 시신을 영구 방부처리해 놓고 국민들에게 공개하고 있다.

지구상에 북한의 김일성과 김정일, 러시아의 레닌과 스탈린 그리고 중국의 모택동 등이 이와 같이 주기적인 방부처리를 통해 시신을 영구 보존하면서, 이들이 추구했던 생전의 이념을 주입시키고 있다. 꼭 이렇게 해야

❶ 메콩델타의 중심도시 컨터시 메콩강변 공원에 새로 세운 호찌민 동상

❷ 메콩델타의 탈곡작업

만 인민의 존경을 받는지는 모르겠다.

그러나 러시아는 방부처리된 스탈린의 시신을 화장했으며, 레닌의 시신도 다시 화장하여 묻어야 한다는 주장이 나오고 있다. 중국 모택동 주석의 시신도 그의 생전의 뜻에 따라 화장하여 고향에 안치하자는 요구가 공개적으로 제시되기도 했다. 얼마 전에 사망한 쿠바의 독재자 카스트로는 자신에 관한 어떠한 것도 남기지 말라는 평소의 말대로 고향에 조용히 안치했다는 이야기와 비교되었다.

호찌민의 옛 이름 사이공의 비극

메콩델타에서 일을 마치고 호찌민시로 나왔다. 농촌지역과는 달리 현재 약 800만 명이 넘는 이곳은 정치와 경제의 중심지답게 활기로 가득했다. 우선 컨터대학 융 교수의 안내로 전쟁박물관과 호찌민시 박물관 등을 찾았다. 많은 유물들이 선진국들에 약탈되거나 전쟁으로 유실되어서인지 유물보다는 사진이나 전쟁무기 등이 주류를 이루고 있어 이 나라의 근현대사가 어떻게 점철되어 왔는지를 이해하기에는 좋았다.

특히 전쟁박물관에는 베트남전의 승리를 기념하기 위해 전쟁에서 노획한 미제 무기나 물건들이 많았다. 역사적으로 보아도 외적의 침입에 대하여 끈질긴 항쟁으로 결국 승리를 이끈 이들의 숭고한 정신의 전시장이었다. 거기에 월남전 당시 찍은 한국군의 사진이 빠질 리가 없었다. 사진 설명에는 한국군이라는 말 대신 다낭에 상륙하는 '박정희 군대Park Chong Hee, Troops'라고 쓰여 있었다.

우리는 자유와 평화를 지킨다는 명분으로 참전하였지만, 전쟁을 직접 경험하고 평가하는 이들과의 생각 차이가 큰 것은 당연한 일이다. 우리는 이 전쟁을 통하여 경제발전의 초석을 이룬 것은 사실이다. 미국이 유럽에서의 제1차 세계대전을 계기로 확고한 지위를 확보한 것과 일본이 한국전쟁을 통해 경제부흥을 할 수 있었던 것과 마찬가지다.

그런데 당시 사이공을 점령해 들어가는 사진에 시선이 갔다. 한 나라의 멸망을 시차적으로 직접 목격하는 듯한 느낌이 강렬하게 와 닿았기 때문이다. 사진은 남베트남에 민족주의자나 인도주의자로 위장하여 보낸 북측 간첩 등에 의한 주민 선동과 동시에 20만 명이 넘는 18개 사단으로 하여금 남베트남에 대한 총공세를 펴고 있었다. 시시각각 남베트남 정부의 상징인 대통령 관저를 향해 진격하는 소련제 탱크를 앞세운 북베트남 정규군과 남베트남의 지하조직인 베트콩의 모습이었다. 이들이 사이공 시가지에 무혈 입성함과 동시에 대통령 관저인 독립궁에 임시혁명정부 깃발을 꽂는 모습은 남베트남의 숨을 끊는 결정적인 비수였다.

이어 남베트남의 마지막 대통령인 두옹 반 민은 축출되고, 수도를 지키려던 남베트남 군인들은 대통령의 항복방송이 난 직후 진지를 버리고 시민들 사이로 자취를 감추었다. 거리에는 그들의 신분을 감추기 위해 버려진 군복이 널려 있었다. 그러나 공산군 병사들은 탱크나 트럭 위에서 미소를 짓고 정복자로서의 위용을 지키려는 듯 손을 흔들며 승리를 맛보고 있었다.

이날 사이공에서 가장 비통해하는 사람은 정복자의 보복 대상으로 절망적 운명을 기다릴 친남베트남 인사들이었을 것이다. 실제로 사이공 함락 후 수많은 군인과 경찰은 물론 공무원, 지도층 인사, 언론인, 정치인들은 인간개조학습소에 수감되거나 처형되었다.

심지어 패망한 남베트남 정부에 반대하던 반정부 · 반체제 운동에 앞장섰던 교수, 종교인, 학생, 민주인사들마저도 예외 없이 같은 신세가 되어야 했다. 나아가 남베트남에서 활약하던 베트콩조차 헤게모니 쟁탈을

❶ 사이공 시내로 진주하는 베트공의 탱크와 병사들 (자료 : 에드워디안 이글루스)
❷ 불교국가인 베트남의 노트르담 성당에서 미사를 드리는 호찌민 사람들

우려한 나머지 세력을 약화시키기 위하여 조직으로부터 배제시키는 등 남
베트남을 북베트남화하는 데 온갖 방법을 동원하였다.

통일 후 남베트남인들은 실권을 쥔 북쪽의 일방적인 모든 정책 방향에
노골적인 불만을 표하지는 못했지만, 그들의 표정으로 보아 불만이 있음
을 알 수 있다. 또한 북쪽 관리들은 승자로서의 당연한 결정임을 숨기려
하지 않았다. 박물관을 나오면서, 전쟁에서 어떠한 선동이나 거짓 등을 이
용하여 적을 잘 속이면 승리하는 것이고, 이러한 속임수에 넘어가면 패배
한다는 것을 실감했다.

이처럼 한 국가가 멸망당할 때의 아비규환은 동서고금 두루 볼 수 있는
역사적 사실이다. 서로마제국은 서기 476년 게르만 용병대장 오도아케르
에게 마지막 황제인 네포스가 추방당하면서 멸망한다. 이렇게 망한 망국
의 슬픔을 어디에 비교할 수 있을까. 성 히에로니무스가 기록한 《망국의
애가哀歌》에서 귀족들은 그들의 먹이가 되고 부인이나 딸들은 그들의 야욕

인도차이나반도 남행

에 희생되었다. 그리고 교회 제단은 짐승 먹이를 담는 구유로 변하고, 사제들은 칼에 찔려 죽었으며, 가는 곳마다 죽음의 냄새가 풍긴다고 했다. 이는 남의 일로만 여길 수가 없었다. 분명 우리에게 주는 메시지가 있기 때문이다.

호찌민에서 하노이까지 1,800km를 열차로

메콩델타와 사이공에서의 일을 뒤로하고 중부지방의 농업지대와 홍강 델타를 답사한 후 중월국경을 넘어 기차로 중국 상해를 거쳐 귀국할 양으로 사이공역으로 갔다. 하노이행 비행기를 탈 수도 있지만, 굳이 기차를 택한 이유는 베트남인들을 가까이에서 만나보고 싶었기 때문이다. 역 이름은 그대로 사이공역이었다. 왠지 호찌민보다는 사이공이라는 부드러운 이름에 더 정감이 갔다. 이 열차는 베트남이 통일되어 남북을 왕복한다 하여 통일열차라고 한다니, 그렇지 못한 우리나라를 생각하니 마음이 착잡했다.

호찌민에서 하노이까지 기차를 타고 떠나면서 하루하루가 모험 같아 두려움이 없는 것은 아니었으나, 배낭여행의 자유로움을 만끽할 수 있었다. 우선 하노이까지 가기 전에 중부지방의 고도 후에시에 들르기로 했다.

나는 외국인 창구로 가서 3등칸인 소프트 시트 좌석표를 구입했다. 소프트 시트는 딱딱한 하드 시트라는 나무의자가 아닐 뿐이었다. 기차 탈 때까지 안내하던 융 교수는 차내 분위기가 예사롭지 않은지 몹시 걱정스런 표정이었다.

기차는 캄보디아에서 탄 열차보다 조금 나을 뿐, 불결하고 컴컴하기는 마찬가지였다. 더구나 차창은 기차가 역에 정차할 때 밖에서 물건을 가로 채 가는 것을 막기 위해 쇠창살로 얽어 놓아 스산한 느낌마저 들었다. 물론

위아래로 창을 올리고 내릴 수는 있지만, 처음에는 유치장에 갇힌 느낌을 받았다. 그러나 다행스럽게도 천장의 시꺼먼 선풍기는 있는 힘을 다해 돌고 있었다.

1차 목적지인 후에시까지는 대략 20시간이 걸렸다. 호찌민에서 하노이까지는 1,800km나 되며 우리나라 철로보다 폭이 좁은 협궤인데다 단선이어서 속도를 내는 데는 한계가 있었다. 지금은 남북을 연결하는 새로운 철도공사를 다시 하고 있다니 기대된다.

승객들은 먹다 남은 음식 찌꺼기와 쓰레기를 닥치는 대로 차창 밖으로 버렸다. 그야말로 철로변은 쓰레기 투기장이었다.

기차는 나트랑, 퀘논, 다낭역에 정차하면서 해안선을 따라 북상하였다. 나트랑역에서 베트남전쟁 당시 주월미군사령부 비서실에서 8년이나 근무했다는 나이가 많이 들어 보이는 중년부인이 내 옆자리에 앉았다. 내게 어디서 왔느냐고 묻고는 큰 소리로 한국인 교수가 탔다고 떠들어 댔다. 여러 사람에게 신분이 알려져 불편하긴 했지만, 승객들의 태도가 호의적으로 바뀌긴 했다. 화장실에 갈 때도 모두 일어나 길을 내주고, 어떤 이는 먹을 것을 나누어 주려고도 했다. 나는 이 여인과 얘기를 나누며 지루함도 덜고 여행정보도 얻을 수 있었다.

재미있는 것은 비행기 국제선과 같이 기차에서 식사를 제공해 주는 것이었다. 커다란 물통에 담긴 뜨끈한 국과 도시락밥을 나누어 주었다. 양도 제법 많았다. 처음에는 먹지 않다가 두 번째부터는 열심히 받아먹었다. 차내에서 제공하는 세 끼 중 두 끼를 해결했는데 그런대로 먹을 만했다. 시장이 반찬이라고 하지 않았던가.

다낭을 지나 해발 500m 하이번 고개길Hai Van Pass을 넘으며 기차는 꽤나 헐떡였다. 단선 위를 달리는 열차는 힘에 겨운지 몇 번인가 멈췄다 가곤 했다. 고개 정상에서 바라다보이는 푸른 남중국해는 이곳에서 인간이 저지

인도차이나반도 남행

❶ 오늘날의 사이공역　❷ 거리의 좌판 식당가

른 모든 영욕을 감싸고 있는 듯했다. 그리고 열차 내의 온갖 불편함이 씻겨
내려가듯 마음이 가벼워짐을 느꼈다.

　사이공을 출발한 지 20시간이 지나자 중부지방의 중심지 후에시에 도착
했다. 워낙 유서 깊은 도시라 그냥 지나가면 서운할 것 같아 짬을 냈다. 후
에시는 1993년 유네스코 세계문화유산으로 지정될 만큼 보물이었다.

　이곳은 베트남을 처음으로 통일한 응웬 왕조阮王朝, 1802~1945의 수도로
베트남 문화의 정수를 간직하고 있으며, 현대사와 바로 이어지는 역사의
현장이기도 하다. 특히 베트남전쟁 기간 중에는 남북 양쪽에 각각 주인이
바뀌었으니 주민이 겪은 정신적·경제적 수난은 어떠했을까?

　이튿날 아침 일찍 왕궁과 인근 유적지와 농촌지역을 둘러보러 숙소를
나서자, 안내를 자처한 후에대학 농대생을 만나 가이드를 부탁했다. 그는
구시가지 왕궁 주위의 해자를 건너 안내했다. 왕궁은 오랫동안 남북으로
분열되었던 떠이썬조西山朝, 1771~1802를 멸망시키고 베트남의 최대 영토
를 차지한 마지막 왕조인 응웬 왕조를 건국한 초대 황제에 의해 건립되었

다. 그가 즉위 직후 1804년 건설을 시작하여 1833년에 완공한 성벽의 길이는 무려 10km나 되며, 북경의 자금성과 같은 방식으로 설계하였다.

이어 우리는 전쟁의 상흔이 깊이 남아 있는 베트남에서 가장 높이 세워졌다는 왕궁의 국기게양대를 뒤로 하고, 시내 남쪽에 있는 역대 원왕조의 무덤으로 향했다. 13대에 이르는 역대 황제 가운데 여섯 황제의 무덤이 있다니, 아무리 바빠도 볼 것은 보아야 했다. 특히 황제가 생존해 있을 때 만들어 왕이 죽기 전의 생활이나 성격을 잘 나타내고 있다.

그리고 흐엉강香江을 건너는 용머리 배를 탔다. 흐엉강은 메콩강이나 홍강과는 달리 흙탕물이 아닌 청류수였다. 마치 춘천의 맑은 소양강 위를 저어가는 듯한 착각이 들었다. 후에시는 남북 경계선인 북위 17도선에 가까이 위치하여 피아간의 공방전으로 많은 건물이 파괴되는 등 피해가 컸던 도시였다. 이처럼 맑은 물을 끼고 한국전쟁 당시 북위 38도선과 접하여 완전 파괴되었던 춘천시와 닮았다는 생각을 했다.

강을 건너주는 배는 부부와 아이 둘 등 가족이 함께 다니면서 손님을 맞고 있었다. 배는 떠다니는 집이자 생계유지 수단으로 가족과 직장이 하나였다. 작은 녀석은 배 바닥에 뒹굴고 있고, 큰 녀석은 우리에게 그림과 공예품 등을 사라고 눈앞에 물건을 들이밀었다. 이 가족을 보면서, 월남전 당시 월남군은 전투에 임해서도 가족과 함께 있었다는 이야기가 떠올랐다. 군에 있을 때 들은 이야기가 생각났다. 베트콩의 전술은 치고 도망가는 hit and run 작전이고, 미군은 치고 귀환하는 hit and return 전술을, 한국군은 치고 그 자리를 지키는 hit and stay 작전을 구사했다고 한다. 이것이 바로 우리 국군이 채택한 중대전술기지 개념이었을 것이다.

이는 우리 해병대가 1개 중대병력으로 북베트남 정규군 1개 연대를 패주시킨 사례는 전술기지의 가치를 말해 주고 있다. 이러한 전과는 세계 전사에서도 드문 사례로 군사전략가들을 놀라게 했다. 이 전투 이후 노획한 베트콩 문서에 의하면 베트콩은 100% 승리의 확신이 없는 한 한국군과의 교전을 무조건 피하도록 지시했다. 한국군은 모두 태권도로 단련된 군대이니 비무장한 한국 군인에게도 함부로 덤비지 말라고….

그리고 응웬 왕조 민망Minh Mang 황제릉을 보기 위해 강을 건너며 주위의 벌거숭이 산들을 보았다. 예전에 공무원의 월급을 산에 있는 나무를 세어 주었다는 이야기가 생각났다. 그러니 가난한 나라의 산에 나무가 남아 있을 리가 없다. 월급으로 받은 나무를 베어 팔아야 했기 때문이다.

고려 광종시대에 과거제도가 도입되어 관리를 선발했던 것처럼, 베트남에도 11세기 리왕조李王朝에 과거제도가 도입되었다. 이때 한자로 써야 하는 시험과목이 채택되면서 한자는 베트남의 주요 글자가 되었다. 그러나 근 천 년이나 써온 한자가 프랑스의 식민지가 되면서 이를 알파벳을 이용한 새로운 글자를 만들어 쓰고 있는 것을 보면서, 문자문화의 대변화에 놀라지 않을 수 없었다.

한쪽에서는 모내기를 하기 위하여 써레질을 하고 또 한쪽에서는 벼를 수확하는 등 같은 계절에 2모작을 하는 광경은 우리나라에서 볼 수 없는 특이한 광경이다. 그래서 들판의 색깔은 황금색과 초록색이 함께 어우러져 있다. 그 옆에서는 활처럼 긴 뿔을 가진 물소들이 어슬렁거렸다.

베트남에는 논의 경우 1구획이 100평 내지 300평 내외의 작은 조각 논이 많은데, 이는 아직 농촌에 체류하고 있는 농민의 수가 워낙 많아 효율성보다는 형평성을 중시하고 있기 때문이다. 아직 이 나라에서는 땅 면적은 작아도 자기 땅이 있다는 사실이 더욱 중요하기 때문이다. 이렇게 후에시 주위를 돌아보고 시내로 돌아와 하룻밤을 묵고 다시 하노이로 가는 열차에 올랐다.

베트남 종단열차의 시발점 하노이

미리 예매해 둔 하노이행 열차는 요금이 비싼 탓인지 열차 안의 분위기는 그저께와는 비할 바가 아니었다. 우선 짐을 넣어 둘 공간이 있어 끈을 사서 선반에 매지 않아도 되었다. 엊그제의 기차에 비하면 천국과 지옥의 차이였다. 내 앞에는 노부부가 조용히 앉아 가끔 미소만을 보낸다. 서로 말이 통하지 않으니 만국어인 미소만이 유일한 대화였다.

하노이까지 18시간 정도를 더 가야 하니 마음을 느긋하게 먹기로 했다. 기차는 우리의 38도선과 같은 북위 17도선을 넘었다. 해외여행 중에 받는 질문 가운데 가장 듣기 싫은 말은, 사우스 코리아냐 노스 코리아냐 하는 것이었다. 이러한 나의 마음을 아는지 모르는지 기차는 덜컹거리며 우리의 소원을 풀어 주려는 듯 북으로 북으로 올라갔다.

차창 안이 아침 햇살로 가득했다. 밤새 달린 기차는 하노이 주변의 홍강 델타 사이를 달렸다. 메콩델타와는 공기가 달랐다. 드디어 종착역인 하노이 역에 닿았다. 길고 긴 기차여행이었다. 역 앞에는 시클로와 영업용 오토바이 운전자 등이 얽혀 북새통을 이루고 있었다. 그리고 다른 도시보다 눈에 많이 띈 것은 북베트남 정규군이 썼던 그린색 사파리 모자였다. 이 모자에서 받은 인상은 거리의 낡은 회색 건물과 카키색 군복을 입은 남자들과 어울려 경색된 회색의 도시라는 인상을 강하게 받았다. 상공업 도시인 호찌민과는 달리 하노이는 정치·문화의 중심지로 전체적으로는 회색빛의 보수적인 도시라는 느낌이었다. 이는 사회주의가 오래 지속되었고 항불, 항일전쟁과 월남전쟁 그리고 중월전쟁 등의 잔흔이 남아 있기 때문이리라.

이런 생각을 하고 있는데 춘천의 우리 집을 방문했던 베트남 경제기획 투자부서에서 일하고 있는 미즈 휭 씨가 오토바이를 타고 마중 나와 손을 흔드는 것이 보였다. 남편의 출장으로 대신 나왔다는 그녀는 남편이 일본

인도차이나반도 남행

유학 때 나의 도움으로 부부가 한국을 방문했고, 이어 춘천까지 왔었다. 그 후 그녀는 호주에 유학하였다가 귀국하여 우리의 경제기획원에 해당되는 부처에서 국가재정을 담당하고 있는 중견급 간부가 되어 있었다.

내가 택시를 잡으려고 하자 그녀는 자기 뒤에 타라고 한다. 멋쩍은 생각이 들긴 했지만, 선택의 여지가 없어 보였다. 홍강 철교를 건너 하노이농업대학교로 향하였다. 배낭을 멘 채 가냘픈 그녀의 허리를 잡은 내 손에서 진땀이 났다.

복잡한 길을 곡예하듯 달리는 바람에 떨어지지 않으려고 안간힘을 썼다. 홍강은 생각보다 짙은 황토빛이었다. 글자 그대로 붉다는 홍강Red River이었다. 강을 처음 보는 순간 붉은빛에 놀랄 정도였다. 아마도 아침 햇살에 반사되어 더욱 진하게 느껴졌는지 모르겠다.

홍강은 하노이를 가로지르는 베트남을 상징하는 강이다. 중국 운남성 북단에서 발원해 베트남 통킹만으로 이어진다. 중국과 베트남에 절반씩 걸쳐 있고 길이가 1,125km나 되는 긴 강이다. 홍강이 처한 상황은 40년 전의 우리 한강과 비슷하다. 수도를 관통하며 흐르는 구간이 40km이고 홍수의 특성도 닮았다.

하노이 교외 역시 시클로와 우마차 등으로 혼잡하기는 마찬가지였다. 이 길을 헤치며 40분 정도 달려오니 하노이농대 정문이었다. 본관 앞 연못을 지나 바로 국제협력부장 방으로 안내되었다. 그녀는 나와의 인연을 소개하며 나를 그곳에 두고 나중에 다시 보자면서 오토바이를 타고 사라졌다. 그는 나를 대학의 게스트하우스로 안내했다. 그리고 최대한 편의를 제공하려고 애쓰는 모습이 역력하였다. 총장을 비롯한 여러 교수들과 인사를 나누기 위해 회의실로 갔다. 총장은 하버드대 출신으로 인품 좋은 학자 모습이었고, 다른 교수들은 대부분 아직 박사학위를 취득하지 못한 상태였다.

좌담이 끝나고 대학시설을 둘러보았다. 깨끗하게 정돈은 되어 있었지만 낡은 문짝과 떨어져 나간 창문, 그리고 먼지가 쌓인 실험실 등으로 보아 열악한 상태임을 알 수 있었다. 작물을 재배 실험하는 온실이나 노지 등을 살펴보니 아직 연구는 제대로 시작도 못한 단계였다.

분단 당시 북위 17도선의 남북베트남의 국기가
휘날리는 군사분계선

홍강델타의 집단농장

게스트하우스는 낡은 2층 건물로 두 겹의 철조망에 둘러싸여 보통 사람들의 접근은 어려워 보였다. 우선 나는 협동농장을 가보기로 했다. 총장이 배려해 준 대로 흰색 대우 프린스가 숙소 앞에 대기하고 있었다. 국제협력부장과 함께 1950년대 중반에 만들어진 협동농장을 방문했다. 일찍이 협동농장을 건설한 북베트남의 경우는 개인농 중심의 메콩델타와 같은 활기차고 역동적인 분위기를 아직 보이지는 않았다.

1975년 통일 이후 남베트남에 대한 농업집단화가 시도되었다. 처음에는 자발적으로 협동농장에 가입하도록 되어 있었다. 그러나 진행이 시원치 않자 다양한 행정수단을 통하여 농민의 가입을 강제하였다. 즉 가입을 거부한 농민에게는 비료, 연료, 살충제 구입을 못하게 하였고, 또한 자녀에게는 학교에 못 다니게 했다. 나아가 여행을 하려고 해도 경찰은 허가증을 내주지 않았다. 특히 베트남에서 대학 입학과 취업시에 부모의 정치적 입장이 매우 중요하게 작용하여 농민에게 상당한 압력으로 작용하였다.

이러한 급진적인 농업집단화 추진은 남부 농민의 불신감을 높여 생산의욕을 잃게 한 원인이었다. 이리하여 결국 남부지역의 사회주의화의 속도를 늦추고 이윤개념을 도입하는 등 유통과정에서 시장개념을 도입하는 것을 목표로 방향을 바꾸었던 것이다.

1988년 4월 베트남 공산정권 수립 이래 30년 이상 일관되게 채택해 온 농업정책의 핵심이 되는 농업집단화 정책은 후퇴 또는 중단시키는 정치국 결의를 채택하였다. 이리하여 1991년 사유제를 포함한 다양한 형태의 토지소유제도로 바뀌었다. 이는 개별농가에 농지 장기보유를 인정하고 농가 책임 아래 농산물을 생산하여 판매하는 시스템이었다. 이야말로 집단생산 체제의 해체와 베트남 농업의 역사적인 전환을 의미하는 일이었다. 이러한 과감한 신경제정책을 도입하게 된 배경에는 중국 및 캄보디아와의 두 차례에 걸친 전쟁으로 서방측의 경제봉쇄, 나아가 러시아 및 동구제국으로부터의 원조감소 등으로 자력에 의한 경제정책을 추구할 수밖에 없는 상황이었기 때문이다.

다시 말해 러시아와 동구제국으로부터의 원조감소는 베트남으로 하여금 신경제정책이라는 이름으로 시장경제제도를 도입하는 직접적인 계기가 되었다. 그러나 러시아와 동구로부터 원조를 받던 같은 처지의 쿠바는 사회주의체제를 유지한 채 유기농업으로 농업문제를 해결하려 했다는 점이다. 즉 쿠바의 카스트로는 "유기농은 사회주의다"라고 외치며 자급자족적인 농업정책 방향으로 나아갔던 것이다. 이렇듯 두 나라의 대응 차이는 베트남의 경제발전에 기여하는 것으로 나타났고, 쿠바의 자급자족인 농업체제의 구축은 농업은 물론 경제발전의 발목을 잡았던 것이다.

그러나 사회주의체제에 길들여져 있던 북부 베트남의 농촌은 자유를 쟁취한 남부지역에 비하여 시장경제체제에 익숙지 못한 면이 있었다. 그러나 아직 산업화가 덜된 상태에서 영세한 농가의 경제사정은 농민에게 충분한 활력을 보여 주지 못하고 있다. 다만 시장경제체제로 옮겨 가고 있는 모습은 분명하게 보이고 있었다.

　협동농장을 둘러보고 점심을 먹으러 식당으로 갔다. 운전기사는 차 옆에서 차를 지켜보아야 한다면서 한사코 들어가길 꺼렸다. 무슨 일이 있겠느냐며 거의 강제로 운전기사를 끌고 식당에 가서 간단히 점심을 먹고 나오니, 운전기사의 얼굴이 사색이 되어 있었다. 점심 먹는 동안 운전석 쪽 백미러를 누군가가 떼어 갔던 것이다. 급히 떼어 가느라 차 여기저기에 흠집이 나 있었다. 나의 책임이 컸다. 내가 백미러를 사준다 하자 그때서야 운전기사는 마음이 놓이는 듯 미소를 보였다.

　이어 홍강의 범람에 대비하여 제방으로 둘러싼 마을을 방문했다. 협동농장과 마찬가지로 농민들은 구차한 생활을 하고 있었다. 카메라를 들고 마을을 배회한다는 게 미안할 정도였다.

하노이에의 재입성과 베트남 지인의 충언

　예전의 베트남에서의 일들을 생각하는 사이에 라오스와 베트남 국경을 지나 우리가 탄 버스는 빗속을 뚫고 드디어 산중을 벗어나 평야지대인 응에안 성의 디엔 차우시에 들어왔다. 몰아치는 폭우로 승하차하는 일이 번거로웠다. 아직도 이곳에서 하노이까지는 5시간이나 걸린다니, 그 느릿함을 참지 못하면 병이 들지도 모른다. 차 안은 점점 습도가 높아지고 에어컨은 무더위를 식히는 데 한계가 왔는지 머리가 지끈거렸다.

　그래도 버스는 무심하게 하노이를 향해 북쪽으로 달리고 있었다. 차창 양쪽으로는 벼들이 잘 자라는 평원이 펼쳐져 있다. 4차선 도로로 바뀌어 산악지대와는 달리 속도감이 느껴졌다. 그러나 크고 작은 도시 시내를 관통하는 시간은 제법 걸렸다.

저녁 무렵 버스는 하노이 외곽에 있는 남부터미널에 도착했다. 라오스의 루앙프라방을 출발한 지 29시간 만이었다. 버스에서 내리자 좁은 감방에서 나온 듯한 해방감이 온몸을 감쌌다. 다시는 못할 한 번으로 족한 경험이었다.

호텔을 예약하지 않아 어떻게 할까 궁리하고 있는데 라오스 루앙프라방부터 버스를 같이 타고 온 모녀가 말을 걸어 왔다. 정한 호텔이 있느냐고, 그렇지 않다고 하자 함께 시내의 호텔을 찾아보자고 한다. 우리는 택시를 타고 시티센터로 갔다. 그녀들이 중국인 줄로 알았지만, 몽골 울란바토르에서 온 모녀였다. 둘 다 키가 훤칠한 보기 드문 미인이었다. 엄마는 울란바토르에서 변호사이고, 딸은 대학의 연구원이며 아버지는 최고재판소 판사라고 했다. 딸은 노트북으로 구글을 검색하여 시내 한복판에 있는 13달러짜리 값싸고 좋은 호텔을 찾아냈다.

우리의 명동 뒷골목같이 복잡했지만 주위에는 없는 것이 없을 정도로 편리한 곳이었다. 우리는 호텔 안에 있는 여행사에서 각자 내일의 일정을 예매했다. 그녀들은 이른 아침 하롱베이로 가는 상품을 골랐다. 나는 다음 날 밤 9시 30분 중국 광서장족자치구 남녕시南寧市로 가는 기차표를 예매했다. 그러니 하노이에서 머물 시간은 만 하루였다.

이어서 호텔 인근의 일식집에서 저녁을 함께 먹으며 몽골과 한국에 대한 궁금한 얘기를 나누었다. 모녀는 동남아뿐만 아니라 유럽과 미국 등 많은 나라를 돌아다닌 여행 마니아였다. 머지않은 장래에 한국도 방문할 계획이라며 물가, 교통, 식사, 꼭 봐야 할 곳, 안전하고 저렴한 호텔 등에 대해 궁금해했다.

하노이에 있는 지인들에게 연락을 했다. 한국인 지인도 있었지만, 베트남 쾅P.H Quang 박사에게 전화를 했다. 그는 러시아 모스크바대학에서 박사학위를 받고 유럽과 미국 등지에서도 활동한 베트남의 인재였다. 그러면서 베트남 과학기술아카데미VAST에서 국가 IT응용기술 전략수립과 국가 데이터베이스 운영관리를 하는 정보과학계산센터의 책임을 맡고 있었다.

쾅 박사는 반년 전 베트남 연수단을 이끌고 강원대 아시아 · 태평양&아프리카협력아카데미apaca에서 2주간 연수를 받았었다. 그때 리더십을 보여 준 그와 나는 춘천시내 막걸리집에서 술잔을 기울이기도 했다.

마침 그는 내가 묵은 숙소에서 걸어서 10분 거리에 집에 있다면서, 얼굴이라도 보자며 오겠단다. 그는 만나자마자 막걸리 타령부터 했다. 막걸리가 없어서 미안하다면서 대신 맥주를 한잔 하잔다.

그는 중국의 한국에 대한 사드 보복 조치에 대해 상세히 알고 있었다. 결론부터 말하면, 그는 과거 중국과의 전쟁을 상기시키면서, 만일 한국이 중국의 요구대로 물러서면 1,000년을 물러서는 것과 같을 거라고 했다. 나는 그의 얘기에 동감하지 않을 수 없었다. 그가 말하는 과거의 전쟁은 1979년 2월에 전차 400대와 전투기를 앞세운 중국군 20만 명이 베트남 북부를 공격하여 일부를 점령했던 전쟁을 말하는 것이다.

당시 베트남의 주력부대는 폴 포트 정권을 무너뜨리기 위해 캄보디아에 있었지만, 노련한 베트남 민병대와 국경수비대는 적은 병력 수에도 효과적으로 방어하면서, 중국군에게 막대한 피해를 입히며 침공을 저지하는 데 성공한다. 한편 베트남 주력부대가 오기 전에 중국군은 베트남을 징벌하는 데 성공했다고 일방적으로 주장하면서 침공 한 달 만에 철수한다. 그의 얘기를 듣고 보니 그의 중국관이 어떤지 이해가 되었다. 그리고 베트남이 프랑스와의 싸움에서 이긴 디엔 비엔 푸 전투에 대한 얘기도 곁들이면서, 사드 문제도 하나의 전쟁이라고 했다.

그리고 다음 날 그가 안내해 준 하노이 시내에 있는 공자묘의 의미에 대해서도 새로운 인식을 갖게 되었다. 물론 거기에는 베트남도 한자권의 나라로서 공자가 펼친 인의 사상이나 학문적으로 숭상한다는 데에는 이론이 있을 수 없다. 그런데 베트남 사람들이 공자묘를 보면서 숨겨놓은 생각을 내 나름대로 짚어 볼 수 있었다.

공자묘를 보는 베트남인들은 매일 이곳을 오가며, 중국에 대한 높은 존경보다는 이를 통해 중국을 이기기 위한 생각을 키우고 있다는 것이다. 마치 우리나라 김관진 전 국방장관이 집무실 의자 뒷벽에 북한 김정일, 인민무력부장 김영춘, 군사보좌관 김격식 등 북한군 수뇌부의 사진을 걸어놓고 매일 이들을 보며 이길 궁리만 했다는 얘기가 뜬금없이 떠올랐다.

김 장관이 벽에 적장들의 사진을 붙여 놓은 이유는 그들이 항상 노려보고 있다는 경계심을 늦추지 않기 위한 마음자세였다고 한다. 하긴 나도 연구실에 세계지도를 걸어놓고 세계 여행의 꿈을 잊지 않고 있는 것처럼, 하노이의 공자묘는 늘 정신자세를 가다듬는 하나의 채찍일 수도 있다는 생각을 했다.

서북부 산악지대인 디엔 비엔 푸로 가는 길

쾅 박사로부터 디엔 비엔 푸 전투 얘기를 듣는 순간, 연전에 그곳을 방문했던 기억이 삼삼하게 떠올랐다. 한국 주도로 창설된 첫 국제기구인 글로벌녹색성장기구GGGI 주최로 1,600개의 기괴암으로 이루어진 섬과 450척의 관광선, 1,000척의 화물배, 그리고 7개 수상마을로 이루어진 세계적인 명승지 하롱베이에서 열린 국제심포지엄에 참석하여 발표를 했었다. 그리고 나서 미즈 훵의 부군으로 농림부에 근무하는 부이 박사와 함께 베트남의 서북부 산악지대에 위치한 디엔 비엔 푸를 승용차로 왕복했다. 그는 마침 동북부 산악지대에 거주하는 소수민족의 삶을 개선하는 업무를 담당하고 있었다.

베트남에는 경치 좋은 명승지를 비롯한 역사유적지나 경제개발 현장 등 볼 곳이 참 많다. 그중에서도 하노이에서 서북쪽으로 300km 정도 떨어진 라오스와의 접경지역으로 제1차 인도차이나전쟁을 종식시킨 디엔 비엔 푸Dien Bien Phu 전투 현장을 꼭 가보고 싶었다.

역사공부를 하면서 자주 느끼는 일이지만, 모든 일의 시작과 끝은 전쟁에서 비롯된다. 전쟁에서 이기고 진다는 것은 당사국의 존망에 영향을 주는 등 엄청난 사회변화의 전환점이 되어 왔기 때문이다. 사실 그동안 역사적으로 전환점이 되었던 많은 국내외의 싸움터를 가본 나는 베트남 통일의 중요 계기가 되었던 이곳을 보지 않고서는 현대 베트남을 근본적으로 이해하는 실마리를 찾기 어렵다는 생각을 해 왔다. 이러한 전쟁의 결과는 내가 관심이 많은 농업체제의 변화에도 크게 영향을 주었다. 특히 인도차이나반도의 현대사적 전환점이 되는 디엔 비엔 푸의 승리와 사이공 점령 현장에 서서 느끼는 현장감은 남다른 묘미를 던져 주었다.

라오스에 공식적으로 3년 이상 왕래하면서 인도차이나반도에 공산화가 도미노처럼 번지는 데 기폭제가 되었다고 생각하는 이 전장戰場을 찾아봐야겠다는 나름의 이유도 있었다. 베트남 북쪽 국경에서 불과 30km 떨어진 라오스의 삼누아에서 라오스 공산화를 위한 반정부 거점인 파테트 라오의 지휘본부인 암벽동굴을 찾았을 때 절실히 느꼈다.

이 지역은 디엔 비엔 푸와 이웃한 지역으로 북베트남군을 위한 강력한 후방지지 세력이었다. 그러나 라오스에 체류 당시 디엔 비엔 푸와 바로 붙어 있는 산악지대의 높은 고개 정상에 마련된 퐁사리Phongsali 국경검문소까지는 가보았지만 국경을 넘어 지근의 디엔 비엔 푸에 가지 못한 아쉬움을 간직하고 있었다.

언젠가 베트남의 쌀전문가와 얘기를 나누던 중, 만약에 한국인이 둥근 모양의 *끈끈한* 자포니카 타입의 쌀을 원하면, 기온이 낮은 고원지대인 디엔 비엔 푸 인근에서 얼마든지 생산하여 공급할 수 있다는 말이 되살아났다. 베트남은 아열대권에 속하지만, 산악지대에 우리나라와 같은 기후를 지닌 곳이 있음을 내비치고 있었던 것이다. 하노이 중심지를 벗어나자 서서히 1,000m 이상의 산들이 줄지어 늘어선 산악지대를 통과하였다.

그 첩첩한 산에는 나무라고는 별로 눈에 띄지 않고 산비탈에 드문드문 자리잡은 허술한 농가만이 보였다. 히말라야의 네팔, 중국 운남성, 필리핀 그리고 안데스 산중에서 흔히 보는 계단식 경작지가 아닌 비탈진 경사지에서 작물이 자라고 있었다. 비가 내리면 흙이 쓸려 내려가 토양의 유실이 클 텐데 하는 걱정이 앞섰다. 그래도 경사진 산 정상 부근까지 농작물이 자라고 있었다.

디엔 비엔 푸 지역은 당시 공산군인 베트민을 위한 식량 공급지였다. 현재 이 도시인구는 10만 내외로 빠르게 증가하여 2020년 정도에는 15만 명에 이를 것으로 예상하고 있다. 이곳은 면town status에서 2003년 시로 승격되었다.

나무가 없는 산림은 우리나라 1970년대 초반까지의 상황과 비슷하였으며, 경제발전이 이루어지면 비탈진 경작지가 서서히 줄어들면서 나무들이 자라야 될 것이다. 하긴 전체 인구 중 농촌인구가 70%를 차지하는 농업인구 과다국가인 이 나라 사정을 감안하면, 농토 부족을 이렇게라도 풀어서 살아갈 수밖에 없을 거라고 이해했다.

그런데 부이 박사는 이곳 농민들은 대부분 고산지대에 거주하는 소수민족이어서 소외지역에 해당되어 발전 속도가 매우 늦어 정부도 관심을 가지고 있다는 설명을 곁들였다. 이런 얘기를 들어선인지 도중에 만난 소수민족 여인들이 전통의상 차림으로 오가는 모습이 왠지 애처롭게 보였다.

❶ 하노이에서 디엔 비엔 푸로 가는 도중의 비탈진 밭들

❷ 디엔 비엔 푸로 가는 길가의 쌀 자연건조 광경

❸ 하노이에서 디엔 비 엔 푸로 가는 도중 만난 소수민족 여인들

❹ 디엔 비엔 푸 인근의 산악도로를 걸으며 휴대전화로 통화하는 소수민족 여인

인도차이나반도 남행

그래도 걸어가면서 휴대전화로 통화하는 소수민족 여인의 모습은 오지인 고산지대까지 현대 문명의 손길이 닿고 있음을 알게 해 주었다.

프랑스에 패배를 안겨 준 디엔 비엔 푸 전장

드디어 디엔 비엔 푸가 보이는 고갯마루에 올라섰다. 전형적인 분지평야로 한적한 시골 냄새가 났다. 이처럼 산 계곡 속에 자리잡은 분지에서 벌어진 60여 년 전의 치열한 전투는 세월 속에 곤히 잠들어 있었다. 우리는 넓은 논 사이를 지나 시내 중심가에서 멀지않은 당시 프랑스군의 지휘본부로 쓰였던 지하벙커부터 찾았다. 지하본부에는 당시의 자세한 작전상황도가 눈에 들어왔다.

베트남을 장악하고 있던 일본이 태평양전쟁에서 패망하자 기존의 식민지 종주국이었던 프랑스군은 다시 베트남에 진주한다. 이로부터 8년여 동안 북베트남군과 프랑스군은 길고 참혹한 전쟁에 돌입하여 양쪽 모두 지쳐가고 있었다. 이 막판 싸움이 있기까지 프랑스군은 1,500명의 장교와 25,000명의 병사가 전사하였고, 10만여 명의 부상자가 속출하였다. 무기장비면에서 열세한 북베트남군은 이보다 훨씬 많은 사상자를 냈다.

1953년 5월, 프랑스군 사령관 앙리 나바르Henry Navarre 장군이 부임했을 때 이미 북베트남군은 산악지역을 포함하여 2/3를 지배하고 있었으며, 프랑스군은 북베트남 내에 고립된 요새와 평야지대만을 장악하고 있을 뿐이었다. 이러한 북베트남군은 보 구엔 지압Vo Nguyen Giap 장군 휘하에 35만여 명이 중국의 지원으로 세력을 크게 넓히고 있었다.

이에 나바르 장군은 전세를 만회할 결정적인 기회를 노리고 있었다. 그래서 나온 계획이 북베트남의 요충지인 디엔 비엔 푸로 북베트남군을 유인하여 일거에 격파해 인도차이나반도의 전황을 유리하게 이끌려는 작전이었다. 당시 이곳은 면소재지 정도의 100여 가구가 사는 작은 마을로 과거 중국, 라오스, 태국, 미얀마의 대상들이 모여들던 교통의 요충지였다. 또한 수송의 십자로로서 지압 장군 지휘 하의 베트남독립동맹이라 불리는 베트민Vietminh의 주요한 보급로였다. 특히 이들과 호흡을 같이하는 라오스의 공산화를 꾀하는 파테트 라오와는 국경을 접하면서 상호 협력을 강화하고 있었다.

나바르 장군은 이곳에서 이들의 상호협력 관계를 단절시키고 단번에 호찌민군을 괴멸시킬 결정적인 승부처로 삼고, 수도에서 멀리 떨어진 이 계곡 마을을 점령하는 작전계획을 세웠다. 이리하여 1953년 11월 20일 비제아 중령 휘하 800여 명의 정예 공정대대가 65대의 수송기에 의해 디엔 비엔 푸에 공중 낙하하였다. 이들은 베트민 2개 중대의 저항을 물리치고 이곳을 점령하면서 사기가 충천했다.

이어 계속적으로 증원된 부대원과 장비 등으로 폭 13km에 달하는 외곽 요새와 일본군이 사용하던 비행장 활주로를 보수하였다. 이렇게 증원된 프랑스군은 귀족 출신인 피에르 랑그레P. Langlais 대령이 지휘하는 1만여 명의 공수부대로 증강된다. 한편, 베트민의 점점 강해지는 공격에 따라 반 이상이 알제리인과 남베트남인 등으로 구성된 추가 병력이 증원되어 약 15,000명이 결전에 대비하고 있었다. 이들은 이때까지만 해도 산악지대에서 게릴라전을 펴는 호찌민군을 과소평가하는 등의 실수를 하고 있었다.

이는 외곽의 거점 진지를 아름다운 여인의 이름을 딴 베아트리스, 가브리엘, 안네마리, 도미니크, 이사벨 등으로 명명하는 등 승리를 자신하고 있었다. 증강된 현지 사령관으로 부임한 카스트리스Christian de Castries 대령도 어떠한 값을 치르더라도 디엔 비엔 푸를 사수하라는 명령을 받았다. 그 역시 산악지대에 은거하고 있는 북베트남의 주력군을 디엔 비엔 푸 분지로 유인해 공중폭격과 중화포를 이용하여 격멸시킨다는 작전개념을 고수하였다. 그러나 호찌민의 지압 장군도 디엔 비엔 푸를 결전의 장으로 결정하고 4개 사단을 동원하여 디엔 비엔 푸를 포위하기 시작했다. 디엔 비엔 푸는 주변이 1,000m 이상의 산악지대로 둘러싸여 있는 남북으로 약 18km, 동서로 6~8km 되는 분지로 산세가 험하고 정글이 우거지고 강우량도 많은 지역이었다.

이런 곳에 기동력이 미약한 상태에서 병력 집결과 중장비의 이동은 불가능하다고 판단한 프랑스군은 적이 많아야 1개 사단 정도 동원할 것으로 판단하였다. 그러나 호찌민의 지압 장군은 600~1,000km 먼 거리에 있는 주력부대를 항공기의 관측을 피해 주간에는 산악 오솔길을 따라 고지를 넘으며 매일 30km 속도로 이동하였고, 야간에는 도로를 이용하여 50km의 빠른 도보행군으로 이동하였다. 무거운 포는 분해하여 탄약과 함께 날랐다. 이들의 이러한 초인적인 행동을 프랑스군은 감지하지 못하고 있었다. 또한 이들의 보급수송은 주로 인력에 의존하였으며, 3륜 자전거 천여 대를 동원하여 1대당 300kg의 전투물자를 운반하였다. 자전거를 이용한 이동과 운반은 일본군이 말레이반도 등에서 이용했던 것처럼 효율적이며 위협적인 것이었다.

이리하여 지압 장군은 전투가 시작되기 전인 1954년 3월에는 4개 사단 전투병력 49,500명에 병참지원 병력 15,000명을 더한 65,000명이나 되는 대군으로 포위망을 좁혀 나갔다. 동시에 공격 준비가 완료된 3월까지는 곡사포 120문, 중박격포 20문, 대공포 36문 등과 충분한 탄약을 확보하기에 이른다.

이에 비해 프랑스군은 전투 병력 약 14,000명에 병참 지원 인력과 수십 명의 미군 조종사 등을 포함하여 총 2만 명으로 증강되었으나, 경전차 10대와 곡사포 32문, 중박격포 24문과 식량과 탄약은 겨우 10일 분으로 여러

면에서 열세인 상태였다. 이보다 큰 문제는 프랑스군은 항공기 지원 외에는 육로로 어떠한 보급을 받을 수 없는 깊숙한 적진 한가운데 고립무원 상태에 놓였다는 점이다. 공중지원은 겨우 통킹만에 떠 있는 항공모함으로부터 출격해야 하는 거리상의 문제를 안고 있었다.

그럼에도 프랑스군은 이 방어작전에 자신을 가지고 있었다. 수적으로 우세한 4개 사단이 포위 공격해 오는 것도 제대로 파악하지 못하면서 그들이 바라고 바라던 오판을 하고 있었다. 지압 장군이 공격을 위해 산악 정글을 나오는 순간, 항공폭격과 포병사격으로 초기에 북베트남군을 제압할 수 있다고 믿고 있었다. 그러나 지압 장군은 프랑스군의 일거일동을 손바닥 들여다보듯 낱낱이 파악하고 있었다.

프랑스군도 난공불락의 진지를 구축하는 등 수개월 동안 쌍방은 전투준비를 강화했다. 12월이 되면서 프랑스군은 먼저 적의 공격을 기다릴 필요가 없다는 듯 선제공격을 가하기 시작하였다. 그러나 정글 속으로 정찰을 나간 수색대는 매복 작전에 걸려 함흥차사였다.

총공격 한 달 전인 2월부터는 지압 장군도 서서히 포격 명령을 내렸다. 고지에서 저지로 쏘는 포병사격에 프랑스군은 당황하기 시작했다. 사상자는 많이 나는데 포탄의 발사 진원지를 가늠할 수 없는 상태가 되었다. 외인부대에 의한 과감한 공격도 실패로 끝나는 등 큰 피해만 입었다. 이때부터 프랑스군은 무엇인가 잘못되었다는 판단을 하기에 이르렀지만, 이미 때는 늦었다.

3월 13일 야간에 드디어 지압 장군은 총공격을 명령하였다. 이들 포대는 교묘히 위장하여 진지가 노출되지 않아 비행기 공격도 소용없었다. 프랑스군의 외곽 진지가 무너지기 시작했으며, 지압의 보병부대는 프랑스군 진지 바로 앞까지 땅굴을 파들어 오면서 치열한 백병전을 벌여 피아간의 시체가 쌓여 갔다. 프랑스군 포병은 완전히 무력화되어 포병 지원을 더 이상 할 수 없는 지경에 이르렀다. 이에 산 경사지에 배치된 적의 포는 세 발을 발사하기 전에 우리 포에 파괴될 것이라고 큰소리쳤던 포병단장 피로트 대령은 자결하고 만다.

비행장은 파괴되어 사용 불가능하게 되었으며, 마침 우기로 계절이 바뀌면서 공중지원마저 받을 수가 없었다. 본국에서 3개 공정대대가 추가 증원되고 미공군으로부터 네이팜탄의 공격지원을 받았으나, 참호 속의 지압군은 굴하지 않고 끈질긴 공격을 유지하였다. 프랑스군은 수천 명의 부상자를 긴급 후송할 수도 없었다.

디엔 비엔 푸 분지를 둘러싸고 있는 고지에서 정확히 관측 사격하는 베트민은 프랑스군의 목을 서서히 조르고 있었다. 대공포화를 피하기 위하여 프랑스 공군은 높은 고도에서 보급품을 투하하여, 자신의 진지가 아닌 적군 쪽에 낙하하여 약품과 의료장비의 부족으로 사상자는 더욱 늘어났다. 이런 와중에 엄청난 양의 폭탄을 퍼부은 프랑스 공군기는 지압의 대공포화로 48대의 공군기가 격추되고 100여 대는 피해를 입었다.

이러한 공군기의 필사적인 공중폭격으로 지압도 2만 명 이상의 사상자를 냈다. 예비대를 투입해야 할 정도로 전황이 좋지 않았지만, 전세는 베트민에게 유리하게 돌아가고 있었다. 일주일간의 전투에서 프랑스군은 4개의 진지를 제외하고 모두 적군에게 빼앗겼다. 프랑스군 사령관 카스트리스는 격전 중 준장으로 승진하였으나 사태는 호전되지 않았다.

이러한 치열한 전투는 전 세계 여론의 주목을 받고 있었다. 지압의 맹렬한 포격에 대응하던 프랑스군은 서서히 탄약이 바닥나면서 더 이상 버틸 힘이 없었다. 베트민이 진지 앞까지 땅굴을 파고들어와 공수부대나 외인부대도 맥없이 무너졌다. 55일간의 공방전에서 프랑스군은 엄청난 양의 보급품을 투하했으나 비극적인 막을 내렸다.

이제 프랑스군은 더 이상 베트남 땅에서 머무를 수가 없었다. 프랑스군이 패전한 이유를 분석해 놓은 것을 보면, 몇 가지로 요약할 수 있다. 우선 프랑스군은 월맹군을 과소평가하고 자신을 높이 평가한 심리적인 싸움에서 졌다. 그리고 근대적인 무기를 믿고 게릴라의 특기인 산악과 정글전투에 익숙한 베트민을 가볍게 본 점이다.

두 번째 요인은 비상식적인 진지를 선택했다는 것이다. 북베트남군을 끌어들이기 위한 전략이라고 할지라도 무모한 전술전략이었다.

고지전을 수없이 치른 6·25전쟁에서 보았듯이 고지 점령은 필수이다. 전투에서 포병이 유리한 관측지점을 확보하는 일은 상식이다. 높은 산들로 둘러싸인 고지 확보를 포기하고 고구마 모양의 길게 늘어선 분지를 선택했다는 것은 어처구니없는 일이다.

물론 프랑스군의 전략대로 평지로 적을 끌어내어 항공과 포병전력으로 일거에 전멸시킨다는 전술은 그럴듯했지만, 여기에 말려들 적장이 과연 있겠느냐 하는 것이다. 이는 지하동굴 사령부 견학을 마치고 전승탑이 마련된 시내 중심가의 높은 고지에 올라서니 누구라도 한마디씩 할 수 있는 기본상식이었다.

세 번째는 중국 내전의 종식과 한국의 6·25전쟁의 휴전으로 북베트남에 대한 지원을 보다 효율적이고 적극적으로 할 수 있게 된 점이다. 중국 대륙의 국공내전에서 장개석의 국민당이 1949년 12월 대만으로 패주함과 동시에 한국에서의 6·25전쟁이 휴전됨으로써 중국은 북베트남 지원에 전력할 수 있었다는 점이다.

네 번째는 베트남의 베트민과 연합하여 프랑스의 인도차이나 지배에 맞서 무장봉기를 일으킨 라오스의 반정부 조직인 파테트 라오가 라오스 북부 지역을 장악하고 있었다는 점이다. 이는 디엔 비엔 푸와 접경한 라오스 북부지역을 동맹관계인 파테트 라오가 장악하여 디엔 비엔 푸의 배후로부터 프랑스나 미군의 공격을 차단하여 프랑스군을 더욱 고립시킬 수가 있었던 것이다.

우리가 지나간 싸움을 뒤돌아보는 것은 한번 승리한 작전은 두 번 다시 사용하지 않는다는 전승불복戰勝不復이라는 말을 되새겨 보기 위함이다. 이는 비록 전쟁에만 적용되는 것이 아니라, 각종 정책이나 외교정책을 할 때도 마찬가지다. 즉 하나의 전쟁이 일어나면 다른 싸움을 예측하고 다른 싸움이 일어나면 또 다른 준비를 한다는 뜻이다. 물론 이는 같은 상황과 조건이 반복되지는 않지만, 늘 타산지석으로 삼아야 할 일은 무궁하다.

현장에 다녀와서도 이 전투를 보다 잘 이해하기 위하여 디엔 비엔 푸와 관련된 영화를 찾아 보았다. 그 하나는 '디엔 비엔 푸'라는 영화였고, 다른 하나는 '라스페기'이다. 영화를 보면서 영화인들은 정말로 세계의 중요한 일이라고 생각되는 사건이나 이벤트는 반드시 영화로 만들어 내는 것에 감탄하지 않을 수 없다.

디엔 비엔 푸 전투가 끝난 지 40년 뒤에 프랑스에서 제작된 영화는 프랑스어에 영어 자막이었지만 전체적인 흐름을 이해하는 데 도움을 주었다.

그런데 '라스페기'는 패전한 프랑스 공정부대 포로들이 제네바협정 이후 본국으로 송환되어 다시 프랑스의 식민지 알제리 독립운동을 저지하기 위하여 현지에 파견되어 활약하는 영화였다. 내용은 디엔 비엔 푸를 지키던 라스페기 대령은 그의 부하들과 포로에서 풀려나 알제리 반란 진압을 위해 알제리로 베트남 시절 부하들과 투입된다. 그런데 그의 부하였던 장교 출신인 알제리인 마히디가 바로 그 진압 상대인 줄을 모르고 싸우는 스토리이다.

디엔 비엔 푸에서의 패배에도 불구하고 프랑스는 여전히 다른 대륙의 식민지 지배에 대한 미련을 버리지 못하고 있는 모습을 생각하며 가련한 생각이 들었다. 영화 '라스페기'에는 쟁쟁한 알랭 들롱, 앤서니 퀸 그리고 모리스 로네 등이 열연하여 재미를 더해 주었다. 실제로 프랑스 배우 알랭 들롱은 17세 나이에 해병대로 베트남전에 참전한 적이 있다.

한편, 프랑스 식민통치를 종식시킨 디엔 비엔 푸 전투 60돌을 맞이하여 2014년 현지에서 베트남군과 함께 싸운 소수민족들도 참가하는 대대적인 기념 군사 퍼레이드를 펼쳤다. 이는 수많은 베트남군이 전사하면서 이루어 낸 세계 최초로 피식민지 국가가 자체 무력으로 점령군을 몰아낸 사건으로 당시 전 세계 약소국들에 적잖은 영향을 미쳤을 것이다. 동시에 승리를 자축하는 여러 문화공연과 신화적인 승리를 가져온 베트남의 명장 보응웬 지압 장군의 묘지에는 수많은 참배객의 발길이 이어졌다 했다.

승리의 주인공인 지압 장군은 2003년 102세를 일기로 하노이에서 타계, 평소 유언에 따라 국립묘지 대신에 꽝빈성에 있는 고향에 묻혔다. 그는 디엔 비엔 푸에서 프랑스군을 격파한 데 이어 세계 최강 전력의 미군과 중국군을 차례로 물리쳐 '20세기 최고의 명장', '붉은 나폴레옹' 등으로 불리며 존경을 받고 있다. 그리고 중국, 라오스 등도 디엔 비엔 푸 전승행사를 열었는데, 이는 단순한 베트남만의 일이 아닌 인근 국가에도 영향이 컸기 때문이다.

이렇게 디엔 비엔 푸의 옛 싸움터와 그의 업무인 디엔 비엔 푸 분지 내의 벼들이 잘 자라고 있는 들판과 마을을 둘러보고 하노이로 차머리를 돌렸다. 디엔 비엔 푸를 벗어나자 고갯마루에 세워 놓은, 당시 높고 험준한 높은 고지로 야포를 끌고 올라가는 포병들의 커다란 조각상이 우리를 전송하고 있었다.

❶ 디엔 비엔 푸 인근 산악지대의 소수민족 시장
❷ 프랑스군의 지하본부 벙커 앞에 세워진
　투항하는 프랑스 사령관의 조각상
❸ 프랑스군 지하벙커 본부 내부
❹ 디엔 비엔 푸 전경
❺ 디엔 비엔 푸 중심가 언덕의 승리의 탑

국민방송과 함께한 베트남 취재여행

베트남의 엘리트인 쾅 박사나 부이 박사는 비록 강국들인 프랑스나 중국과의 싸움에서 승리한 것에 대한 긍지감은 마음속 깊이 간직하고 표면적으로 내세우지 않았다. 이는 아마도 이전의 전쟁에서의 승리감보다는 당장 풀어야 할 현실적인 경제문제들이 호전되기를 기다리는 마음이 더 컸기 때문일 것이다. 이는 일단 모든 것은 접어놓고 앞으로 취할 국익을 우선순위에 두고 있는 듯했다.

이러한 베트남인들이 염원하는 경제발전을 위하여 우리 정부의 지원사업과 기업인들이 이곳에 진출하여 활동하는 모습을 담기 위해 수년 전 국민방송KTV 김우진 감독의 촬영팀과 '헬로 인도차이나'라는 프로그램을 만들기 위해 이곳을 방문한 적이 있다. 이 프로그램의 3부작 중 첫 번째인 '세상에서 가장 소중한 농업-베트남 편'을 제작하기 위해서였다.

내용은 농촌진흥청의 해외농업기술개발센터인 코피아의 베트남 활약상을 심층 취재하고, 하노이와 호찌민시를 중심으로 우리나라와 동반자적 관계에 있는 베트남 정부관리와 농민들을 현장에서 만나 얘기를 나누는 일이었다. 아울러 베트남에 진출한 우리 기업들의 현지 활동을 소개하고 있었다.

우리는 하노이에 내리자마자 이곳에 있는 농촌진흥청 코피아센터부터 찾았다. 미리 연락을 받은 조원대 소장과 박춘근 부소장은 젊은 봉사자들과 함께 우리 팀을 반갑게 맞아 주었다. 센터는 우리 농촌진흥청에 해당하는 베트남농업과학원VAAS에 자리잡고 있었다. 농업과학원은 넓은 부지에 17개나 되는 농업시험장에서 활발한 연구활동은 물론 인재를 키우는 교육기능도 맡고 있었다. 우리 농촌진흥청에서 식물병리를 책임지던 조 소장은 퇴직하여 이곳에서 자신의 실력을 유감없이 선보여, 이곳 과학원 연구자들의 존경과 신뢰를 받고 있었다.

조 소장은 최근 바이오작물로 관심이 높은 사탕수수, 타피오카, 고구마, 단수수 등의 육종 연구를 진행하고 있었다. 동시에 우리나라에서 개발된 우수종자들을 적응시험을 통해 선발하여 이곳 농민들에게 보급하여 농민들의 소득을 높여 주고 싶다는 뜻을 피력하였다. 그런데 여러 청년 봉사자 가운데 강원대 제자인 유진아 양이 있어 반가움이 더했다.

이러한 시험포장에서 선발된 종자를 받아 실제 농장에서 재배하는 홍강 근처 규모가 큰 농장을 찾았다. 한국에서 가져와 적응시험을 마친 토마토와 채소 품종을 재배하고 있었다. 농장주는 수익이 매우 좋다며 만족스러워했다. 농장주가 자유롭게 작목을 선정하여 판매하는 변화는 집단농장으로부터 개인농으로의 전환이 일어나고 있음을 알 수 있었다.

농장 방문을 마친 뒤 우리는 홍강 나루터로 향하였다. 바나나를 가득 담은 어깨지게를 진 아낙네들이 배를 타기 위해 하나 둘 모여들었다. 나는 이 짐이 얼마나 되는지 어깨지게를 져보았다. 어질어질할 정도로 무거웠다. 이렇게 무거운 짐을 가냘픈 여인들이 어깨에 메고 사뿐사뿐 걷는 모습은 기이할 정도였다.

최근의 건설 붐으로 홍강 바닥을 긁어 모래를 퍼올리는 모습을 여러 곳에서 보았다. 그리고 퍼올린 모래를 가득 실은 바지선들이 쉴새없이 강을 오르내리고 있었다. 한동안 유유히 흐르는 강과 이를 둘러싼 농민들의 애환을 가득 담은 삶의 모습과 개발 붐으로 하루가 다르게 올라가는 도시의 고층건물 사이에 선 나는 심적 샌드위치가 된 기분이었다.

하노이를 떠나기 전 우리는 새벽시장 탐방에 나섰다. 새벽에 모여든 농민들은 동트기가 무섭게 사라진다는 소위 번개시장이었다. 촬영팀은 좋은 시장 풍경을 놓칠세라 재빨리 움직였다. 많은 사람들이 모여든 시장 풍경은 베트남의 가식 없는 민낯 그대로였다.

길바닥에 늘어놓은 각종 채소와 과일류, 한푼이라도 아끼려고 새벽 번개시장을 달려온 사람들. 이런 시장 모습을 카메라를 들이대고 셔터를 눌러대는 우리 모습 또한 볼거리였다. 카메라를 가까이 대면 외면하지 않고 웃음으로 촬영에 응해 주는 그들 모습에서 순수한 마음을 읽을 수 있었다. 이어 정부 고위관리들과 농업농촌문제를 둘러싼 대담을 마친 우리는 하노이를 떠나 호찌민으로 향하였다.

호찌민 공항에 내리자 바로 메콩델타의 중심지인 컨터시로 향하였다. 메콩델타의 농산물 3대 집산지인 컨터, 미토, 빈롱을 동시에 방문하기 위함이었다. 이전에는 컨터시로 가기 위해 카페리를 이용하였지만, 호주 정부의 원조로 세워진 우정의 다리로 쉽게 컨터대학에 당도했다. 대학의 메콩델타개발연구원 사회경제정책학과 학과장인 융 교수 일행이 벌써부터 우리를 기다리고 있었다.

그는 우리 팀에게 메콩델타지역의 전반적인 현황과 질문에 상세히 설명해 주었다. 이어 대학 안내를 받고 바로 농촌현장으로 직행하였다. 컨터시는 이전에 비하여 상당히 규모도 커지고 환경이 월등히 개선되어 깔끔하고 절대빈곤의 티는 벗어나 있었다. 주민소득은 물론 높은 농업생산성 등은 과거에 비할 바가 아니었다. 메콩강변 공원의 호찌민 동상도 예전의 권위적인 모습에서 부드럽고 따뜻한 모습으로 새로 제작한 듯했다.

메콩강은 여전히 오가는 각종 배로 분주했다. 우리 팀은 배를 타고 남중국해에서 20km 정도 떨어진 메콩강 하구의 빈롱성 록시탄 섬으로 들어갔다. 빈롱성은 전체가 해발 3m 이하의 낮은 지역으로 운하가 사방에 있어 배로 델타 내의 어디든지 접근할 수 있었다. 록시탄 섬 안에는 50여 명의 아낙네들이 한창 수확을 하고 있었다. 그들은 힐끗힐끗 호기심 어린 눈빛으로 쳐다보며 미소를 보내 주었다. 우리는 소매를 걷어붙이고 무를 뽑고,

❶ 하노이의 아침 출근시간의 차량과 오토바이
❷ 하노이 새벽거리 번개시장
❸ 하롱베이의 관광선
❹ 코코넛을 나르는 메콩강의 운반선
❺ 메콩강 크루즈 여객선

자루에 넣어 운반해 주는 일을 도왔다.

　이어서 이미 파한 수상시장을 가보기로 하였다. 농수산물을 수집한 몇 척의 큰 배들은 아직 강 한가운데 떠 있고, 소매상이 오기를 기다리는 듯했다. 농산물을 가득 실은 수많은 작은 배들이 돌아간 한가한 오후의 수상 시장을 지나 강변의 음료수 가게에 앉아, 오래전부터 이곳 역사 이야기를 들려주는 듯한 강물을 하염없이 쳐다보고 있었다. 이런 와중에도 분주히 움직이는 촬영기사의 모습은 본받을 만했다.

　하늘이 보이지 않게 기둥뿌리를 깊게 박고 문어처럼 뿌리를 밖으로 내놓고 서 있는 맹그로브 숲은 빈틈이 없어 보였다. 그 숲속은 배를 탄 관광객들로 북적였다. 월남전 당시 제공권을 쥔 미군 헬리콥터들이 맹그로브 속에 숨어 나뭇잎으로만 살짝 가리고 숨어 있는 베트콩을 찾아낸다는 것은 무척 힘든 일이었을 것이다. 그런데 맹그로브는 강한 염분 농도에 견딜 수 있는 구조를 갖춘 천연방파제 역할과 빨간색 염료로도 쓰이는 바닷가 생태계의 주인공이었다.

　저녁이 되자 융 교수가 우리를 자기 집으로 초대했다. 그는 한국의 지도교수가 모처럼 방문했는데 성의껏 저녁을 준비했다며 말문을 열었다. 미리 준비해 온 인삼차 등 간단한 선물을 들고 융 교수 집으로 들어섰다. 융 교수와는 오랫동안 교류해 온 터이지만, 온 가족과 만나기는 처음으로 반갑게 인사를 나누었다. 병석의 부모님 그리고 남매 자녀를 둔 융교수는 화목한 가정의 가장이었다. 촬영기사는 나와 융 교수와의 대화에 조리개를 맞추는 등 집안 구석구석을 카메라에 담느라 바쁘게 돌고 있었다. 융 교수는 한국과 강원대와 맺은 인연을 소개하는 등 각별한 인적관계는 물론 양국 간의 농업문제를 넘어 양국의 우정을 논하는 좋은 계기가 되고 있음을 설명하였다.

　마지막으로 나에게 마이크가 돌아왔다. 오늘 나는 참으로 즐거운 마음

❶ 메콩강 델타내의 록시탄 섬에서 무를 수확하는 광경
❷ 메콩델타의 작은 수로로 이어지는 농촌 생태관광

이며 이처럼 제자가 우리나라에서 공부하고 배운 일들을 이 나라를 위해
쓰여진다는 사실에 인재를 키운다는 것이 얼마나 보람되고 가치 있는 일
인지 재삼 확인했다는 말로 마무리하였다.

중국 남방에서 북행

베트남 국경을 넘어 중국으로

쾅 박사가 다음 날 아침 일찍 호텔로 와 주었다. 간밤에 제법 비가 많이 내린 탓인지 거리는 축축했다. 그래도 출근하는 오토바이의 물결이 이어지고 있었다. 우리는 가까운 식당에서 함께 아침을 먹으며, 하루 일정에 대해 논의했다. 그는 낮에는 여러 회의 등으로 같이 있지는 못하지만, 저녁에는 강원대로 연수왔던 사람들과 즉석 모임을 하자고 제안했다. 그리고 호텔에 돌아와 영어 가이드를 붙여 주었다.

그래서 나는 하루종일 하노이 시내를 둘러보았다. 여러 번 하노이에 왔지만 차분히 시내 곳곳을 돌아보기는 처음이었다.

쾅 박사는 가이드에게 일반 관광객이 많이 찾는 민속박물관, 군사박물관, 롯데백화점, 공자문묘 등을 가보는 것이 좋겠다는 의견을 냈다. 가이드는 쾅 박사의 말대로 하노이 시내를 돌기 시작했다. 민속박물관은 베트남의 소수민족을 소개하면서 민족별 건축양식을 보여 주었다. 이렇게 지역과 기후에 따라 가옥구조가 다를 수 있을까 할 정도로 특이했다. 그리고 옆에는 아세안 회원국을 별도로 소개하고 있었다. 이는 '아세안 국가들은 하나다'라는 것을 내외에 강조하고 있는 듯 보였다.

군사박물관에는 대개 베트남전쟁에서 획득한 미군들이 사용하던 무기들이 있었다. 이는 호찌민 군사박물관과 큰 차이는 없었다. 다만, 북베트남에 주둔할 수 없었던 미군이 주로 공군기에 의한 공폭에 의존할 수밖에 없었던 까닭에 격추된 B-52 미군기의 잔해를 전시해 놓은 것은 기억에 남을 만했다.

공자문묘는 1070년 리탄통 황제가 공자의 학덕을 기리기 위해 세운 사원으로 많은 유학자들을 양성한 베트남 최초의 대학으로도 알려져 있다. 이는 베트남 속의 또 하나의 중국으로 향불 냄새가 코를 심하게 자극했다.

롯데백화점은 하노이의 주요 아이콘이었다. 규모도 클 뿐만 아니라 다양한 상품들은 우리와 다를 바가 없었다. 이 고가 상품들을 살 사람이 얼마나 될까 생각해 보았지만, 이는 기우에 지나지 않았다. 물건을 사려는 베트남인들로 꽤 붐볐다. 나도 베트남산 커피 봉지를 사들고 나왔다.

거리에는 기아와 현대자동차들이 질주하고 있었다. 생각해 보니 우리 자동차를 볼 수 없었던 나라는 태국이었다. 태국은 온통 일본제 자동차가 거리를 휩쓸고 있었다. 그 외 인도차이나반도 나라에서는 우리 자동차를 어디서나 쉽게 볼 수 있었다. 점심은 유럽 관광객이 많이 찾는 식당으로 갔다. 거기에는 론리 플래닛 등 관광안내 책을 손에 들고 하나둘 찾아오고 있었다. 관광안내 책의 위력이 대단함을 다시 한번 느꼈다.

저녁에 쾅 박사가 다시 호텔로 찾아왔다. 이번에는 춘천에 왔던 연수팀 중에 영어회화가 되었던 5명이 함께 왔다. 그중에는 우리말 통역을 담당했던 미즈 뒹도 나왔다. 그녀는 우리말 뿐만 아니라 영어도 능통했다. 우리는 인근의 조용한 식당으로 몰려가 춘천에서 있었던 일들과 나의 여행 얘기, 그리고 국제정치에 관한 얘기를 나누었다. 춘천에서의 인연이 하노이까지

진하게 이어지고 있었다.

이제 헤어져야 할 시간이 되었다. 중국행 열차가 밤 9시 30분이었기 때문이다. 나는 쾅 박사의 차를 타고 홍강을 건넜다. 그도 와본 적이 없는지 변두리 좁은 길가에 있는 역을 찾느라 애를 먹었다. 역사 앞에는 잘럼GIA LAM역이라 쓰여 있었다. 1층짜리 좁은 건물은 국제열차역치고는 너무 초라했다. 쾅 박사도 내심 초라한 건물 모양에 실망한 듯했다. 아무튼 이곳에서 중국으로 가는 열차가 있는 것은 확실했다.

좁은 대합실은 에어컨 바람을 쐬려는 사람들로 가득했다. 비비고 들어갈 틈이 없을 정도였다. 이때 역 앞에서 사탕수수즙을 파는 아줌마가 오라며 손짓을 한다. 그녀는 냉사탕수수즙을 내밀며 더위를 식히란다. 드디어 승차하라는 신호에 모두들 열차에 올랐다. 4인 1실 침대칸이었다. 나를 뺀 세 명은 중국 남녕시로 가는 중국 청년들이었다. 그들은 친절했지만 영어 소통은 전혀 되지 않았다.

8월 13일 토요일 새벽 2시가 조금 넘었다. 같은 방의 중국인이 잠든 나를 흔들어 깨운다. 베트남측 출국수속을 밟아야 한다는 것이다. 승객들은 모든 짐을 들고 나와 짐검사와 여권심사를 받았다.

버스 침대에 비해 기차 침대칸은 공간적으로 여유가 있었다. 세면대, 화장실은 마음대로 이용할 수 있고, 이부자리 등도 비교적 깨끗하여 중급 이상의 호텔에 투숙한 느낌이었다. 베트남 국경을 넘었다. 다시 열차가 출발한 지 약 1시간쯤 되었을 때, 이번에는 중국측 입국수속을 밟기 위해 승객들은 아까와 마찬가지로 짐을 모두 끌고 내려야 했다.

국경도시 빙상시의 빙상역凭祥站이었다. 역에는 군복과 철모를 쓰고 중국 무장경호부대와 변경경찰이라고 쓴 휘장을 붙인 사람들이 승객들을 체크하고 있었다. 그러나 모두에게 입국허가를 내주었다. 나는 미리 한국에서 복수비자를 받아났기에 얼마든지 중국을 드나들 수 있었다. 그런데 몇 명

유럽인의 심사가 계속 늦어지는 바람에 출발이 지연되었다. 그때 초면의 한국인이 말을 걸어왔다. 그는 베트남에서 농촌환경 관련 일을 하는데, 베트남에서 90일간 체류비자를 얻기 위해 중국에는 자주 왕래한다고 한다.

다시 출발한 열차는 약 180km 떨어진 남녕시를 향해 달리기 시작하였다. 기적 소리에 잠이 깼다. 잠자리가 편안했던지 날이 밝는지도 몰랐다. 차창 밖은 평지에 수없이 많이 솟아오른 석회암 산들이 끊임없이 이어져 있었다. 기차는 기적 소리를 내며 괴암이 솟아오른 평야 한가운데를 숨가쁘게 달리고 있었다.

빗방울이 차창을 때린다. 시꺼먼 구름이 하늘을 덮고 있다. 생각하니 우기철의 한복판이었다. 비로 무너져내린 집도 보였다. 그 넓은 평야는 곡식들로 가득했다. 철로와 나란히 달리는 도로 위를 짐을 가득 실은 조그만 트럭이 기차와 경주라도 하듯 속도를 높였다.

남녕역에 닿았다. 역 밖으로는 큰 줄기의 비가 계속 내리고 있다. 내리자마자 청도로 가는 기차표를 예매했다. 청도까지 38시간 걸린다고 했다. 예전에 베트남에서 이곳으로 왔을 때는 계림의 이강을 구경하고 상해로 가서 비행기로 귀국했었다. 그러나 이번에는 청도로 가서 배로 황해를 건너 귀국할 예정이었다. 다행히 열차표는 구할 수 있었다. 그런데 침대칸 표는 만석으로 도저히 구할 수가 없었다. 보통 두 명씩 타는 좌석표였다. 그것도 겨우 살 수 있었다.

그런데 우연히 매표구에서 한국인이 말을 걸어왔다. 그는 빙상역에서 중국어가 아닌 영어로 말하는 내가 한국인일 거라고 생각했다는 것이다. 그는 충남연구원의 정종관 박사로 내가 쓴 《메콩강, 가난하나 위대한 땅》을 읽고 이 지역에 대한 상식을 얻었다고 했다. 그는 몸이 불편한 아들과 함께 여행 중이라면서 베트남에서는 공단 개발에 따른 환경영향평가를 하고 있다고 한다. 그와 역내 식당에서 간단히 식사를 하며 여러 가지 유익한 얘기를 나누었다. 그는 곤명으로 갔다가 다시 베트남으로 간다는데, 뜻밖의 독자를 만났으니 반가운 일이었다. 우리는 아쉬운 작별을 하고 헤어졌다.

드디어 열차가 출발해 천하제일의 계림을 지나고 있다. 나는 지나가는 차장에게 침대칸을 부탁해 놓았다. 그랬더니 몇 정거장 지나자 6인용 침대 중 1층에 자리가 나왔다고 옮겨도 좋다고 한다. 앞으로 38시간이나 가는 장거리라니 침대의 좋고 나쁨은 따질 때가 아니었다.

바로 건너편의 여인은 7년 전에 폐암으로 남편을 보내고 남녕시에서 일하며 먼 흑룡강성 할빈으로 기회가 있을 때마다 부모님을 뵈러 간다고 했다. 3,000km나 되는 먼 길을 한두 번도 아니고 대단한 여인이다. 한국에도 가보고 싶지만 경제사정상 어렵다고 한다.

2층의 남자는 철도 노무원으로 휴가를 얻어 제남으로 부모님을 뵈러 간다고 했다. 그는 철도에서 일하면서 잘린 손가락을 들어 보인다. 그리고 신분증을 보이면서 자신은 묘족苗族이라고 했다. 또한 3층의 두 어린이는 쉬지도 않고 떠들며 사다리를 타고 오르내렸다. 그의 아버지는 주위사람에게 폐가 될까 봐 아이들을 달래고 있었다.

아침이다. 복도를 오가는 종업원에게 아침식사용 도시락을 샀다. 배가 고프니 방법이 없다. 이제는 고추장도 떨어졌다. 고추장 맛도 잊어버리는 것 같다. 김치는 맛본 지 오래다. 집이 가까워지니 집이 그리워진다. 그렇게 힘차게 뛰어놀던 어린 녀석들은 잠을 자는지 조용해졌다. 밤새 사람들이 타고 내리느라 기차 안은 부산하다. 같은 칸에 타고 있는 사람들이 타고 내릴 때는 서로 인사를 나누느라 잠을 설치기도 한다.

드디어 청도가 있는 산동성에 진입했다. 광활한 산동성 평야가 열차 좌우로 펼쳐졌다. 남녕역에서 약 3,000km를 달려 청도에 도착했다. 아침 7시였다. 역은 바로 시내 중심지였다. 내리고 나서야 남녕과 청도 사이에 고속

인도차이나반도 남행

철도가 달리고 있음을 알았다. 7시간이면 될 것을 40시간이나 타고 왔다니, 나의 인내심도 알아 줘야겠다.

귀국하는 날, 중국 청도부두

역에서 밖으로 나왔다. 청도靑島 땅을 밟았다. 좋은 느낌으로 다가왔다. 역 앞에 보이는 차분한 서양식 건물들과 푸른 숲과 파란 바다로 둘러싸인 평온함이 좋았다. 더욱이 시내 중심가로 다니기에 편했고, 인천으로 가는 국제여객터미널 부두도 버스로 네 정거장만 가면 되었다.

바다가 보이는 식당에서 요기를 하고, 오후 5시 30분 출항하기까지 시내 구경을 하기에는 충분한 시간이었다. 그래서 여객터미널의 안내소에 배낭을 맡기고 303번 시내버스를 타고 10분 정도 나오니 시내 중심가였다. 먼저 청도의 유명한 부두시설인 잔교를 보러 갔다. 많은 사람들로 붐볐다. 잔교 끝 2층 회란각回瀾閣에서 보는 청도의 모습은 왠지 정감이 넘쳤다. 바다와 고층건물이 썩 어울렸다.

인구가 무려 900만에 달하고 산업도시이자 군항으로 역사적으로도 애환이 서린 곳이다. 일찍이 1894~1895년 조선의 지배를 둘러싸고 벌어진 청일전쟁에서 패한 청나라는 시모노세키조약을 통해 요동반도와 대만을 일본에 할양한다. 그리고 조선은 중국의 종주국을 부인하고 조선의 자주국임을 선언한다. 이는 두말할 필요도 없이 조선에서의 일본의 우위권을 인정하는 것이었다. 그리고 대만보다도 요동반도를 일본이 차지했다는 것에 대해 러시아, 프랑스, 독일이 공동으로 일본에 이의를 제기하는 소위 3국간섭을 통해 요동반도를 반환하게 한다. 이때 독일은 청도를 조차지로 삼아버린다. 이리하여 청도는 독일풍의 건축물이나 정통 독일맥주라는 청도맥

주가 애주가의 입맛을 끌게 된 역사적인 사연을 가지고 있다.

이 정도의 역사상식만 있어도 청도를 둘러보는 눈이 달라진다. 잔교에서 나오면서 지하도 입구에서 오징어구이를 사먹었다. 우리 동해안까지 불법진출한 중국 어선들이 잡아온 것은 아닌가 하는 의심을 해 보았다. 이어 독일식 교회건물과 광장을 둘러보았다. 광장에는 신혼부부들이 기념사진을 찍기에 여념이 없다. 단조로운 건물이었지만 이곳이 지닌 역사적 의미는 깊었다. 교회 주변에는 20세기 초엽의 독일식 건물들이 단지를 이루고 있다.

이어서 중국해군박물관을 찾았다. 전시된 각종 해군함정, 공기부양정, 항공기 사이를 헤매고 다녔다. 과연 중국의 해군력이 얼마나 되는지 이것만으로는 알 길이 없다. 근현대사에서 승리한 중국의 해전을 알지 못하기 때문이기도 하다. 아무튼 이곳을 찾아온 시민이나 관광객들에게 퇴역한 군함을 보여 줌으로써 긍지와 자신감을 갖게 하는 것은 중요하다는 생각이 들었다. 전시된 미사일 발사관까지 있는 군함은 최근에 퇴역한 군함인 듯했다.

이 군함 위에 올라가 한국을 바라보았다. 이번 여행에서 느낀 것 중의 하나는 중국은 변경지역에서의 공세적이고 자신만만한 개방적 자세를 취하고 있음을 알았다. 그러니 상대적으로 중국과 국경을 접하고 있는 나라는 방어적으로 나올 수밖에 없다는 것도 깨달았다. 이는 '일대일로'라는 평화와 공동번영이라는 슬로건을 내걸고는 있지만 내심 국가이익을 우선시하는 공세적인 것이라 하지 않을 수 없다. 또한 이러한 공세적인 자세는 물리적인 것만이 아닌 동북공정과 같은 소위 8개 역사공정도 모두 중화권 사상을 확고히 하려는 것임을 알았다.

청도 구경을 서둘러 마치고 인천으로 출항하는 배를 타러 갔다. 출국 수속을 마치고 3만톤급의 뉴 골든 브리지호에 올랐다. 이번 배는 정원이

❶ 남녕과 청도 간 쾌속열차 3층 침대칸 내부 ❷ 청도역
❸ 청도 독일 건축물 단지 내의 교회 앞 광경 ❹ 청도 잔교를 건너는 인파

800여 명인데, 190여 명이 승선했다고 한다. 미국의 사드 배치에 따른 여파는 계속되고 있었다. 중국 초등학생 50여 명이 여러 교사들의 인솔하에 질서정연하게 움직이면서도 즐겁게 재잘거리고 있었다.

갑판으로 가서 바다를 응시하며 이런저런 생각을 하는데, 서울 신림동의 부암중학교 체육교사인 김 선생이 말을 걸어왔다. 지금 운남성의 산을 등반하고 온다며, 매년 동하계 방학을 이용하여 아마도 안 가본 데가 없을 정도라고 했다. 그는 중국통이었다. 육군 대위 출신의 체육교사인 그의 역정이 그대로 얼굴에 담겨 있었다. 나보다도 세 살이 적은데 자신감과 패기가 넘쳤다.

그의 구수한 여행담을 지루한 줄 모르고 듣고 있는데 점잖게 차려입은 중년 부인이 중국에서 금지된 법륜공을 설파하려고 다가왔다. 또 다른 아줌마는 12년 전 한국의 식당에서 일해 번 돈으로 청도에 큰 식당을 내어 아들에게 주고, 한국으로 다시 일하러 간다고 했다. 다소 몸이 불편해도 돈 버는 재미가 크다고 웃는다. 어떤 아줌마는 청도와 인천 사이의 운송업을 한다면서, 요즘 경기부진으로 겨우 유지하고 있다며 한·중 간의 경제 교류를 걱정하고 있었다. 이렇듯 배는 참으로 많은 사연을 싣고 바다 위를 달렸다.

이제 조용해졌다. 배 타는 재미 중 하나는 푸른 바다를 보며 선상 목욕을 하는 것이었다. 그간의 피로를 말끔히 씻어내기도 하지만 그간의 일들을 조용히 정리하는 데도 그만이다. 목욕을 하고 소극장으로 갔다. '쎄시봉'이라는 영화가 상영되고 있었다. 관객이라야 나를 포함하여 두 명이었지만, 당시 젊은이들의 고뇌를 그대로 담고 있어 나도 모르게 당시의 젊은 시절로 빠져들고 있었다. 드디어 인천항이 보인다. 나에게는 돌아갈 수 있는 소중한 나라가 있고, 나를 반겨 줄 고향이 기다리고 있었다.

인도차이나반도 남행

참고문헌

마하티르 빈 모하마드, 정호재 · 김은정 역, 마하티르, 서울, 2012.

매리 하이듀즈, 박장식 · 김동엽 역, 동남아의 역사와 문화, 동남아시아 지역연구총서 9, 솔과학, 서울, 2012.

리처드 A. 포스너, 김소연 역, 대재앙, 말글빛냄, 서울, 2006.

사이먼 리치먼드 셀레스트 브래시, lonely planet 말레이시아 쿠알라룸푸루, 믈라카, 페낭, 안그라픽스, 서울, 2012.

성진근, 메콩강의 보석, 라오스 캄보디아, 농민신문사, 서울, 2010.

세가와 마사히토, 정금이 역, 버마와 미얀마 사이, 푸른길, 서울, 2008.

신장섭, 경제만주화 일그러진 시대의 화두, 나남, 서울, 2016.

신장섭, 김우중과의 대화 : 아직도 세계는 넓고 할 일은 많다, 북스코프, 서울, 2014.

싱가포르한인회, 싱가포르 한인 50년사, 이지출판사, 서울, 2013.

안민기 · 홍원경 · 이현숙, 태국 북부 캄보디아 라오스, 김영사, 서울, 2003.

오구라 사다오, 박경희 역, 한 권으로 읽는 베트남사, 일빛, 서울, 1999.

윈스턴 처칠, 차병직 역, 제2차 세계대전 상 · 하, 까치, 서울, 2016.

유인선, 베트남사, 민음사, 서울, 1984.

재베트남하노이한인회, 한인소식, 2012. 3월호, 하노이, 2012.

재외동포재단, 아시아한인회 총연합회보 1 창간호, 서울, 2009.

재캄보디아한인회, 한인회보 창간호, 프놈펜, 2003,

전운성, 메콩강, 가난하나 위대한 땅, 논현, 서울, 2009.

전운성, 북미대륙-퍼스트네이션의 위대한 문명의 땅, 이지출판사, 서울, 2016.

정수일, 문명교류사 연구, 사계절, 파주, 2004.

정준영, 엔조이 베트남, 넥서스Books, 서울, 2011.

중앙문화사 편역, 제2차 세계대전 2권, 중앙문화사, 서울, 1974.

차장섭, 인간이 만든 신의 나라 앙코르, 역사공간, 서울, 2010.

톰 플레이트, 박세연 역, 리콴유와의 대화, 알에이치코리아, 서울, 2013.

파숙 퐁파이칫 · 크리스 베이커, 정호재 역, 탁신-아시아에서의 정치비즈니스, 동아시아, 서울, 2010.

호찌민, 배기현 역, 호찌민-식민주의를 타도하라, 프레시안북, 서울, 2009.

朱成山 監修, 南京大虐殺圖錄(日語版), 五州傳播出版社, 北京, 2005.

Arthur Cotterell, A History of Southeast, Marshall Cavendish Editions, Singapore,
        reprinted 2015.

B&B(Indoko), Creation, Vientiane, 2016.07.

Nguyen Van Huy · Le Duy Dai · Nguyen Quy Thao · Vu Xuan Thao, Dai Gia Dinh
        Cac Dan Toc Vietnam, Nha Xuat Ban Giao Duc Vietnam, 2014.

Dang Phong, Five Hochi Minh Trails, The Gioi Publishers, Ho Chi Minh, 2012.

Donovan Webster, The Burma Road-The epic story of the China-Burma-India
        Theater in World War II, Perennial, New York, 2004.

James Holland, Burma 44, Bantam Press, Pelhi, 2016.

Joe Cummings, Myanmar, AVA, Yangon, 1997.

J. M. Schiller · M.B. Chanphengxay · B. Linquist and S. Appa Rao, Rice in Laos,
        IRRI, Manila, 2006.

Kazuo Tamayama&John Nunneley, Tales by Japanese Soldiers of the Burma

Campaign 1942-1945, Weidenfeld & Nicolson, London, 2000.

Ma Thanegi, The Splendours of Myanmar, Asia House, Yangon, 2005.

Michael Freeman, Angkor, PacificRim Press, Hongkong, 1999.

Milton Osborne, The Mekong, Allen & Unwin, Canberra, 2001.

Nguyen Van Huy · Le Duy Dai · Nguyen Quy Yhao · Vu Xuan Thao, Vietnam-The
        Great Family of Ethnic Groups in Vietnam- ECICO, Hanoi, 2014.

Paul Strachchan, Pagan –Art and Architecture of Old Burma, Oxford, 1996.

Rong Syamananda, A history of Thailand, Chulalongkorn University, Bangkok, 1988.

Sucheng Chan, Asian Americans, Twayne Publishers, New York, 1991.

Stanley Karnow, Vietnam History, Pimlico, London, 1994.

菊地良一 · 菊地晶子, 夫婦で暮らしたラオス, めこん, 東京, 2004.

찾아보기

찾아보기

찾아보기

찾아보기

인도차이나반도 남행